Verfahrensrecht für RA-Fachangestellte

Prüfungsvorbereitung

von

Sabine Jungbauer

Geprüfte Rechtsfachwirtin, München

Waltraud Okon

Geprüfte Rechtsfachwirtin, München

Claudia Stähle

Geprüfte Rechtsfachwirtin, Hurlach

4., neu bearbeitete Auflage

C.F. Müller

Bibliografische Information der Deutschen Nationalbibliothek

Die Deutsche Nationalbibliothek verzeichnet diese Publikation in der Deutschen Nationalbibliografie; detaillierte bibliografische Daten sind im Internet über <http://dnb.d-nb.de> abrufbar.

Bei der Herstellung des Werkes haben wir uns zukunftsbewusst für umweltverträgliche und wiederverwertbare Materialien entschieden.

Der Inhalt ist auf elementar chlorfreiem Papier gedruckt.

ISBN 978-3-8114-7754-4

E-Mail: kundenservice@hjr-verlag.de

Telefon: +49 6221/489-555
Telefax: +49 6221/489-410

© 2014 C.F. Müller, eine Marke der Verlagsgruppe Hüthig Jehle Rehm GmbH
Heidelberg, München, Landsberg, Frechen, Hamburg

www.cfmueller.de
www.hjr-verlag.de

Satz: Strassner ComputerSatz, Heidelberg
Druck: Westermann Druck Zwickau
Printed in Germany

Für Thorsten

(von Claudia)

Vorwort

Liebe Auszubildenden, liebe Leserinnen und Leser,

mit der neu bearbeiteten Auflage aus der bewährten Reihe der Prüfungsvorbereitungsbücher des C.F. Müller Verlages haben Sie das Werkzeug in der Hand, in prüfungsrelevanten Schwerpunkten anhand von praxisnahen Beispielen Ihre erworbenen Kenntnisse und Fähigkeiten zu überprüfen.

Dieser Band zum **Verfahrensrecht** gibt Ihnen einen Überblick über die wichtigsten Themen im Bereich des formellen Rechts. Von den Zuständigkeitsregelungen über das Klageverfahren, das Mahnverfahren, den Urkunden- und Wechselprozess usw. bis hin zur Zwangsvollstreckung werden Sie umfassend auf die Prüfung vorbereitet. In dieser Neuauflage werden auch die Änderungen des Prozesskostenhilfe- und Beratungshilferechts, welche zum 01.01.2014 eintreten, berücksichtigt. Um gerade den Prüflingen, die in der Übergangsphase ihre Prüfungen ablegen, die Gegenüberstellung des »alten Rechts« und des »neuen Rechts« zu erleichtern, sind beide Fassungen gesondert betrachtet und dargestellt worden. Die Änderungen durch das Gesetz zur Reform der Sachaufklärung in der Zwangsvollstreckung, das am 01.01.2013 in Kraft getreten ist, wurden in dieser Auflage ebenfalls berücksichtigt. Auch Randthemen wie das Familienrecht nach dem FamFG sowie das Arbeitsgerichtsverfahren wurden nicht außer Acht gelassen.

Da Gesetzestexte oft schwierig zu verstehen sind, sind sowohl unser Aufbau der Beispiele als auch die sprachliche Gestaltung des Werkes einfach und einprägsam strukturiert.

Anhand der Übungsfälle und der Lösungsvorschläge können Sie Ihr Wissen unter Beweis stellen und eventuell vorhandene Lücken schließen.

Für die Prüfung wünschen wir Ihnen neben der Portion Glück, die immer dazu gehört, ein sicheres Gefühl im Umgang mit den Prüfungsfragen. Die Autorinnen sind alle langjährig im Ausbildungs- und Prüfungswesen für die Rechtsanwaltsfachangestellten sowie als Referenten tätig. Daher wünschen wir Ihnen, dass unsere Erfahrungen Ihnen helfen, die Prüfung zu meistern.

Besonderen Dank möchten wir an unsere Familien richten, die uns während der Zeit der Bearbeitung dieses Werkes in bestmöglicher Art und Weise unterstützt und gestärkt haben. Ebenfalls geht unser Dank an den C.F. Müller Verlag, insbesondere an Frau Dr. Lindrath für das entgegengebrachte Vertrauen und Frau Fehlhaber für die hervorragende Betreuung.

München, im Oktober 2013

Claudia Stähle
Sabine Jungbauer
Waltraud Okon

Inhaltsverzeichnis

Inhaltsverzeichnis

II. Zwangsvollstreckung

III. Verfahrensrecht – StPO

Inhaltsverzeichnis

IV. Übungsklausuren mit Lösungsvorschlägen

Abkürzungsverzeichnis

AG	Amtsgericht, Aktiengesellschaft
Alt.	Alternative
Anm.	Anmerkung
ArbGG	Arbeitsgerichtsgesetz
AZ	Aktenzeichen
BGB	Bürgerliches Gesetzbuch
BGH	Bundesgerichtshof
e.K.	eingetragener Kaufmann
EOV	Eidesstattliche Offenbarungsversicherung
etc.	et cetera
EV	Eidesstattliche Versicherung
evtl.	eventuell
f., ff.	folgend, fortfolgende
FamFG	Gesetz über das Verfahren in Familiensachen und in den Angelegenheiten der freiwilligen Gerichtsbarkeit
FGG	Gesetz über die Angelegenheiten der freiwilligen Gerichtsbarkeit
GbR	Gesellschaft bürgerlichen Rechts
ggf.	gegebenenfalls
GmbH	Gesellschaft mit beschränkter Haftung
GVG	Gerichtsverfassungsgesetz
GVGA	Geschäftsanweisung für Gerichtsvollzieher
GvKostG	Gerichtsvollzieherkostengesetz
GVO	Gerichtsvollzieherordnung
GVZ	Gerichtsvollzieher
h.M.	herrschende Meinung
i.d.R.	in der Regel
InsO	Insolvenzordnung
i.S.d.	im Sinne des/der
JurBüro	Das Juristische Büro (Zeitschrift)
JVA	Justizvollzugsanstalt
LG	Landgericht
m.E.	meines Erachtens
n.F.	neue Fassung
NJW	Neue Juristische Wochenschrift (Zeitschrift)
o.ä.	oder ähnliches
oHG	offene Handelsgesellschaft
OLG	Oberlandesgericht
PfÜB	Pfändungs- und Überweisungsbeschluss
RpflG	Rechtspflegergesetz
RVG	Rechtsanwaltsvergütungsgesetz
s.	siehe
S.	Seite
SHL	Sicherheitsleistung

Abkürzungsverzeichnis

StGB	Strafgesetzbuch
StPO	Strafprozessordnung
u.a.	unter anderem
USt	Umsatzsteuer
u.U.	unter Umständen
vgl.	vergleiche
VV	Vergütungsverzeichnis (Anlage zu RVG)
z.B.	zum Beispiel
Ziff.	Ziffer
ZPO	Zivilprozessordnung
ZV	Zwangsvollstreckung
ZVG	Gesetz über die Zwangsversteigerung und Zwangsverwaltung

I. ZPO und GVG

1. Sachliche, örtliche und funktionelle Zuständigkeit

Wenn eine Klage bei Gericht eingereicht werden soll, muss man sich mit mehreren Fragen beschäftigen:

– Welches Gericht ist *sachlich zuständig* (d.h. Amtsgericht oder Landgericht)?
– Welches Gericht ist *örtlich zuständig* (d.h. an welchem Ort befindet sich das zuständige Gericht)? und
– Wer ist bei Gericht *funktionell zuständig* (d.h. wer befasst sich bei Gericht mit der Angelegenheit)?

Diese Fragen sollen nun im Folgenden erläutert und an einigen Beispielen deutlich gemacht werden.

1.1   Sachliche Zuständigkeit

Wenn man sich die Frage stellt, welches Gericht für eine Angelegenheit sachlich zuständig ist, muss man sich zunächst mit der Frage befassen, was haben wir für eine Sache vorliegen. Etwa eine Mietsache oder doch einen Verkehrsunfall, einen Diebstahl oder eine Nachbarschaftsstreitigkeit, eine Ehescheidung oder einen Streit um ein Erbe usw.

Sobald wir dies bestimmt haben, können wir in das Gesetz schauen und dort herausfinden, welches Gericht nun für diese Angelegenheit sachlich zuständig ist. Denn gem. § 1 ZPO ist die sachliche Zuständigkeit der Gerichte im GVG (Gerichtsverfassungsgesetz) geregelt und richtet sich nach *Art* und *Umfang* der Streitigkeit.

Gemäß § 1 ZPO regelt das GVG (Gerichtsverfassungsgesetz) die sachliche Zuständigkeit der Gerichte, welche sich nach *Art* und *Umfang* der Streitigkeit richtet.

Die grundlegenden Richtlinien findet man in §§ 23, 71, 119 und 133 GVG.

a) Sachliche Zuständigkeit der Amtsgerichte

Was sagt uns der § 23 GVG?

Die Zuständigkeit der Amtsgerichte umfasst in bürgerlichen Rechtsstreitigkeiten, soweit sie nicht ohne Rücksicht auf den Wert des Streitgegenstandes den Landgerichten zugewiesen sind:

1. Streitigkeiten über Ansprüche, deren Gegenstand an Geld oder Geldeswert die Summe von 5.000,00 € **nicht** übersteigt (§ 23 Nr. 1 GVG);

2. **ohne** Rücksicht auf den Wert des Streitgegenstandes:

   • Streitigkeiten über Ansprüche aus einem Mietverhältnis **über Wohnraum** oder über den Bestand eines solchen Mietverhältnisses (**ausschließliche Zuständigkeit**) (§ 23 Nr. 2a) GVG).

Beispiel:

Alfred Ohnesorg hat über 8 Monate hinweg die vereinbarte Miete in Höhe von insgesamt 5.970,00 € für die von ihm gemietete 4-Zimmer-Wohnung nicht bezahlt. Eine Zahlungsklage ist beim Amtsgericht einzureichen. Die ausstehende Mietforderung liegt zwar über 5.000,00 €, aber das Gesetz bestimmt ausdrücklich, dass es bei Wohnräumen nicht darauf ankommt, wie hoch der Wert des Streitgegenstandes tatsächlich ist.

Aber (Variante):

Max Müller ist Inhaber eines kleinen Zeitschriftenladens in der Frankfurter Innenstadt. Auch hier hat er bereits seit mehr als sieben Monaten die vereinbarte Miete nicht bezahlt. Der kleine Laden von Max Müller stellt **keinen Wohnraum,** sondern Geschäftsräume dar, daher richtet sich die sachliche Zuständigkeit nach der Höhe der Klageforderung. § 23 Abs. 2 1. Alt. GVG zielt einzig und allein auf die *Anmietung von Wohnraum* ab. Wenn es sich um Geschäftsräume handelt, kommt es auf die Höhe der Klageforderung an, ob das Amtsgericht oder das Landgericht sachlich zuständig ist.

- Streitigkeiten zwischen z.B. Reisenden und Wirten, Fuhrleuten, Schiffern etc. über Wirtszechen, Fuhrlohn, Überfahrtsgelder, Beförderung der Reisenden und ihrer Habe und über Verlust und Beschädigung der Habe, sowie Streitigkeiten zwischen Reisenden und Handwerkern, die aus Anlass der Reise entstanden sind (§ 23 Nr.2b)

Beispiel:

Maria Pauli mietet sich für mehrere Wochen in einem Luxushotel in der Frankfurter Innenstadt ein. Sie lässt es sich im Luxushotel mit Wellness und Gourmet-Küche richtig gut gehen. Als sie das Hotel wieder verlässt, zahlt sie jedoch das Hotelzimmer sowie die erbrachten weiteren Leistungen des Hotels (Massage im Wellnessbereich, mehrere 3-Gänge-Menüs am Abend etc.) nicht. Der Wirt muss nun seine Zimmermiete sowie die weiteren ausstehenden Kosten einklagen. Es handelt sich hierbei um eine Streitigkeit zwischen einem Reisenden (Frau Pauli) und dem Wirt des Hotels.

- Streitigkeiten wegen Wildschadens (§ 23 Nr. 2d)

Beispiel:

Hans Hansen, Förster und Jäger, wird auf Schadensersatz in Höhe von 13.180,73 € verklagt, weil seine Wildschweine aus dem Wildgehege ausgebrochen sind und das anliegende Maisfeld von Bauer Josef Mai zertrampelt und umgepflügt haben. Die Ernte ist erheblich beschädigt worden. Trotz der Klagesumme von 13.180,73 € muss die Klage auf Zahlung von Schadensersatz beim Amtsgericht eingereicht werden.

Mit der Einführung des FamFG wurde § 23a GVG neu gefasst. Hier heißt es, dass das Amtsgericht ferner zuständig ist, für u.a. *Familiensachen*. Hierbei handelt es sich um eine ausschließliche Zuständigkeit.

Gemäß § 23b GVG werden bei den Amtsgerichten Abteilungen für Familiensachen gebildet. Hier gilt die Regelung, dass

- alle Familiensachen, die denselben Personenkreis betreffen, derselben Abteilung zugewiesen werden;
- wird eine Ehesache rechtshängig, während eine andere Familiensache, die denselben Personenkreis oder ein gemeinschaftliches Kind der Ehegatten betrifft, bei einer anderen Abteilung im ersten Rechtszug anhängig ist, ist diese von Amts wegen an die Abteilung der Ehesache abzugeben.

Die Abteilungen für Familiensachen werden mit Familienrichtern besetzt.

Darüber hinaus regelt § 23a GVG aber auch die Zuständigkeit für Angelegenheiten der freiwilligen Gerichtsbarkeit, z.B.:

- Registersachen,
- Betreuungssachen, Unterbringungssachen,
- Nachlasssachen,
- Grundbuchsachen,
- Schiffsregistersachen

etc.

> **Wichtig:** Natürlich gibt es noch weitere wichtige Verfahren, für die das Amtsgericht als sachlich zuständig gilt, z.B.:
> - das Mahnverfahren (in der Funktion als Mahngericht) gem. §§ 689 ff. ZPO,
> - Vollstreckungssachen (in der Funktion als Vollstreckungsgericht) gem. § 764 ZPO
>   etc.

Beachte: Gemäß § 22 Abs. 1 GVG entscheidet beim Amtsgericht immer der *Einzelrichter*. Außerdem bezeichnet man das Amtsgericht als erste Instanz oder sog. »Eingangsinstanz«.

b) Sachliche Zuständigkeit der Landgerichte

Was sagt uns der § 71 GVG (I. Instanz)?

Die Zivilkammern, einschließlich der Kammern für Handelssachen, entscheiden über alle bürgerlichen Rechtsstreitigkeiten, die nicht den Amtsgerichten zugewiesen sind (d.h. u.a. über Streitigkeiten ab einem Wert von 5.000,01 €).

Beispiel:

Susi Ehrlich klagt gegen Herrn Feige auf Rückzahlung eines Darlehens, welches Herr Feige Frau Ehrlich mit Darlehensvertrag vom 14.03.2013 in Höhe von 18.750,00 € gewährt hatte. Für die Klage ist gem. §§ 23 Nr. 1, 71 Abs. 1 GVG das Landgericht zuständig.

> **Beispiel:**
>
> Für eine Klage wegen Zahlung einer Kaufpreisforderung aus dem Kauf eines Antiquitätenschranks über 5.050,98 € aus einem Kaufvertrag ist gem. §§ 23 Nr. 1, 71 Abs. 1 GVG das Landgericht zuständig.

Aufpassen: Hätte der Antiquitätenschrank genau 5.000,00 € oder weniger gekostet, wäre sachlich das Amtsgericht zuständig.

Die Landgerichte sind ohne Rücksicht auf den Wert des Streitgegenstandes **ausschließlich** zuständig u.a.

- für Ansprüche, die auf Grund der Beamtengesetze gegen den Fiskus erhoben werden,
- für Schadensersatzansprüche auf Grund falscher, irreführender oder unterlassener öffentlicher Kapitalmarktinformationen.

Was sagt uns § 72 GVG (II. Instanz)?

Die Zivilkammern, einschließlich der Kammern für Handelssachen, entscheiden in zweiter Instanz über die Berufungen gegen Urteile der Amtsgerichte und über Beschwerden gegen Beschlüsse der Amtsgerichte, d.h. sie entscheiden über die Berufungen gegen Urteile der ersten Instanz bzw. Beschlüsse, die in erster Instanz erlassen wurden.

Aufpassen: Das Landgericht ist in Familiensachen **niemals** zweite Instanz. Zweite Instanz in Familiensachen ist **immer** das Oberlandesgericht.

Beachte: Die Kammern der Landgerichte sind in der Regel mit *drei Mitgliedern, einschließlich des Vorsitzenden,* besetzt. Das Landgericht kann erste und zweite Instanz sein.

Sachliche Zuständigkeit der Kammer für Handelssachen (§ 93 ff. GVG):

Ist bei einem Landgericht eine Kammer für Handelssachen gebildet, so tritt für Handelssachen diese Kammer an die Stelle der Zivilkammern (§ 94 GVG). Handelssachen sind gem. § 95 Abs. 1 GVG bürgerliche Rechtsstreitigkeiten, in denen durch die Klage ein Anspruch geltend gemacht wird z.B.:

- gegen einen Kaufmann im Sinne des HGB, sofern er in das Handelsregister oder Genossenschaftsregister eingetragen ist ... aus Geschäften, die für beide Teile Handelsgeschäfte sind,
- aus einem Wechsel im Sinne des Wechselgesetzes,
- auf Grund des Scheckgesetzes,
- auf Grund des Gesetzes gegen den unlauteren Wettbewerb,

und weiterer in § 95 Abs. 1 GVG genannter Rechtsverhältnisse.

c) Sachliche Zuständigkeit der Oberlandesgerichte

Was sagt uns der § 119 GVG?

Die sachliche Zuständigkeit der Oberlandesgerichte ist in § 119 GVG geregelt. Demnach ist das OLG in bürgerlichen Rechtsstreitigkeiten im ersten Rechtszug u.a. zuständig für:

- Beschwerden gegen Entscheidungen der Amtsgerichte
  - in den von den Familiengerichten entschiedenen Sachen,
  - in den Angelegenheiten der freiwilligen Gerichtsbarkeit mit Ausnahme der Freiheitsentziehung und der von den Betreuungsgerichten entschiedenen Sachen
- der Berufung und der Beschwerde gegen Entscheidungen der Landgerichte.

Beispiel:

Mit Urteil des Landgerichts Oldenburg vom 08.01.2013 wurde entschieden, dass Frau Emma Kern die Kaufpreisforderung von Herrn Björn Bogner in Höhe von 12.720,00 € für den Erwerb verschiedener Antiquitäten in dessen Antiquitätenladen in der Altstadt von Oldenburg in voller Höhe zu bezahlen hat. Frau Kern hatte dem Gericht gegenüber angegeben, dass ein Schrank aus der Barockzeit nicht den vollen Preis wert sei und deshalb eine Kaufpreisminderung von ihr – ohne Absprache mit dem Verkäufer – vorgenommen worden sei. Herr Bogner hatte deshalb vor dem Landgericht gegen Frau Kern Klage auf Zahlung des vollen Kaufpreises erhoben. Frau Kern bleibt auch nach dem Urteil des Landgerichts Oldenburg bei ihrer Ansicht und möchte Berufung gegen das Urteil beim Oberlandesgericht Oldenburg einreichen.

Beachte: Die Senate der Oberlandesgerichte sind mit *drei Mitglieder, einschließlich des Vorsitzenden,* besetzt. Das Oberlandesgericht kann **nur** zweite Instanz sein.

d) Sachliche Zuständigkeit des Bundesgerichtshofs

Was sagt uns der § 133 GVG?

Der Bundesgerichtshof (mit seinem **Sitz in Karlsruhe)** ist in bürgerlichen Streitigkeiten zuständig für die Verhandlung und Entscheidung über die Rechtsmittel der

- Revision,
- Sprungrevision und
- Rechtsbeschwerde und
- Sprungrechtsbeschwerde und
- Nichtzulassungsbeschwerde.

Beachte: Die Zivilsenate des Bundesgerichtshofs entscheiden durch *fünf Mitglieder, einschließlich des Vorsitzenden.* Der Bundesgerichtshof ist **immer** die Revisionsinstanz (III. Instanz).

e) Sachliche Zuständigkeit in Strafsachen

§ 24 GVG regelt dies wie folgt:

In Strafsachen sind die Amtsgerichte zuständig, wenn nicht

- die Zuständigkeit des Landgerichts nach § 74 Abs. 2 oder § 74a GVG oder des Oberlandesgerichts nach § 120 GVG begründet ist,
- im Einzelfall eine höhere Strafe als vier Jahre Freiheitsstrafe oder die Unterbringung des Beschuldigten in einem psychiatrischen Krankenhaus, allein oder neben einer Strafe, oder in der Sicherungsverwahrung zu erwarten ist oder
- die Staatsanwaltschaft wegen der besonderen Schutzbedürftigkeit von Verletzten der Straftat, die als Zeugen in Betracht kommen, des besonderen Umfangs oder der besonderen Bedeutung des Falles Anklage beim Landgericht erhebt.

Aber: Das Amtsgericht darf nicht auf einen höhere Strafe als vier Jahre Freiheitsstrafe und nicht auf die Unterbringung in einem psychiatrischen Krankenhaus, allein oder neben einer Strafe, oder in der Sicherungsverwahrung erkennen.

§ 73 GVG regelt die zweite Instanz wie folgt:
Die Strafkammern entscheiden unter anderem über

- Beschwerden gegen Verfügungen des Richters beim Amtsgericht sowie
- gegen Entscheidungen des Richters beim Amtsgericht und der Schöffengerichte

etc.

Außerdem erledigen die Strafkammern die in der Strafprozessordnung den Landgerichten zugewiesenen Geschäfte (§ 73 Abs. 2 GVG).

1.2 Örtliche Zuständigkeit

Bei der örtlichen Zuständigkeit ist zu klären, an welchem Ort (d.h. in welcher Stadt) sich das Gericht befindet, das für den Rechtsstreit zuständig ist. Dabei ist zu unterscheiden zwischen:

(a) dem allgemeinen Gerichtsstand,
(b) dem besonderen Gerichtsstand,
(c) dem ausschließlichen Gerichtsstand und
(d) dem vertraglichen Gerichtsstand.

a) Allgemeiner Gerichtsstand

> **Definition:**
>
> *Gemäß § 12 ZPO ist das Gericht, bei dem eine Person ihren allgemeinen Gerichtsstand hat **örtlich** zuständig **für alle gegen sie zu erhebenden Klagen.***

Der allgemeine Gerichtsstand wird gem. § 13 ZPO durch den *Wohnsitz* dieser Person bestimmt.

Beispiel:

Frau Sommer wohnt in Frankfurt und möchte gegen Herrn Wintersturm, der seinen Wohnsitz in Kassel hat, klagen. Gemäß § 13 ZPO bestimmt sich die örtliche Zuständigkeit nach dem Wohnsitz von Herrn Wintersturm. Hier also: Kassel. Somit kann Frau Sommer gegen Herrn Wintersturm in Kassel Klage erheben.

Beispiel:

Herr Balduin Müllermeier wohnt in München. Er hat eine Forderung gegen Frau Kuni Gunde aus einem Kaufvertrag über ein altes Gemälde aus dem Nachlass der Großmutter von Herrn Müllermeier. Frau Kuni Gunde wohnt in Augsburg. Eine Klage gegen Frau Kuni Gunde müsste Herr Müllermeier in Augsburg einreichen.

Vorsicht: Der letzte Halbsatz des § 12 ZPO sagt jedoch: »..., sofern nicht für eine Klage ein **ausschließlicher** Gerichtsstand begründet ist«.

Was ein ausschließlicher Gerichtsstand ist siehe c).

Bei **juristischen Personen** wird der allgemeine Gerichtsstand anders definiert. § 17 Abs. 1 ZPO führt hierzu aus, dass der allgemeine Gerichtsstand von

– Gemeinden,
– Genossenschaften,
– Vereinen,
– Stiftungen, Anstalten und Vermögensmassen, die verklagt werden können

durch *ihren Sitz* bestimmt wird. Als Sitz gilt, wenn nichts anderes geregelt ist, der Ort, wo die Verwaltung geführt wird.

Können **Behörden** als solche verklagt werden, ist gem. § 17 Abs. 2 ZPO das Gericht des Amtssitzes örtlich zuständig.

Eine weitere Besonderheit ergibt sich beim allgemeinen Gerichtsstand des **Fiskus** (d.h. der Staat). Dieser wird durch den Sitz der Behörde bestimmt, die den Fiskus in dem jeweiligen Rechtsstreit vertritt (§ 18 ZPO).

Der allgemeine Gerichtsstand des **Insolvenzverwalters** für Klagen, die sich auf die Insolvenzmasse beziehen, wird gem. § 19a ZPO durch den Sitz des Insolvenzgerichts bestimmt.

Praxishinweis: Im Mahnverfahren gilt gem. § 689 Abs. 2 Satz 2 ZPO, dass das Amtsgericht Wedding in Berlin ausschließlich zuständig ist, wenn der Antragsteller im Inland **keinen** allgemeinen Gerichtsstand hat.

Auch für den Fall, dass der Beklagte **wohnsitzlos** ist, hat die ZPO eine Regelung getroffen. Gemäß § 16 ZPO bestimmt sich der allgemeine Gerichtsstand einer Person, die keinen Wohnsitz hat durch den Aufenthaltsort im Inland. Ist der Aufenthaltsort im Inland nicht bekannt, wird als Gerichtsstand der letzte Wohnsitz dieser Person angenommen.

b) Besonderer Gerichtsstand

Die ZPO hat in den §§ 21 bis 34 für verschiedene Rechtsstreitigkeiten einen *besonderen Gerichtsstand* definiert. Im Folgenden sollen die Wichtigsten erläutert werden:

- gem. § 20 ZPO:
  »der besondere Gerichtsstand des Aufenthaltsortes«, d.h. für Personen (Studenten, Haushaltsgehilfen, Schüler etc.), die sich für längere Zeit an einem anderen Ort aufhalten, ist das Gericht des Aufenthaltsorts zuständig, sofern vermögensrechtliche Ansprüche erhoben werden sollen.

- gem. § 21 ZPO:
  »der besondere Gerichtsstand der gewerblichen Niederlassung«, d.h. hat jemand zum Betrieb einer Fabrik, einer Handlung oder eines anderen Gewerbes eine Niederlassung, von der aus unmittelbar Geschäfte geschlossen werden, so können gegen ihn alle Klagen, die auf den Geschäftsbetrieb der Niederlassung Bezug haben, bei dem Gericht des Ortes erhoben werden, wo die Niederlassung sich befindet.

- gem. § 22 ZPO:
  »der besondere Gerichtsstand der Mitgliedschaft«, d.h. das Gericht, bei dem Gemeinden, Gesellschaften, Genossenschaften oder andere Vereine den allgemeinen Gerichtsstand haben, ist für Klagen zuständig, die von ihnen oder von dem Insolvenzverwalter gegen die Mitglieder als solche oder von den Mitgliedern in dieser Eigenschaft gegeneinander erhoben werden.

- gem. § 23 ZPO:
  »der besondere Gerichtsstand des Vermögens und des Streitgegenstandes«, d.h. für Klagen, bei denen es um die Durchsetzung vermögensrechtlicher Ansprüche gegen eine Person geht, die ihren Wohnsitz im Ausland hat, ist das Gericht zuständig, in dessen Bezirk sich das Vermögen oder sich der mit der Klage in Anspruch genommene Gegenstand befindet. Bei Forderungen gilt als Ort, wo das Vermögen sich befindet, der Wohnsitz des Schuldners und, wenn für die Forderungen eine Sache zur Sicherheit haftet, auch der Ort, wo die Sache sich befindet.

- gem. § 27 Abs. 1 ZPO:
  »der besondere Gerichtsstand der Erbschaft«, d.h. für Klage, welche die Feststellung des Erbrechts, Ansprüche des Erben gegen einen Erbschaftsbesitzer, Ansprüche aus Vermächtnissen oder sonstigen Verfügungen von Todes wegen, Pflichtteilsansprüche oder Teilung der Erbschaft zum Gegenstand haben, können vor dem Gericht erhoben werden, bei dem der Erblasser zur Zeit seines Todes den allgemeinen Gerichtsstand gehabt hat.

- gem. § 29 Abs. 1 ZPO:
»der besondere Gerichtsstand des Erfüllungsortes«, der Gerichtsstand des Erfüllungsortes ist dort, wo die streitige Verpflichtung aus Vertragsverhältnis zu erfüllen ist. Welcher Ort der Erfüllungsort ist, ergibt sich aus § 269 BGB.

- gem. § 32 ZPO:
»der besondere Gerichtsstand der unerlaubten Handlung«, hier ist das Gericht zuständig, in dessen Bezirk die Handlung begangen worden ist.

- gem. § 33 ZPO:
»der besondere Gerichtsstand der Widerklage«, d.h. der Beklagte, dem gegen den Anspruch des Klägers ein Gegenanspruch zusteht, kann am Ort der Klage Widerklage erheben. Voraussetzung ist, dass der Gegenanspruch mit dem Klageanspruch in rechtlichem Zusammenhang steht.

c) Ausschließlicher Gerichtsstand

Es gibt zahlreiche ausschließliche Gerichtsstände, die in der ZPO geregelt sind. Auch hier sollen im Folgenden die zwei Wichtigsten angesprochen werden:

- gem. § 24 ZPO:
für Klagen, durch die das Eigentum, eine dingliche Belastung oder die Freiheit einer solchen geltend gemacht wird …, ist, sofern es sich um unbewegliche Sachen handelt, das Gericht ausschließlich zuständig, in dessen Bezirk die Sache belegen ist. Bei den eine Grunddienstbarkeit, eine Reallast oder ein Vorkaufsrecht betreffenden Klagen ist die Lage des dienenden oder belasteten Grundstücks entscheidend.

- gem. § 29a ZPO:
für Streitigkeiten über Miet- und Pachtverhältnisse über Räume oder über das Bestehen solcher Verhältnisse ist das Gericht ausschließlich zuständig, in dessen Bezirk sich die Räume befinden.

Beispiel:

Das Ehepaar Otto Reich und Maria Reich (wohnhaft in Dresden) haben für ihre Tochter in München eine Wohnung angemietet, da diese dort im dritten Semester studiert. Die Eltern haben mit dem Vermieter ordnungsgemäß einen Mietvertrag abgeschlossen. Nachdem die Eltern jedoch für ein paar Monate die Miete der Wohnung in München nicht bezahlt haben, werden sie nun vom Vermieter verklagt.

Der Vermieter muss die Klage beim Amtsgericht München einreichen, da sich dort die angemieteten Räume befinden (es geht hierbei um den ausschließlichen Gerichtsstand bei Miet- oder Pachträumen gem. § 29a ZPO).

Beachte: Sofern die ZPO für Klagen einen *ausschließlichen Gerichtsstand* vorsieht, kann und darf der Rechtstreit **nicht** vor einem anderen Gericht geführt werden.

d) Vertraglicher Gerichtsstand

Beim vertraglichen Gerichtsstand besteht für die Parteien die Möglichkeit, ein nach den oben genannten Regeln unzuständiges Gericht als dennoch zuständig zu erklären. Hierzu bedarf es des Abschlusses einer sog. Zuständigkeitsvereinbarung oder auch Gerichtsstandsvereinbarung genannt (fachlicher Ausdruck: Prorogation). Um eine solche Vereinbarung wirksam zu treffen sind folgende Voraussetzungen zu erfüllen:

– beide Vertragsparteien müssen Kaufleute im Sinne der §§ 1 ff. HGB, juristische Personen des öffentlichen Rechts oder öffentlich-rechtliches Sondervermögen sein,
– es darf **kein** ausschließlicher Gerichtsstand gegeben sein,
– die Vereinbarung ist gem. § 38 Abs. 3 Nr. 1 ZPO nur zulässig, wenn sie ausdrücklich und schriftlich nach Entstehen der Streitigkeit geschlossen wird,
– die Vereinbarung ist außerdem nur zulässig, wenn sie ausdrücklich und schriftlich für den Fall geschlossen wird, dass die im Klageweg in Anspruch zu nehmende Partei nach Vertragsschluss ihren Wohnsitz oder gewöhnlichen Aufenthaltsort aus dem Geltungsbereich dieses Gesetzes (der ZPO) verlegt oder ihr Wohnsitz oder gewöhnlicher Aufenthalt im Zeitpunkt der Klageerhebung nicht bekannt ist (§ 38 Abs. 3 Nr. 2 ZPO),
– die Vereinbarung muss sich gem. § 40 Abs. 1 ZPO auf ein ganz bestimmtes Rechtsverhältnis und die aus ihm entspringenden Rechtsstreitigkeiten beziehen,
– Schriftform ist erforderlich oder aber eine mündlich getroffene Vereinbarung muss ausdrücklich **schriftlich** bestätigt werden (§ 38 Abs. 2 Satz 2 ZPO).

Eine Gerichtsstandsvereinbarung kann auch geschlossen werden, wenn eine der Parteien ihren **allgemeinen Gerichtsstand im Ausland** hat.

> **Aufpassen:** Wann ist eine Gerichtsstandsvereinbarung unwirksam oder unzulässig?
> – wenn die Vereinbarung sich **nicht** auf ein bestimmtes Rechtsverhältnis bezieht und die aus ihm entspringenden Rechtsstreitigkeiten (§ 40 Abs. 1 ZPO),
> – wenn der Rechtsstreit nichtvermögensrechtliche Angelegenheiten betrifft, die ohne Rücksicht auf den Wert des Streitgegenstandes den Amtsgerichten zugewiesen sind (§ 40 Abs. 2 Nr. 1 ZPO) oder
> – wenn für die Klage ein ausschließlicher Gerichtsstand begründet ist (§ 40 Abs. 2 Nr. 2 ZPO).
>
> In diesen Fällen wird die Zuständigkeit eines Gerichts auch nicht durch rügeloses Verhandeln zur Hauptsache begründet.

Wie kann die Unzuständigkeit eines Gerichts geheilt werden?

Sollte die Beklagtenseite die Unzuständigkeit des angerufenen Gerichtes nicht bemängeln, so ist die Zuständigkeit des angerufenen Gerichts gem. § 39 ZPO als gegeben anzusehen. Dies gilt nicht für die Fälle des § 40 ZPO.

> **Wichtig:** In einer Ehesache ist der Abschluss einer Zuständigkeitsvereinbarung **unzulässig**.

Beachte: Kommen für eine Sache mehrere Gerichtsstände in Frage, hat **der Kläger** gem. § 35 ZPO das Recht, unter den verschiedenen Gerichtsständen zu wählen.

Beispiel:

Herr Maler ist am 11.02.2013 in einen Autounfall mit Frau Süß verwickelt. Herr Maler wohnt in Hamburg, Frau Süß wohnt in München und der Unfall ist in Frankfurt passiert. Frau Süß will nun den Schaden gegenüber Herrn Maler, der ihm die Vorfahrt genommen hatte, gerichtlich geltend machen.

Wo kann Frau Süß die Klage einreichen?

Möglichkeit Nr. 1: Am Wohnsitz des Herrn Maler in Hamburg gem. §§ 12, 13 ZPO, Möglichkeit Nr. 2: Am Ort der unerlaubten Handlung (ein Verkehrsunfall stellt eine unerlaubte Handlung dar) gem. § 32 ZPO, also in Frankfurt.

Frau Süß kann nun gem. § 35 ZPO wählen, ob sie Herrn Maler in Hamburg oder in Frankfurt verklagen möchte.

Beachte: Hat der Kläger die Wahl getroffen und ist bei dem von ihm erwählten Gericht die Klage rechtshängig geworden, kann der Kläger den Beklagten nicht noch einmal vor einem anderen Gericht auf Grund derselben Sache verklagen, solange diese Sache bei dem von ihm erwählten Gericht nicht entschieden wurde (§ 261 Abs. 3 Nr. 1 ZPO).

Außerdem ändert sich gem. § 261 Abs. 3 Nr. 2 ZPO die Zuständigkeit des Prozessgerichts **nicht,** wenn sich die Umstände verändern, aus denen sie begründet wurden.

Beispiel:

Herr Münstermann hat gegen Herrn Dom beim Amtsgericht Nürnberg Klage eingereicht. Herr Dom wohnt in Nürnberg, so dass es sich hierbei gem. §§ 12, 13 ZPO um den allgemeinen Gerichtsstand des Herrn Dom handelt.

Im Laufe des Verfahrens vor dem Amtsgericht Nürnberg zieht Herr Dom nach Köln um und meldet auch dort seinen Wohnsitz an.

Durch den Umzug von Nürnberg nach Köln ändert sich gem. § 261 Abs. 3 Nr. 2 ZPO nichts an der Zuständigkeit des Amtsgerichts Nürnberg. Obwohl Herr Dom nicht mehr in Nürnberg wohnt, wird das Verfahren bis zur Entscheidung vor dem Amtsgericht Nürnberg geführt.

Aufpassen: Liegt ein **ausschließlicher Gerichtsstand** vor, gibt es **keine Wahlmöglichkeit!** Es **muss** am ausschließlichen Gerichtsstand geklagt werden.

Achtung: Wird ein örtlich oder sachlich unzuständiges Gericht angerufen und der Kläger stellt nach Hinweis des Gerichts, dass es unzuständig ist, keinen **Verweisungsantrag,** muss die **Klage** als **unzulässig** abgewiesen werden.

Stellt der Kläger jedoch einen Verweisungsantrag, erklärt sich das zuerst angerufene Gericht für unzuständig und verweist den Rechtsstreit gem. § 281 ZPO an das für diese Angelegenheit zuständige Gericht. Sind mehrere Gericht zuständig, so erfolgt die Verweisung an das vom Kläger gewählte Gericht.

Anträge und Erklärungen zur Zuständigkeit des Gerichts können vor dem Urkundsbeamten der Geschäftsstelle abgegeben werden.

Die Mehrkosten für die Anrufung eines sachlich oder örtlich unzuständigen Gerichts trägt der Kläger, auch **wenn er in der Hauptsache obsiegt** (§ 281 Abs. 3 Satz 2 ZPO).

1.3 Funktionelle Zuständigkeit

Wenn man sich die Frage stellt, wer ist *funktionell zuständig,* so muss man die Frage beantworten, »wer bearbeitet die Sache bei Gericht«? Dies sind die Organe der Rechtspflege, z.B.:

– Richter,
– Staatsanwalt,
– Rechtspfleger (der Zuständigkeitsbereich des Rechtspflegers ergibt sich aus dem RPflG/Rechtspflegergesetz),
– Urkundsbeamter der Geschäftsstelle,
– Grundbuchamt,
– Gerichtsvollzieher,

etc.

Die oben genannten Organe der Rechtspflege sind bei den einzelnen Abteilungen (Amtsgericht), Kammern (Landgericht) und Senaten (Oberlandesgericht) tätig. Daher fallen auch die Abteilungen, Kammern und Senate unter den Begriff der *funktionellen Zuständigkeit,* z.B. Zivilabteilung, Mahnabteilung, Zivilkammer, Familiensenat.

Ebenso zählt zu dem Begriff »funktionelle Zuständigkeit« die Unterscheidung von ordentlicher und besonderer Gerichtsbarkeit:

Zur ordentlichen Gerichtsbarkeit zählt sowohl die Zivilgerichtsbarkeit als auch die Strafgerichtsbarkeit. Bei der Zivilgerichtsbarkeit unterscheidet man die streitige Gerichtsbarkeit (ZPO-Verfahren) und die freiwillige Gerichtsbarkeit (FGG-Sachen).

Die Gerichte der ordentlichen Gerichtsbarkeit sind:

– Amtsgericht (1. Instanz)
– Landgericht (1. oder 2. Instanz)
– Oberlandesgericht (Berufungsinstanz) und
– Bundesgerichtshof (Revisionsinstanz)

Zur besonderen Gerichtsbarkeit gehören Gerichte wie:

– Arbeitsgerichtsbarkeit,
– Sozialgericht,
– Verwaltungsgericht,
– Finanzgericht,
– Verfassungsgericht,
– Patentgerichtsbarkeit,

etc.

Bei den einzelnen Gerichten ist die funktionelle Zuständigkeit dann aufgeteilt wie folgt:

Amtsgericht:

- Zivilabteilung (§ 23 GVG),
- Vollstreckungsgericht (§ 764 ZPO),
- Familiengericht (§ 23b GVG) usw.

Landgericht:

- Originärer Einzelrichter (§ 348 ZPO),
- Obligatorischer Einzelrichter (§ 348a ZPO),
- Vorsitzender der Kammer für Handelssachen (§ 349 ZPO).

1.4 Aufgabenteil zum Thema »Zuständigkeiten«

Bitte ermitteln Sie die örtliche und sachliche Zuständigkeit!

Übungsfall 1:

Wo ist ein Mahnverfahren zu beantragen, wenn der Antragsteller im Ausland wohnt?

Lösungsvorschlag:

Gemäß § 689 Abs. 2 Satz 2 ZPO ist ausschließlich das Amtsgericht Berlin Wedding für das Mahnverfahren zuständig, wenn der Antragsteller im Ausland wohnt.

Übungsfall 2:

Herr Geldgeber (Kläger) fordert von Frau Pleite (Beklagte) auf Grund eines Verkehrsunfalls mit Totalschaden seines Autos Schadensersatz von Frau Pleite in Höhe von 12.300,00 €. Die Schuld von Frau Pleite ist eindeutig bewiesen. Welches Gericht ist (sachlich und örtlich) zuständig für:

a) die Einreichung der Klage?
b) die Einreichung eines Mahnbescheids?

Lösungsvorschlag:

a) Die *sachliche Zuständigkeit* richtet sich nach dem Wert des Streitgegenstandes gem. §§ 23, 71 GVG. In diesem Fall geht es um eine Schadensersatzsumme in Höhe von 12.300,00 €. Bei diesem Wert ist gem. §§ 23 Nr. 1, 71 Abs. 1 GVG das Landgericht sachlich zuständig.

Für die Einreichung der Klage hat Herr Geldgeber für die *örtliche Zuständigkeit* folgende Möglichkeiten:

Möglichkeit Nr. 1: Herr Geldgeber kann am besonderen Gerichtsstand der unerlaubten Handlung gem. § 32 ZPO klagen oder

Möglichkeit Nr. 2: Herr Geldgeber kann gem. §§ 12, 13 ZPO am allgemeinen Gerichtsstand von Frau Pleite die Klage einreichen.

---

b) Für die Einreichung eines Mahnbescheids ist sachlich ausschließlich das Amtsgericht zuständig (gem. § 689 Abs. 1 Satz 1 ZPO). Für die örtliche Zuständigkeit ist das für den allgemeinen Gerichtsstand des Antragstellers zuständige Amtsgericht (§ 689 Abs. 2 ZPO) maßgeblich.

Übungsfall 3:

Über welche Rechtsmittel entscheidet der Bundesgerichtshof (sachliche Zuständigkeit)?

Lösungsvorschlag:

Der Bundesgerichtshof entscheidet gem. § 133 GVG über die Rechtsmittel der Revision, der Sprungrevision, der Rechtsbeschwerde und Sprungrechtsbeschwerde sowie der Nichtzulassungsbeschwerde.

Übungsfall 4:

Der Beklagte Hummel wird in München vor dem Landgericht verklagt. Nach Zustellung der Klage zieht Hummel nach Hamburg um. Ändert dies etwas an der Zuständigkeit des Landgerichts München?

Lösungsvorschlag:

Nein, nach § 261 Abs. 3 Nr. 2 ZPO bleibt das Landgericht München weiter zuständig.

Denn: Die Zuständigkeit des Prozessgerichts wird durch eine Veränderung der sie bergründenden Umstände nicht berührt.

Übungsfall 5:

RA Schlaumeier soll für seinen Mandanten Pechvogel aus München den wohnsitzlosen Tunichts verklagen, der in München unter einer stadtbekannten Brücke lebt. Der Streitwert beträgt 700,00 €.

Lösungsvorschlag:

Der allgemeine Gerichtsstand einer Person, die keinen Wohnsitz hat, wird durch den Aufenthaltsort im Inland bestimmt, hier München. Sachlich zuständig ist das Amtsgericht, § 16 ZPO.

Übungsfall 6:

Herr Rodriguez ist Gastarbeiter aus Spanien und wohnt für die Dauer seiner Beschäftigung, die zunächst für 8 Monate angedacht ist, in Deutschland in einer Mietwohnung in Flensburg. Seinen Wohnsitz hat er nach wie vor in Madrid/Spanien. Von seinem Vermieter erhält er zudem ein Darlehen in Höhe von 2.000,00 €, um ihm den Start in Deutschland etwas leichter zu machen. Dieses Darlehen soll binnen sechs Monaten von Herrn Rodriguez zurückgezahlt werden. Nach sechs Monaten stellt sich jedoch heraus, dass Herr Rodriguez keine Mittel hat, um das Darlehen zurückzubezahlen.

Wo (örtliche Zuständigkeit) muss der Vermieter von Herrn Rodriguez diesen wegen der Darlehensforderung verklagen?

Lösungsvorschlag:

Gemäß § 20 ZPO hat der Vermieter die Möglichkeit Herrn Rodriguez am Gericht seines derzeitigen Aufenthaltsortes zu verklagen. In diesem Fall wäre als besonderer Gerichtsstand Flensburg möglich.

§ 29a ZPO greift hier nicht, da es sich um keine Streitigkeit handelt, die sich aus dem Mietverhältnis zwischen den Parteien ergibt.

Übungsfall 7:

Vor welchem Gericht werden Familiensachen in der 2. Instanz anhängig? Wäre hier das Landgericht zuständig?

Lösungsvorschlag:

Nein, für Familiensachen in der zweiten Instanz ist immer das Oberlandesgericht zuständig.

Übungsfall 8:

Welche Gerichte gehören zur sog. »besonderen Gerichtsbarkeit«? Zählen Sie drei Beispiele auf!

Lösungsvorschlag:

Zu den Gerichten der besonderen Gerichtsbarkeiten gehören u.a.:
– Arbeitsgericht,
– Sozialgericht,
– Verwaltungsgericht,
– Verfassungsgericht,
– Finanzgericht,
– Patentgericht.

2. Verfahren im ersten Rechtszug/ Verfahren bis zum Urteil

In einem Zivilprozess werden die Parteien als *Kläger* und *Beklagter* bezeichnet. Es ist jedoch nicht immer so, dass sich auf Klägerseite oder Beklagtenseite nur jeweils eine Person gegenübersteht. Eine Partei kann durchaus aus mehreren Personen bestehen. Eine Personenmehrheit auf der Klägerseite nennt man »*aktive Streitgenossen*« und eine Personenmehrheit auf der Beklagtenseite nennt man »*passive Streitgenossen*«.

Beispiel:

Heinrich und Elsa Müller haben den Eheleuten Zaster ein Darlehen in Höhe von 3.220,00 € mit Darlehensvertrag vom 06.06.2013 gegeben. Leider halten sich die Eheleute Zaster nicht an die vereinbarte Rückzahlung, sodass die Eheleute Müller Klage gegen die Eheleute Zaster auf Rückzahlung des Darlehens einreichen müssen. Die Eheleute Müller stehen in dem Prozess als **aktive** Streitgenossen den Eheleuten Zaster als **passiven** Streitgenossen gegenüber.

Siehe dazu auch die Unterscheidung »objektive/subjektive« Klagehäufung unter 2.3 f.).

2.1 Parteifähigkeit/Prozessfähigkeit

Parteifähigkeit

Gemäß § 50 Abs. 1 ZPO ist parteifähig, wer rechtsfähig ist. Alle rechtsfähigen und damit parteifähigen Personen sind Träger von Rechten und Pflichten.

Beachte: Parteifähigkeit ist die Fähigkeit, in einem Prozess Partei zu sein. Die Parteifähigkeit eines Menschen beginnt mit der »Vollendung« der Geburt und endet erst mit dem Tod eines Menschen.

Parteifähig sind
- alle natürlichen Personen,
- alle juristischen Personen, d.h.
  juristische Personen des öffentlichen Rechts (z.B. Gemeinden, Städte, Landkreise, Rechtsanwaltskammern, Rundfunkanstalten, Kreissparkassen) oder
  juristische Personen des Privatrechts (z.B. Sportverein, Turnverein, Fußballverein, Verein der Taubenzüchter, Gesellschaft mit beschränkter Haftung (GmbH), Aktiengesellschaft (AG), Stiftungen und
- bestimmte Personenvereinigungen, (z.B. die Offene Handelsgesellschaft (OHG) oder die Kommanditgesellschaft (KG)).

Prozessfähigkeit

Gemäß § 52 Abs. 1 ZPO ist eine Partei dann prozessfähig, wenn sie sich durch Verträge verpflichten kann, d.h. prozessfähig ist, wer geschäftsfähig ist.

Alle volljährigen **natürlichen** Personen sind unbeschränkt geschäftsfähig, also auch prozessfähig.

Definition:

Unter Prozessfähigkeit versteht man die Fähigkeit einen Prozess
- *selbst (d.h. für sich selbst) oder für andere Personen zu führen oder aber*
- *eine dritte Person zu beauftragen, den Prozess im Namen des Beauftragenden zu führen, z.B. die Beauftragung eines Rechtsanwalts zur Vertretung im Prozess.*

Beachte: Minderjährige sind grundsätzlich prozess**unfähig.** Ausnahmen:
- wenn der Minderjährige durch den gesetzlichen Vertreter ermächtigt ist und die Genehmigung des Vormundschaftsgerichts vorliegt, darf er gem. § 112 Abs. 1 BGB ein Erwerbsgeschäft führen und gilt für alle mit diesem Erwerbsgeschäft zusammenhängenden Rechtsgeschäfte als unbeschränkt geschäftsfähig (also auch prozessfähig),
- wenn der Minderjährige mit der Zustimmung seines Erziehungsberechtigten einen Arbeitsvertrag abschließt.

Über alle Vorgänge, die oben in den Ausnahmen erwähnt sind, z.B. die Kündigung des Arbeitsvertrages, Abschluss eines Vertrages mit einem Lieferanten für das Erwerbsgeschäft etc., kann der Minderjährige allein entscheiden.

Wer ist prozessunfähig und welche Konsequenzen hat das?

Alle natürlichen Personen, die geschäftsunfähig sind, sind auch prozessunfähig. Darunter fallen alle natürlichen Personen, die
- das 7. Lebensjahr noch nicht vollendet haben,
- die dauernd geistig behindert bzw. geistig erkrankt sind oder
- Volljährige, die unter dauernder Betreuung stehen.

Beachte: Prozessunfähig sind außerdem **alle** juristischen Personen.

Jeder, der prozessunfähig ist, benötigt einen gesetzlichen Vertreter, wenn er Prozesse führen möchte. Solche Vertretungsverhältnisse können z.B. sein:
- die Eltern vertreten ihr minderjähriges Kind, wenn sie gemeinsam die elterliche Sorge ausüben,
- der Betreuer vertritt den volljährigen Betreuten,
- die GmbH wird durch den Geschäftsführer vertreten,
- die AG wird durch den Vorstand vertreten,
- die Gemeinde wird durch den Bürgermeister vertreten,
- die Landkreise werden durch den Landrat vertreten,

etc.

2.2 Vollmacht

Gemäß § 80 ZPO hat der Prozessbevollmächtigte seine Beauftragung durch Vorlage einer schriftlichen Vollmacht nachzuweisen. Durch diese Prozessvollmacht wird der Rechtsanwalt zu allen den Rechtsstreit betreffenden Prozesshandlungen ermächtigt, z.B.

- Einreichung einer Klage,
- Rücknahme einer Klage,
- Einlegung eines geeigneten Rechtsmittels,
- Erhebung einer Widerklage,
- Wiederaufnahme des Verfahrens,
- Durchführung von Zwangsvollstreckungsmaßnahmen,
- Beendigung des Rechtsstreits durch z.B. Vergleich, Anerkenntnis oder Verzicht,

etc.

Beachte: Gemäß § 85 Abs. 1 ZPO haben alle Prozesshandlungen, die vom Bevollmächtigten vorgenommen werden, die gleiche Wirkung, als hätte die Partei sie selbst vorgenommen. Auch das Verschulden des Prozessbevollmächtigten ist gem. § 85 Abs. 2 ZPO der Partei zuzurechnen, d.h. versäumt der Bevollmächtigte z.B. eine Frist, so ist dieses Versäumnis so zu bewerten, als hätte die Partei selbst die Frist versäumt.

> **Wichtig:** Möchte die Partei z.B. nicht, dass der Prozessbevollmächtigte bestimmte Handlungen durchführt, z.B. Vergleiche abschließt, ein Anerkenntnis abgibt oder einen Verzicht, kann dies gem. § 83 Abs. 1 ZPO von der Vollmachtserteilung ausgeschlossen werden.

Wann endet die Vollmacht?

Die Prozessvollmacht endet,

- mit der rechtskräftigen Erledigung des Rechtsstreits (dies ist der Regelfall),
- durch Kündigung des Mandats durch den Vollmachtsgeber (i.d.R. ist das der Mandant),
- durch Niederlegung des Mandats durch den Prozessbevollmächtigten oder
- durch Tod des Prozessbevollmächtigten.

> **Wichtig für die Praxis:**
> - In einem *Anwaltsprozess* ist gem. § 87 Abs. 1 ZPO die Kündigung der Vollmacht erst wirksam, wenn ein anderer Prozessbevollmächtigter bestellt ist.
> - In einem *Parteiprozess* muss die Kündigung der Vollmacht sowohl dem Gericht als auch dem Gegner gegenüber angezeigt werden, um wirksam zu sein.

2.3 Klage

Damit überhaupt ein Verfahren bei Gericht rechtshängig wird, muss eine Klageschrift eingereicht werden. Der Inhalt einer Klageschrift wird in § 253 ZPO genau festgelegt. Danach muss eine Klageschrift folgenden Inhalt haben:

- die Bezeichnung der Parteien und des Gerichts,

Beispiel:

Die Klage geht an das *Amtsgericht Münster*. Es klagt *Herr Sturm, Musterstraße 4, Münster* gegen *Frau Emmerich, Lange Straße 2, Münster*.

- die bestimmte Angabe des Gegenstandes und des Grundes des erhobenen Anspruchs, sowie einen bestimmten Antrag,

---

Beispiel:

Herr Sturm fordert von Frau Emmerich *den Kaufpreis* für das von ihm gebraucht abgekaufte Auto. Er *beantragt* die Zahlung des Kaufpreises sowie die Auferlegung der Kosten des Rechtsstreits an Frau Emmerich.

Ferner soll die Klageschrift enthalten:

- die Angabe, ob der Klageerhebung der Versuch einer Mediation oder eines anderen Verfahrens der außergerichtlichen Konfliktbeilegung vorausgegangen ist, sowie eine Äußerung dazu, ob einem solchen Verfahren Gründe entgegenstehen,

- die Angabe des Wertes des Streitgegenstandes, wenn hiervon die Zuständigkeit des Gerichts abhängt und der Streitgegenstand nicht in einer bestimmten Geldsumme besteht,

---

Beispiel:

Der Wert des gekauften Autos beträgt 3.200,00 €. (Da es sich hierbei um einen Wert unter 5.000,00 € handelt, ist gem. § 23 Nr. 1 GVG das Amtsgericht sachlich zuständig).

- eine Äußerung dazu, ob einer Entscheidung der Sache durch den Einzelrichter Gründe entgegenstehen.

Beispiel:

Es bestehen *keine Einwände* gegen die Entscheidung durch einen Einzelrichter.

Beachte: Die Klageschrift sowie sonstige Anträge und Erklärungen einer Partei (d.h. Schriftsätze etc.), die der anderen Partei zugestellt werden sollen, sind bei Gericht schriftlich einzureichen. Beigefügt sein soll die für die Zustellung oder Mitteilung der anderen Partei/en erforderliche Anzahl an Abschriften (§ 253 Abs. 5 ZPO). Einer Beifügung von Abschriften bedarf es nicht, soweit die Klageschrift elektronisch eingereicht wird.

---

1. Beispiel:

Handelt es sich um **einen** Kläger und **einen** Beklagten ist folgende Anzahl an Abschriften einzureichen:

– ein Original (für das Gericht),
– eine beglaubigte Abschrift (für den Prozessbevollmächtigten des Beklagten, falls dieser anwaltlich vertreten ist),
– eine einfache Abschrift für den Beklagten

---

2. Beispiel:

Handelt es sich z.B. um zwei Gegner, die unterschiedliche Prozessbevollmächtigte haben, ist folgende Anzahl an Abschriften zuzustellen:

– ein Original (für das Gericht),
– eine beglaubigte Abschrift (für den Prozessbevollmächtigten des Beklagten zu 1),
– eine beglaubigte Abschrift (für den Prozessbevollmächtigten des Beklagten zu 2),
– eine einfache Abschrift für den Beklagten zu 1),
– eine einfache Abschrift für den Beklagten zu 2)

- außerdem muss die Klage **handschriftlich** vom Prozessbevollmächtigten unterzeichnet werden.

Die ZPO bestimmt die verschiedensten Arten einer Klage, die wie folgt unterschieden werden können:

a) Stufenklage

Beachte: Bei der Stufenklage gem. § 254 ZPO werden **zwei Dinge** miteinander verknüpft. Zum einen wird auf

– Rechnungslegung **oder**
– Vorlegung des Vermögensverzeichnisses **oder**
– Abgabe der eidesstattlichen Versicherung geklagt.

Zum anderen wird auf die Herausgabe, des dem Kläger zustehenden Anspruchs geklagt, der sich aus der Rechnung oder des Vermögensverzeichnisses ergibt, sobald diese vorliegen.

b) Leistungsklage

Beachte: Eine Leistungsklage zielt auf die Verurteilung des Beklagten zu einer bestimmten Leistung ab, welche in einem Tun (z.B. die Zahlung einer Geldforderung), Unterlassen (z.B. Unterlassen der Ruhestörung) oder einer Duldung (z.B. die Duldung von Baulärm durch die Anwohner, auf Grund eines Neubaus in der Nachbarschaft) liegen kann.

c) Feststellungsklage

Beachte: Die Feststellungsklage gem. § 256 Abs. 1 ZPO zielt auf die Feststellung eines Bestehen oder Nichtbestehens eines Rechtsverhältnisses oder auf die Anerkennung einer Urkunde bzw. auf die Feststellung der Unechtheit einer Urkunde ab.

d) Rechtsgestaltungsklage

Beachte: Die Rechtsgestaltungsklage zielt auf die Begründung, Änderung oder Aufhebung eines Rechtsverhältnisses ab, z.B. die Aufhebung der Ehe.

e) Klage auf künftige Zahlung oder Räumung

Beachte: Ist die Geltendmachung einer nicht von einer Gegenleistung abhängigen Geldforderung oder die Geltendmachung des Anspruchs auf Räumung eines Grundstücks oder Raumes (**kein** Wohnraum!) an den Eintritt eines Kalendertages geknüpft, kann auf künftige Zahlung oder Räumung geklagt werden.

f) Klage auf wiederkehrende Leistungen

Beachte: Es kann auch wegen der erst nach Erlass des Urteils fällig werdenden Leistungen Klage auf künftige Zahlung erhoben werden.

Praxishinweise: Hat der Kläger mehrere Ansprüche gegen den Beklagten – auch aus verschiedenen Gründen – können diese in einer Klage verbunden werden. Ein Zusammenhang zwischen den einzelnen Ansprüchen ist nicht notwendig. Voraussetzung ist weiter, dass für sämtliche Ansprüche das Prozessgericht zuständig ist und die dieselbe Prozessart zulässig ist.

Unterscheidung zwischen der objektiven Klagehäufung und der subjektiven Klagehäufung

Beachte: Voraussetzung für die *objektive Klagehäufung* gem. § 260 ZPO ist, dass für alle Ansprüche dasselbe Prozessgericht zuständig ist und dieselbe Prozessart zulässig ist.

Tipp: Eine objektive Klagehäufung ist z.B. möglich, wenn nach einem Verkehrsunfall sowohl Schadensersatz für das kaputte Fahrzeug als auch Schmerzensgeld für eine eventuell bei dem Unfall erlittene Verletzung eingeklagt werden.

Eine Klagehäufung ist jedoch nicht möglich, wenn die Ansprüche bei verschiedenen Gerichten einzuklagen wären oder aber unterschiedliche Prozesswege vorgeschrieben sind.

> **Beispiel:**
>
> Wenn z.B. eine Arbeitnehmerin im Betrieb ihres geschiedenen Mannes angestellt ist und dieser ihr bereits seit Monaten keinen Lohn bezahlt hat, ist für eine Klage bezüglich der Lohnforderung das Arbeitsgericht zuständig. Streiten sich die beiden auf Grund der Scheidung auch noch über das Umgangsrecht mit den gemeinsamen Kindern, ist für diese Sache das Familiengericht zuständig. Eine Klagehäufung wäre in diesem Fall nicht möglich, weil für die beiden Ansprüche unterschiedliche Prozesswege vorgeschrieben sind.

Beachte:　Voraussetzung für die *subjektive Klagehäufung* gem. § 59 ZPO ist, dass hierbei eine Partei aus mehreren Personen besteht. Man spricht dann von *Streitgenossen*.

Die Streitgenossen können gem. § 59 ZPO gemeinschaftlich klagen *(aktive* Streitgenossen) oder gemeinschaftlich verklagt werden *(passive* Streitgenossen), wenn:
- sie hinsichtlich des Streitgegenstandes in Rechtsgemeinschaft stehen oder
- sie aus demselben tatsächlichen und rechtlichen Grund berechtigt oder verpflichtet sind oder
- gem. § 60 ZPO gleichartige und auf einem im Wesentlichen gleichartigen tatsächlichen und rechtlichen Grund beruhende Ansprüche oder Verpflichtungen den Gegenstand des Rechtsstreits bilden.

> **Beispiel:**
>
> Nach einem Verkehrsunfall verklagt der Geschädigte sowohl den Fahrer des Unfallfahrzeuges, der auch Halter des Fahrzeuges ist sowie dessen Haftpflichtversicherung. Der Fahrer und Halter des Fahrzeuges sowie die Haftpflichtversicherung sind hier passive Streitgenossen, die wegen **desselben Gegenstandes** verklagt werden.

Unterscheidung: Anhängigkeit/Rechtshängigkeit

Man spricht davon, dass eine Klage anhängig geworden ist, wenn sie *bei Gericht eingegangen und registriert* ist.

Eine Klage wird *rechtshängig,* wenn sie *dem Beklagten zugestellt* worden ist. Die Rechtshängigkeit hat gem. § 261 Abs. 3 Nr. 1 und 2 ZPO folgende Wirkung:
- während der Dauer der Rechtshängigkeit kann die Streitsache von keiner Partei anderweitig anhängig gemacht werden,
- die Zuständigkeit des Prozessgerichts wird durch eine Veränderung der sie begründenden Umstände nicht berührt.

> **Beispiel:**
>
> Ist die Klage beim Amtsgericht Hamburg rechtshängig geworden, weil der Beklagte in Hamburg seinen allgemeinen Gerichtsstand hat und zieht der Beklagte noch während des Verfahrens nach Offenburg um, bleibt das Amtsgericht Hamburg weiterhin zuständig.

Kann eine Klage zurückgenommen werden und welche Wirkung hat eine Klagerücknahme?

Gemäß § 269 Abs. 1 ZPO kann eine Klage ohne Einwilligung des Beklagten nur bis zum Beginn der mündlichen Verhandlung des Beklagten zur Hauptsache zurückgenommen werden.

Wird die Klage zurückgenommen, so ist der Rechtsstreit als **nicht** anhängig geworden anzusehen (§ 269 Abs. 3 ZPO), d.h. die Klage kann zu einem späteren Zeitpunkt erneut über denselben Gegenstand eingereicht werden. Außerdem würde ein bereits ergangenes, noch nicht rechtskräftiges Urteil wirkungslos, ohne dass es einer ausdrücklichen Aufhebung bedarf.

Die Zurücknahme der Klage und, soweit sie zur Wirksamkeit der Zurücknahme erforderlich ist, auch die Einwilligung des Beklagten sind dem Gericht gegenüber zu erklären (§ 269 Abs. 2 Satz 1 ZPO). Gemäß § 269 Abs. 2 Satz 2 ZPO erfolgt die Zurücknahme der Klage durch Einreichung eines Schriftsatzes, oder Erklärung in der mündlichen Verhandlung. Der Schriftsatz ist dem Beklagten gem. § 269 Abs. 2 Satz 3 ZPO zuzustellen, wenn seine Einwilligung zur Wirksamkeit der Zurücknahme der Klage erforderlich ist.

Widerspricht der Beklagte der Zurücknahme der Klage nicht innerhalb einer Notfrist von zwei Wochen seit der Zustellung des Schriftsatzes, so gilt seine Einwilligung als erteilt, wenn der Beklagte zuvor auf diese Folge hingewiesen worden ist (§ 269 Abs. 2 Satz 4 ZPO).

Wird die Klage zurückgenommen, so ist sie als nicht anhängig geworden anzusehen; ein bereits ergangenes, noch nicht rechtskräftiges Urteil wird wirkungslos, ohne dass es einer ausdrücklichen Aufhebung bedarf.

Der Kläger ist verpflichtet, die Kosten des Rechtsstreits zu tragen, soweit nicht bereits rechtskräftig über sie erkannt ist oder sie dem Beklagten aus einem anderen Grund aufzuerlegen sind.

Ist der Anlass zur Einreichung der Klage vor Rechtshängigkeit weggefallen (zum Beispiel durch Zahlung nach Einreichung (= Anhängigkeit der Klage) und wird die Klage daraufhin zurückgenommen, so bestimmt sich die Kostentragungspflicht gem. § 269 Abs. 3 Satz 3 ZPO unter Berücksichtigung des bisherigen Sach- und Streitstandes nach billigem Ermessen. Das Gericht entscheidet auf Antrag über die nach § 269 Abs. 3 ZPO eintretenden Wirkungen durch Beschluss.

Gegen den Beschluss findet die sofortige Beschwerde statt, wenn der Streitwert der Hauptsache den in § 511 ZPO genannten Betrag (also: 600,00 €) übersteigt. Die Beschwerde ist unzulässig, wenn gegen die Entscheidung über den Festsetzungsantrag (§ 104 ZPO) ein Rechtsmittel nicht mehr zulässig ist, d.h. der Beschwerdegegenstand betreffend die Kosten 200,00 € nicht übersteigt.

Wird die Klage von neuem angestellt, so kann der Beklagte die Einlassung gem. § 269 Abs. 6 ZPO verweigern, bis die Kosten erstattet sind.

2.4 Zustellung

Die Klageschrift ist gem. § 271 Abs. 1 ZPO unverzüglich zuzustellen. Mit der Zustellung ist der Beklagte aufzufordern, einen Rechtsanwalt zu bestellen, wenn er sich gegen die Klage verteidigen möchte.

Weitere Schriftsätze, die keine Sachanträge enthalten oder sonstige Erklärungen, sind ohne besondere Form zuzustellen, sofern nicht das Gericht eine besondere Form der Zustellung anordnet.

Wird der Schriftsatz bzw. die sonstige Erklärung per Post zugestellt, gilt die Zustellung am folgenden Werktag als bewirkt, wenn die Partei im Bereich des Ortsbestellverkehrs liegt. Ansonsten gilt die Zustellung als am zweiten Werktag nach Aufgabe zur Post als bewirkt. Kann die Partei jedoch glaubhaft machen, dass die Zustellung zu einem späteren Zeitpunkt eingetreten ist, gilt dieser spätere Zeitpunkt als Zugangstag.

Zum allgemeinen Verfahren bei Zustellungen

> **Definition:**
>
> Gemäß § 166 Abs. 1 ZPO versteht man unter Zustellung die Bekanntgabe eines Dokuments an eine Person in der zuvor bestimmten Form.

Dokumente, deren Zustellung vorgeschrieben oder vom Gericht angeordnet ist, sind von Amts wegen zuzustellen, soweit nichts anderes bestimmt ist.

Unterscheidung der wichtigsten Zustellungsarten

a) Zustellung an Vertreter

Gemäß § 170 Abs. 1 ZPO ist bei nicht prozessfähigen Personen an ihren gesetzlichen Vertreter zuzustellen. Eine Zustellung an die nicht prozessfähige Person ist **unwirksam**.

Hinweis: Eine Zustellung an eine minderjährige Person hat an deren gesetzlichen Vertreter, in der Regel die Eltern, zu erfolgen.

Personen, die auf Grund ihres geistigen Zustandes nicht prozessfähig sind, fallen auch hierunter. In diesem Fall ist an deren amtlich bestellten Betreuer zuzustellen.

b) Zustellung an den Bevollmächtigten

Gemäß § 171 ZPO kann an den rechtsgeschäftlich bestellten Vertreter mit gleicher Wirkung zugestellt werden, wie an den Vertretenen selbst. Der Vertreter hat hierüber jedoch eine Vollmacht vorzulegen.

Hinweis: An den Geschäftsführer einer GmbH kann in gleichem Maße wirksam zugestellt werden, wie an die GmbH selbst. Der Geschäftsführer der GmbH hat jedoch eine Vollmacht vorzulegen, die seine Vertretungsbefugnis bescheinigt.

c) Zustellung an den Prozessbevollmächtigten

Gemäß § 172 Abs. 1 ZPO hat die Zustellung in einem anhängigen Verfahren an den für den Rechtszug bestellten Prozessbevollmächtigten zu erfolgen. Ein Schriftsatz, durch den ein Rechtsmittel eingelegt wird, ist gem. § 172 Abs. 2 ZPO dem Prozessbevollmächtigten des Rechtszuges zuzustellen, dessen Entscheidung angefochten wird.

Beispiel:

Herr Meier wird durch RA Schlaufuchs in erster Instanz vertreten. Alle Zustellungen, die an Herrn Meier zu erfolgen haben, müssen über RA Schlaufuchs abgewickelt werden. Sollte Herr Meier in der ersten Instanz obsiegen und die Gegenseite legt Berufung ein, ist der Berufungsschriftsatz ebenfalls an RA Schlaufuchs zuzustellen, es sei denn, Herr Meier hat für die Berufungsinstanz einen anderen RA beauftragt.

---

d) Zustellung durch Aushändigung an der Amtsstelle

Ein Schriftstück kann gem. § 173 ZPO dem Adressaten (also der Person für die es bestimmt ist) oder seinem rechtsgeschäftlich bestellten Vertreter durch Aushändigung an der Amtsstelle zugestellt werden. Hierfür gelten jedoch bestimmte Voraussetzungen:
- in der Akte ist zu vermerken, dass das Schriftstück zum Zwecke der Zustellung ausgehändigt wurde,
- ebenfalls ist in der Akte zu vermerken, wann die Aushändigung erfolgt ist,
- ist die Aushändigung an einen Vertreter erfolgt, ist zu vermerken, dass eine entsprechende Vollmacht nach § 171 Satz 2 ZPO vorgelegen hat,
- der Vermerk ist von dem Bediensteten zu unterschreiben, der die Aushändigung vorgenommen hat.

e) Zustellung gegen Empfangsbekenntnis

Gemäß § 174 Abs. 1 ZPO kann an bestimmte Personen, bei denen auf Grund Ihres Berufes von einer erhöhten Zuverlässigkeit ausgegangen werden kann, durch Empfangsbekenntnis zugestellt werden. Hierunter fallen insbesondere der:
- Rechtsanwalt,
- Gerichtsvollzieher,
- Steuerberater,
- eine Behörde,
- eine Körperschaft oder Anstalt des öffentlichen Rechts.

Die Übermittlung des Schriftstückes soll mit dem Hinweis »Zustellung gegen Empfangsbekenntnis« versehen sein und die absendende Stelle (i.d.R. das Gericht) soll auf dem Schriftstück erkennbar sein. Auch der Name und die Anschrift des Zustellungsadressaten (z.B. RA Wolf, Musterstraße 9, Köln) sowie der Name des Justizbediensteten soll erkennbar sein.

Zum Nachweis der Zustellung genügt das mit Datum und Unterschrift des Adressaten versehene Empfangsbekenntnis, das an das Gericht zurückzusenden ist. Das

Empfangsbekenntnis kann schriftlich, durch Telefax oder als elektronisches Dokument zurückgesandt werden. Im Falle des elektronischen Dokuments ist die qualifizierte elektronische Signatur notwendig und gegen unbefugte Kenntnisnahme Dritter zu schützen.

f) Zustellung durch Einschreiben mit Rückschein

Gemäß § 175 ZPO kann ein Schriftstück durch Einschreiben mit Rückschein zugestellt werden. Zum Nachweis der Zustellung genügt der Rückschein.

In den obigen Ausführungen haben wir geklärt, »an wen« und »in welcher Form« zugestellt werden kann. Jetzt ist noch die Frage zu klären, »wie« wird die Zustellung bewirkt:

aa) Zustellungsauftrag an die Post, einen Justizbeamten oder einen Gerichtsvollzieher

Wird der Post, einem Justizbeamten oder einem Gerichtsvollzieher ein Zustellungsauftrag erteilt oder wird eine andere Behörde gebeten, die Zustellung auszuführen, übergibt gem. § 176 Abs. 1 ZPO die Geschäftsstelle das zuzustellende Schriftstück an diese Personen in einem verschlossenen Umschlag. Außerdem erhalten diese Personen ein vorbereitetes Formular einer Zustellungsurkunde. Auf dieser Zustellungsurkunde hat die Person, die das Schriftstück zustellt folgendes zu vermerken:

– wann wurde zugestellt (Datum und Uhrzeit)?,
– an wen wurde das Schriftstück übergeben (Vor- und Nachname)?,
– die eigenhändige Unterschrift desjenigen, der das Schriftstück in Empfang genommen hat und
– die eigenhändige Unterschrift der Person, die das Schriftstück zugestellt hat.

Diese Zustellungsurkunde ist unverzüglich an das Gericht zurückzuleiten.

Beachte: Gemäß § 177 ZPO kann das Schriftstück der Person, der zugestellt werden soll, an **jedem** Ort übergeben werden, an dem sie angetroffen wird.

bb) Ersatzzustellung in der Wohnung, in Geschäftsräumen und Einrichtungen

Wenn die Person, an die zugestellt werden soll, weder in ihrer Wohnung, in ihren Geschäftsräumen oder in einer Gemeinschaftseinrichtung in der sie wohnt angetroffen wird, so kann eine sog. »Ersatzzustellung« vorgenommen werden. Diese Ersatzzustellung kann an folgende Personen erfolgen:

– an einen im Haushalt lebenden erwachsenen Familienangehörigen, einer in der Familie beschäftigten Person (z.B. der Haushälterin) oder einem erwachsenen ständigen Mitbewohner,
– einer in den Geschäftsräumen beschäftigten Person oder
– wenn es sich um eine Gemeinschaftseinrichtung handelt, dem dortigen Leiter der Einrichtung oder einem dazu ermächtigten Vertreter.

Achtung: Ist die Person, an die die Ersatzzustellung getätigt wird an dem Verfahren **als Gegner** beteiligt, ist eine Zustellung an diese **un**wirksam.

cc) Ersatzzustellung durch Einlegen in den Briefkasten

Ist jedoch die Ersatzzustellung wie unter b) beschrieben nicht ausführbar, kann das Schriftstück in einen zu der Wohnung oder zu den Geschäftsräumen gehörenden Briefkasten eingelegt werden, die der Adressat (also die Person, an die zugestellt werden soll) für den Postempfang eingerichtet hat. Mit der Einlegung in diesen Briefkasten gilt das Schriftstück als zugestellt. Der Zusteller vermerkt auf dem Umschlag des zuzustellenden Schriftstücks das Datum der Zustellung.

dd) Öffentliche Zustellung

Gemäß § 185 ZPO kann die Zustellung auch durch öffentliche Bekanntmachung (öffentliche Zustellung) erfolgen, wenn z.B.
– der Aufenthaltsort einer Person unbekannt und eine Zustellung an einen Vertreter oder Zustellungsbevollmächtigten nicht möglich ist,
– eine Zustellung im Ausland nicht möglich ist oder keinen Erfolg verspricht,
– bei juristischen Personen, die zur Anmeldung einer inländischen Geschäftsanschrift zum Handelsregister verpflichtet sind, eine Zustellung weder unter der eingetragenen Anschrift noch unter einer im Handelsregister eingetragenen Anschrift einer für Zustellungen empfangsberechtigten Person oder einer ohne Ermittlungen bekannten anderen inländischen Anschrift möglich ist.

Beachte: Hier gibt es Ausnahmen im Mahnverfahren (siehe **Kapitel 6**).

– die Zustellung nicht erfolgen kann, weil der Ort der Zustellung die Wohnung einer Person ist, die nach den §§ 18 bis 20 des Gerichtsverfassungsgesetzes der Gerichtsbarkeit nicht unterliegt. Hier sind u.a. Diplomaten gemeint.

ee) Zustellung von Anwalt zu Anwalt (d.h. im Parteibetrieb)

Bei der Zustellung von Anwalt zu Anwalt spricht man auch davon, dass die Zustellung »im Parteibetrieb« erfolgt. Gemäß § 195 Abs. 1 ZPO kann der Prozessbevollmächtigte der einen Partei an den Prozessbevollmächtigten der anderen Partei direkt zustellen, dies gilt auch für Schriftsätze, wenn z.B. die Zeit vor dem Gerichtstermin zu knapp wird, als dass eine Zustellung von Amts wegen erfolgen könnte. Voraussetzung für diese Art von Zustellung ist jedoch, dass beide Parteien anwaltlich vertreten sein müssen. Auch Schriftsätze, die nach den Vorschriften der ZPO von Amts wegen zugestellt werden, können stattdessen von Anwalt zu Anwalt zugestellt werden, wenn nicht gleichzeitig dem Gegner eine gerichtliche Anordnung mitzuteilen ist.

In dem Schriftsatz soll die Erklärung enthalten sein, dass von Anwalt zu Anwalt zugestellt werde.

Zum Nachweis genügt gem. § 195 Abs. 2 ZPO das mit Datum und Unterschrift versehene schriftliche Empfangsbekenntnis des Anwalts, dem zugestellt worden ist.

Der Anwalt, der zustellt, hat dem anderen Anwalt auf Verlangen eine Bescheinigung über die Zustellung zu erteilen.

> **Merke:**
>
> *Kann die formgerechte Zustellung eines Dokuments nicht nachgewiesen werden, so gilt das Dokument in dem Zeitpunkt als zugestellt, in dem es der Person, an die die Zustellung erfolgen sollte, tatsächlich zugegangen ist.*

ff) Zustellung durch Gerichtsvollzieher

Die von den Parteien zu betreibenden Zustellungen erfolgen gem. § 192 Abs. 1 ZPO durch den Gerichtsvollzieher. Hierbei übergibt die Partei dem Gerichtsvollzieher das zuzustellende Schriftstück mit den erforderlichen Abschriften. Der Gerichtsvollzieher beglaubigt die Abschriften und kann fehlende Abschriften selbst herstellen.

Gem. § 193 Abs. 1 ZPO beurkundet der Gerichtsvollzieher auf der Urschrift des zuzustellenden Schriftstücks oder auf dem mit der Urschrift zu verbindenden hierfür vorgesehenen Formular die Ausführung der Zustellung und vermerkt die Person, in deren Auftrag er zugestellt hat. Bei Zustellung durch Aufgabe zur Post ist das Datum und die Anschrift, unter der die Aufgabe erfolgte, zu vermerken.

Der Gerichtsvollzieher vermerkt auf dem zu übergebenden Schriftstück den Tag der Zustellung, sofern er nicht eine beglaubigte Abschrift der Zustellungsurkunde übergibt.

Die Zustellungsurkunde ist der Partei zu übermitteln, für die zugestellt wurde.

Beauftragt der Gerichtsvollzieher die Post mit der Ausführung der Zustellung, so vermerkt er gem. § 194 Abs. 1 ZPO auf dem zuzustellenden Schriftstück, im Auftrag welcher Person er es der Post übergibt. Auf der Urschrift des zuzustellenden Schriftstücks oder auf einem mit ihr zu verbindenden Übergabebogen bezeugt er, dass die mit der Anschrift des Zustellungsadressaten, der Bezeichnung des absendenden Gerichtsvollziehers und einem Aktenzeichen versehene Sendung der Post übergeben wurde.

Die Post leitet die Zustellungsurkunde unverzüglich an den Gerichtsvollzieher zurück.

2.5 Früher erster Termin/Schriftliches Vorverfahren

Gemäß § 272 Abs. 2 ZPO bestimmt nunmehr der Richter die weitere Verfahrensweise. Er hat folgende Möglichkeiten:

Möglichkeit 1: er bestimmt einen *frühen ersten Termin* gem. § 275 ZPO oder
Möglichkeit 2: er veranlasst ein *schriftliches Vorverfahren* gem. § 276 ZPO.

Zu Möglichkeit 1:

Zur Vorbereitung des frühen ersten Termins zur mündlichen Verhandlung kann der Vorsitzende oder ein von ihm bestimmtes Mitglied des Prozessgerichts dem Beklagten eine Frist zur schriftlichen Klageerwiderung setzen. Anderenfalls muss er den Be-

klagten auffordern, etwa bestehende Verteidigungsmittel durch seinen Prozessbevollmächtigten unverzüglich dem Gericht in einem Schriftsatz mitteilen zu lassen.

Kann das Verfahren im frühen ersten Termin nicht abgeschlossen werden, wird der
Haupttermin vorbereitet.

Ist bis dahin noch keine Klageerwiderung eingegangen, wird dem Beklagten jetzt eine
angemessene Frist hierzu gesetzt. Der Kläger kann nach Eingang der Klageerwiderung
ebenfalls aufgefordert werden, auf diese schriftsätzlich zu reagieren.

Zu Möglichkeit 2:

Wird vom Richter kein früher erster Termin bestimmt, bekommt der Beklagte die
Klage zugestellt mit der Aufforderung, wenn er sich gegen die Klage verteidigen will,
dies binnen einer Notfrist von zwei Wochen ab Zustellung der Klage schriftlich dem
Gericht anzuzeigen. Der Kläger ist von dieser Aufforderung zu unterrichten. Außerdem
bekommt der Beklagte eine weitere Frist (nach Ablauf der ersten Frist) von mindestens
zwei Wochen gesetzt, um auf die Klage schriftlich zu erwidern. Das Gericht muss den
Beklagten darüber belehren, welche Folgen eine Fristversäumung hat.

Für beide Möglichkeiten gilt:

In der Klageerwiderung hat der Beklagte gem. § 277 Abs. 1 ZPO seine Verteidigungsmittel vorzubringen bzw. durch seinen Prozessbevollmächtigten vorbringen zu lassen.
Er hat dabei stets darauf zu achten, dass sein Vortrag den Prozess voranbringt und
nicht verzögert. Die Klageerwiderung soll ferner eine Äußerung dazu enthalten, ob
einer Entscheidung der Sache durch den Einzelrichter Gründe entgegenstehen.

Wichtig für die Praxis:

Angriffs- und Verteidigungsmittel, die erst nach Ablauf der hierfür gesetzten Frist vorgebracht werden, sind nur zuzulassen, wenn der Richter der Meinung ist, dass dadurch
das Verfahren nicht verzögert wird bzw. wenn eine der Parteien die Verspätung genü-
gend entschuldigen kann.

Grundsätzlich gilt:

Nach § 278 Abs. 1 ZPO soll das Gericht in jeder Lage des Verfahrens auf eine gütliche
Beilegung des Rechtsstreits oder einzelner Streitpunkte bedacht sein.

Der mündlichen Verhandlung soll gem. § 278 Abs. 2 ZPO die Güteverhandlung vorausgehen, es sei denn, es hat bereits ein Einigungsversuch vor einer außergerichtlichen
Gütestelle stattgefunden oder die Güteverhandlung erscheint erkennbar aussichtslos.

Das Gericht erörtert in der Güteverhandlung den Sach- und Streitstand mit den Parteien unter freier Würdigung aller Umstände und stellt, soweit erforderlich, Fragen.
Die erschienenen Parteien sollen hierzu gem. § 278 Abs. 2 Satz 3 ZPO persönlich
gehört werden.

Für die Güteverhandlung sowie für weitere Güteversuche wird gem. § 278 Abs. 3 ZPO
das persönliche Erscheinen der Parteien angeordnet. Ist einer Partei wegen großer
Entfernung oder aus sonstigem wichtigen Grund die persönliche Wahrnehmung des
Termins nicht zuzumuten, sieht das Gericht gem. § 141 Abs. 1 Satz 2 ZPO von einer
Anordnung ihres Erscheinens ab. Wird das Erscheinen angeordnet, ist die Partei gem.
§ 141 Abs. 2 ZPO zu laden. Dabei ist die Ladung der Partei persönlich mitzuteilen,
auch wenn sie einen Prozessbevollmächtigten bestellt hat.

Bleibt die Partei im Termin aus, so kann gegen sie ein Ordnungsgeld wie gegen einen im Vernehmungstermin nicht erschienenen Zeugen festgesetzt werden (§ 141 Abs. 3 Satz 1 ZPO). Dies gilt nicht, wenn die Partei zur Verhandlung einen Vertreter entsendet, der zur Aufklärung des Tatbestandes in der Lage und zur Abgabe der gebotenen Erklärungen, insbesondere zu einem Vergleichsabschluss, ermächtigt ist. Die Partei ist auf die Folgen ihres Ausbleibens in der Ladung hinzuweisen.

Erscheinen beide Parteien in der Güteverhandlung nicht, so ist gem. § 278 Abs. 4 ZPO das Ruhen des Verfahrens anzuordnen.

Das Gericht hat gem. § 278 Abs. 5 ZPO die Möglichkeit, die Parteien für die Güteverhandlung sowie für weitere Güteversuche vor einen hierfür bestimmten und nicht entscheidungsbefugten Richter (Güterichter) zu verweisen. Der Güterichter kann alle Methoden der Konfliktbeilegung einschließlich der Mediation einsetzen.

Gem. § 278 Abs. 6 ZPO kann ein gerichtlicher Vergleich auch dadurch geschlossen werden, dass die **Parteien dem Gericht einen** schriftlichen Vergleichsvorschlag unterbreiten **oder** einen schriftlichen Vergleichsvorschlag des Gerichts durch Schriftsatz gegenüber dem Gericht annehmen. Das Gericht stellt das Zustandekommen und den Inhalt eines nach § 278 Abs. 6 ZPO geschlossenen Vergleichs durch **Beschluss** fest (sog. Beschlussvergleich).

Erscheint eine Partei in der Güteverhandlung nicht oder ist die Güteverhandlung erfolglos, soll sich die mündliche Verhandlung (früher erster Termin oder Haupttermin) unmittelbar anschließen (§ 279 Abs. 1 ZPO). Im Haupttermin soll gem. § 279 Abs. 2 ZPO der streitigen Verhandlung die Beweisaufnahme unmittelbar folgen.

Im Anschluss an eine Beweisaufnahme hat das Gericht erneut den Sach- und Streitstand und, soweit bereits möglich, das Ergebnis der Beweisaufnahme mit den Parteien zu erörtern.

2.6   Gang der mündlichen Verhandlung

Jede Partei hat gem. § 282 Abs. 1 ZPO in der mündlichen Verhandlung ihre Angriffs- und Verteidigungsmittel vorzutragen. Angriffs- und Verteidigungsmittel können z.B. sein:

– Behauptungen,
– Bestreiten,
– Einwendungen,
– Einreden,
– Beweismittel,

etc.

Alle Anträge oder Angriffs- bzw. Verteidigungsmittel, auf die der Gegner voraussichtlich ohne vorhergehende Erkundigungen keine Erklärungen abgeben kann, sind **vor** der mündlichen Verhandlung durch einen Schriftsatz so zeitig mitzuteilen, dass der Gegner die erforderliche Erkundigung noch einholen kann.

Es kommt vor, dass eine Partei erst in der mündlichen Verhandlung etwas vorbringt, auf das der Gegner spontan nicht erwidern kann. In diesem Fall ist dem Gegner gem.

§ 283 ZPO eine angemessen Frist zur Stellungnahme zu setzen. Gleichzeitig wird ein Termin zur Verkündung der Entscheidung anberaumt.

Nach dem Schluss der mündlichen Verhandlung, auf die das Urteil ergeht, können **keine** Angriffs- und Verteidigungsmittel mehr vorgebracht werden.

Ist eine Beweisaufnahme erforderlich, kann das Gericht das ihm als geeignet erscheinende Beweismittel bestimmen. Man unterscheidet folgende Beweismittel:

– Sachverständigen(-gutachten/-aussage),
– Augenschein,
– Parteieinvernahme,
– Urkunden,
– Zeugeneinvernahme

| **Eselsbrücke:** SAPUZ – das sind die jeweiligen Anfangsbuchstaben der einzelnen Beweismittel!!!

a) Sachverständigen(-gutachten/-aussage)

Der Sachverständige z.B. ein Gutachter für Bausachen, ein Arzt, ein Psychologe etc. kann über einen bestimmten streitigen oder unklaren Sachverhalt ein Gutachten vorlegen oder aber mündlich zum Streitgegenstand vernommen werden. Wenn es notwendig erscheint, wird er hierbei vereidigt. Welcher Sachverständige ausgewählt wird, bestimmt das Prozessgericht. Liegen berechtigte Gründe vor, kann der Sachverständige von einer der Parteien abgelehnt werden.

b) Augenschein

Bei der »In-Augenscheinnahme« wird in der Regel ein Ortstermin bestimmt, insbesondere bei Bausachen. Vor Ort wird sich die streitgegenständliche Sache angeschaut, z.B. eine feuchte Wand in einem Neubau, die bereits Schimmel angesetzt hat.

c) Parteieinvernahme

Die Vernehmung einer Partei wird durch Beweisbeschluss angeordnet und die Partei hierzu geladen. Die Parteieinvernahme passiert in der Regel unvereidigt in der mündlichen Verhandlung. Hat das Gericht jedoch berechtigte Zweifel an der Aussage der Partei, kann es anordnen, dass diese Ihre Aussage unter Eid wiederholt.

d) Urkunden

Urkunden, die von einer öffentlichen Behörde innerhalb der Grenzen ihrer Amtsbefugnisse oder von einer mit öffentlichem Glauben versehenen Person (z.B. der Bürgermeister) innerhalb des ihr zugewiesenen Geschäftskreises in der vorgeschriebenen Form aufgenommen worden sind und als Inhalt eine vor der Behörde oder der Urkundsperson abgegebene Erklärung enthalten, sind als vollwertige Beweise zu werten.

Auch privat errichtete Urkunden begründen, sofern sie von den Ausstellern unterschrieben oder in notariell beglaubigter Form vorliegen, vollen Beweis dafür, dass die in ihnen enthaltenen Erklärungen von den Ausstellern tatsächlich abgegeben worden sind.

e) Zeugeneinvernahme

Zeugen sind Dritte (nicht die Partei selbst), die entscheidende Aussagen zu einem streitgegenständlichen Geschehen machen können. Das können Augenzeugen, Ohrenzeugen etc. sein. Die Zeugeneinvernahme findet wenn es notwendig erscheint unter Eid statt.

Zeugen haben in bestimmten Fällen ein Zeugnisverweigerungsrecht:

– Zeugnisverweigerung aus *persönlichen Gründen,* d.h. wenn der Zeuge in einem verwandtschaftlichen oder ehelichen Verhältnis mit einer der Parteien steht,

– Zeugnisverweigerung aus *sachlichen Gründen,* d.h. wenn der Zeuge durch seine Aussage einer der Parteien, zu der er in einem verwandtschaftlichen oder ehelichen Verhältnis steht einen vermögensrechtlichen Nachteil bringen würde, zur Unehre gereichen würde oder wenn der Zeuge ein Kunst- bzw. Gewerbegeheimnis verraten würde.

2.7 Antragsarten

Man unterscheidet im Zivilprozess Sach- und Prozessanträge. Zu unterscheiden sind diese wie folgt:

Sachantrag:

Der Sachantrag zielt auf den Inhalt einer Entscheidung ab. Einer der wichtigsten Sachanträge ist der Klageantrag gem. § 253 Abs. 2 Satz 2 ZPO. Der Kläger macht mit dem Klageantrag einen bestimmten Streitgegenstand geltend und nur hierüber kann das Gericht dann eine Entscheidung treffen.

Prozessantrag:

Der Prozessantrag zielt dagegen auf die Form der Entscheidung ab, d.h. der Kläger begehrt eine bestimmte »Entscheidungsform«. Beispiele für Prozessanträge sind:

– Antrag auf Klageabweisung,
– Antrag auf Versäumnisurteil (§ 331 ZPO),
– Antrag auf Verzichtsurteil (§ 306 ZPO),

etc.

2.8 Urteil

Es gibt unterschiedliche Möglichkeiten, ein Verfahren zu beenden. Man unterscheidet z.B. folgende Urteilsarten bzw. Beendigungsmöglichkeiten des Verfahrens:

– Endurteil (gem. § 300 ZPO),

- Teilurteil (gem. § 301 ZPO),
- Vorbehaltsurteil (gem. § 302 ZPO),
- Zwischenurteil (gem. § 303 ZPO),
- Zwischenurteil über den Grund (gem. § 304 ZPO),
- Verzicht (gem. § 306 ZPO),
- Anerkenntnis (gem. § 307 ZPO),

etc.

Das Urteil kann nur von denjenigen Richtern gefällt werden, welche an der vorangegangenen mündlichen Verhandlung teilgenommen haben. Die Urteilsverkündung selbst erfolgt entweder direkt am Ende der mündlichen Verhandlung oder es wird ein gesonderter Termin zur Verkündung der Entscheidung anberaumt.

Ein Urteil wird gem. § 311 Abs. 1 ZPO immer im Namen des Volkes verkündet. Der Richter liest die entsprechende Urteilsformel vor und verkündet – wenn es für notwendig erachtet wird – die Entscheidungsgründe, die dem Urteil zu Grunde liegen.

Für die Wirksamkeit des Urteils kommt es nicht auf die Anwesenheit der Parteien an, so dass auch in einem Termin zur Verkündung der Entscheidung keine der Parteien anwesend sein muss, damit das Urteil Gültigkeit hat.

§ 313 ZPO enthält die Formvorschriften für ein Urteil. Danach muss ein Urteil folgende Bestandteile bzw. folgenden Inhalt haben:

- die Bezeichnung der Parteien, ihrer gesetzlichen Vertreter und der Prozessbevollmächtigten,
- die Bezeichnung des Gerichts und die Namen der Richter, die bei der Entscheidung mitgewirkt haben,
- den Tag, an dem die mündliche Verhandlung geschlossen worden ist,
- die Urteilsformel,
- den Tatbestand und
- die Entscheidungsgründe.

Außerdem ist das Urteil natürlich von dem/den Richter/n zu unterschreiben, die bei der Urteilsfindung mitgewirkt haben.

Was ist der Unterschied zwischen dem Tatbestand und den Entscheidungsgründen?

Im *Tatbestand* sollen die erhobenen Ansprüche und die dazu vorgebrachten Angriffs- und Verteidigungsmittel sowie die gestellten Anträge nur ihrem wesentlichen Inhalt nach knapp dargestellt werden. Für tiefer gehende Einzelheiten wird im Tatbestand auf die bereits vorliegenden Schriftsätze verwiesen.

Praxishinweis: Auf den Tatbestand kann im Urteil verzichtet werden, sofern feststeht, dass gegen das Urteil ein Rechtsmittel unzweifelhaft nicht zulässig ist.

Die *Entscheidungsgründe* enthalten eine kurze Zusammenfassung der Erwägungen, die der/die Richter angestellt haben, auf denen die Entscheidung in tatsächlicher und rechtlicher Hinsicht beruht.

Praxishinweis: Verzichten die Parteien auf die Einlegung eines Rechtsmittels, kann im Urteil auch auf das Festhalten der Entscheidungsgründe verzichtet werden.

Beachte aber: Wird durch ein Versäumnis-, Anerkenntnis- oder Verzichtsurteil (d.h. ein Urteil nach **nicht streitiger** Verhandlung) entschieden, ist das Urteil als ein solches zu bezeichnen und es bedarf bei dieser Art von Urteil von vornherein nicht des Tatbestandes und der Entscheidungsgründe.

Das Urteil wird gem. § 317 Abs. 1 ZPO den Parteien nach Verkündung zugestellt. Versäumnisurteile werden nach ihrer Verkündung nur der unterliegenden Partei zugestellt.

Unterscheidung zwischen der offensichtlichen Unrichtigkeit im Urteil, Berichtigung des Tatbestandes und Ergänzung des Urteils:

– Ergibt sich aus dem Urteil ein *Schreibfehler,* ein *Rechenfehler* oder eine andere *offensichtliche Unrichtigkeit,* sind diese auf Antrag gem. § 319 Abs. 1 ZPO vom Gericht zu berichtigen.

– Auch die *Berichtigung des Tatbestandes* ist gem. § 320 Abs. 1 ZPO möglich. Hierfür gilt jedoch, dass der Antrag auf Berichtigung des Tatbestandes innerhalb einer Frist von zwei Wochen ab Zustellung des in vollständiger Form abgefassten Urteils gestellt werden muss.

– Die *Ergänzung des Urteils* ist gem. § 321 ZPO dann möglich, wenn ein nach dem ursprünglich festgestellten oder nachträglich berichtigten Tatbestand der von einer Partei geltend gemachte Haupt- oder Nebenanspruch übergangen worden ist. Auch wenn im Urteil die Kostenentscheidung übergangen wurde, kann auf Antrag das Urteil nachträglich ergänzt werden. Auch hier gilt eine 2-Wochen-Frist zur Antragstellung, die mit der Zustellung des Urteils beginnt.

2.9 Aufgaben zum Thema Verfahren im ersten Rechtszug/ Verfahren bis zum Urteil

---

Übungsfall 1:

Erklären Sie den Unterschied zwischen der Parteifähigkeit und der Prozessfähigkeit! Nennen Sie bitte die einschlägigen Paragraphen!

Lösungsvorschlag:

Gemäß § 50 Abs. 1 ZPO ist parteifähig, wer rechtsfähig ist. Die Parteifähigkeit eines Menschen beginnt mit der »Vollendung« der Geburt und endet erst mit dem Tod eines Menschen.

Gemäß § 52 Abs. 1 ZPO ist eine Partei dann prozessfähig, wenn sie sich durch Verträge verpflichten kann, d.h. prozessfähig ist, wer geschäftsfähig ist.

Übungsfall 2:

Wer ist von Gesetzes wegen prozessunfähig? Wie kann die Prozessunfähigkeit geheilt werden? Nennen Sie drei Beispiele!

Lösungsvorschlag:

Prozessunfähig, weil geschäftsunfähig sind alle natürlichen Personen, die

- das 7. Lebensjahr noch nicht vollendet haben,
- die dauernd geistig behindert bzw. geistig erkrankt sind oder
- Volljährige, die unter dauernder Betreuung stehen.

Außerdem sind alle juristischen Personen prozessunfähig.

Die Prozessunfähigkeit kann geheilt werden, wenn jeder, der prozessunfähig ist, einen gesetzlichen Vertreter hat, der Prozesse für diesen führt. Dies können z.B. sein:

- Eltern vertreten ihr minderjähriges Kind, wenn sie gemeinsam die elterliche Sorge ausüben,
- der Betreuer vertritt den volljährigen Betreuten,
- die GmbH wird durch den Geschäftsführer vertreten.

Übungsfall 3:

Minderjährige sind von Gesetzes wegen grundsätzlich prozessunfähig. In welchen Fällen sind Minderjährige dennoch prozessfähig? Nennen Sie mindestens zwei Beispiele!

Lösungsvorschlag:

Minderjährige sind dann prozessfähig, wenn

- sie mit der Genehmigung des Vormundschaftsgerichts und der Ermächtigung durch den gesetzlichen Vertreter gem. § 112 Abs. 1 BGB ein Erwerbsgeschäft führen oder
- wenn sie mit der Zustimmung ihres Erziehungsberechtigten einen Arbeitsvertrag abschließen.

Übungsfall 4:

Zu welchen Handlungen berechtigt die Vollmacht den Rechtsanwalt? Nennen Sie bitte die einschlägigen Paragraphen und führen Sie fünf Beispiele an!

Lösungsvorschlag:

Gemäß § 80 Abs. 1 ZPO hat der Prozessbevollmächtigte seine Beauftragung durch Vorlage einer schriftlichen Vollmacht nachzuweisen. Durch diese Prozessvollmacht wird der Rechtsanwalt zu allen den Rechtsstreit betreffenden Prozesshandlungen ermächtigt, z.B.

- Einreichung einer Klage,
- Einlegung eines geeigneten Rechtsmittels,
- Wiederaufnahme des Verfahrens,
- Durchführung von Zwangsvollstreckungsmaßnahmen,
- Beendigung des Rechtsstreits durch z.B. Vergleich, Anerkenntnis oder Verzicht.

Übungsfall 5:

Wann endet die dem Rechtsanwalt gegebene Vollmacht? Nennen Sie bitte drei Beispiele!

Lösungsvorschlag:

Die Prozessvollmacht endet,

- mit der rechtskräftigen Erledigung des Rechtsstreits,
- durch Niederlegung des Mandats durch den Prozessbevollmächtigten oder
- durch Tod des Prozessbevollmächtigten.

Übungsfall 6:

Welchen Inhalt bestimmt das Gesetz für die Klage? Nennen Sie bitte die einschlägigen Bestimmungen!

Lösungsvorschlag:

Der Inhalt einer Klageschrift wird in § 253 ZPO genau festgelegt. Danach hat eine Klage folgende Bestandteile aufzuweisen:

- die Bezeichnung der Parteien und des Gerichts,
- die bestimmte Angabe des Gegenstandes und des Grundes des erhobenen Anspruchs, sowie einen bestimmten Antrag,
- die Angabe, ob der Klageerhebung eine Mediation oder ein anderer außergerichtlicher Einigungsversuch vorausgegangen ist,
- die Angabe des Wertes des Streitgegenstandes, wenn hiervon die Zuständigkeit des Gerichts abhängt und der Streitgegenstand nicht in einer bestimmten Geldsumme besteht,
- eine Äußerung dazu, ob einer Entscheidung der Sache durch den Einzelrichter Gründe entgegenstehen,
- handschriftliche Unterschrift des Prozessbevollmächtigten.

Übungsfall 7:

Ein Mandant kommt zu Ihnen in die Kanzlei und möchte zwei Gegner verklagen, die ihrerseits jeweils durch unterschiedliche Prozessbevollmächtigte vertreten sind. Sie schreiben die Klageschrift. Wie viele Ausfertigungen müssen Sie bei Gericht einreichen und warum?

Lösungsvorschlag:

Bei zwei Gegnern, die unterschiedliche Prozessbevollmächtigte haben, ist folgende Anzahl an Abschriften einzureichen:

– ein Original (für das Gericht),
– eine beglaubigte Abschrift (für den Prozessbevollmächtigten des Beklagten zu 1),
– eine beglaubigte Abschrift (für den Prozessbevollmächtigten des Beklagten zu 2),
– eine einfache Abschrift für den Beklagten zu 1),
– eine einfache Abschrift für den Beklagten zu 2).

Übungsfall 8:

Beschreiben Sie den Unterschied zwischen einer Rechtsgestaltungsklage und einer Feststellungsklage!

Lösungsvorschlag:

Eine **Rechtsgestaltungsklage** zielt auf die Begründung, Änderung oder Aufhebung eines Rechtsverhältnisses ab.

Die **Feststellungsklage** gem. § 256 Abs. 1 ZPO zielt auf die Feststellung eines Bestehen oder Nichtbestehens eines Rechtsverhältnisses oder auf die Anerkennung einer Urkunde bzw. auf die Feststellung der Unechtheit einer Urkunde ab.

Übungsfall 9:

Was ist der Unterschied zwischen einer objektiven und einer subjektiven Klagehäufung? Beschreiben Sie den Unterschied kurz!

Lösungsvorschlag:

Die objektive Klagehäufung ist in § 260 ZPO geregelt und besagt, dass eine objektive Klagehäufung dann vorliegt, wenn für alle Ansprüche dasselbe Prozessgericht zuständig ist und dieselbe Prozessart zulässig ist.

Die subjektive Klagehäufung ist in § 59 ZPO geregelt und besagt, dass bei einer subjektiven Klagehäufung eine Partei aus mehreren Personen besteht. Man spricht dann von Streitgenossen.

Übungsfall 10:

Wo darf eine Zustellung an den Zustellungsempfänger vorgenommen werden? Nennen Sie bitte die einschlägigen Paragrafen!

Lösungsvorschlag:

Gemäß § 177 ZPO kann das Schriftstück an die Person, an die zugestellt werden soll, an jedem Ort übergeben werden, an dem sie angetroffen wird.

Übungsfall 11:

Wie erfolgt die Zustellung durch Empfangsbekenntnis? Nennen Sie bitte die einschlägigen Paragraphen! Nennen Sie bitte drei Personen, an die die Zustellung vorgenommen werden kann!

Lösungsvorschlag:

Gemäß § 174 Abs. 1 ZPO kann an bestimmte Personen, bei denen auf Grund Ihres Berufes von einer erhöhten Zuverlässigkeit ausgegangen werden kann, durch Empfangsbekenntnis zugestellt werden. Hierunter fallen z.B. der:

– Rechtsanwalt,
– Gerichtsvollzieher,
– Steuerberater.

Zum Nachweis der Zustellung genügt das mit Datum und Unterschrift des Adressaten versehene Empfangsbekenntnis, das an das Gericht zurückzusenden ist. Das Empfangsbekenntnis kann schriftlich, durch Telefax oder als elektronisches Dokument zurückgesandt werden. Im Falle des elektronischen Dokuments ist die qualifizierte elektronische Signatur notwendig.

Übungsfall 12:

Kann die Zustellung an einen Minderjährigen vorgenommen werden? Nennen Sie bitte die einschlägigen Paragraphen!

Lösungsvorschlag:

An minderjährige, also prozessunfähige Personen, kann grundsätzlich nicht zugestellt werden. Eine solche Zustellung wäre unwirksam. Die Zustellung muss gem. § 170 Abs. 1 ZPO an den gesetzlichen Vertreter erfolgen.

Übungsfall 13:

Welche Möglichkeiten hat der vorsitzende Richter nach Einreichung der Klage, das Verfahren in Gang zu setzen? Geben Sie bitte die einschlägigen Vorschriften an!

Lösungsmöglichkeiten:

Gemäß § 272 Abs. 2 ZPO bestimmt der Richter nach Einreichung der Klage die weitere Verfahrensweise. Er hat folgende Möglichkeiten:

Er kann gem. § 275 ZPO einen frühen ersten Termin bestimmen oder gem. § 276 ZPO das schriftliche Vorverfahren veranlassen.

Übungsfall 14:

Welche Möglichkeiten gibt es, um ein Verfahren zu beenden? Nennen Sie bitte vier Beispiele mit den dazugehörigen Vorschriften!

Lösungsvorschlag:

Es gibt unterschiedliche Möglichkeiten, ein Verfahren zu beenden, z.B.

- durch Endurteil (gem. § 300 ZPO),
- durch Zwischenurteil (gem. § 303 ZPO),
- durch Verzicht (gem. § 306 ZPO),
- durch Anerkenntnis (gem. § 307 ZPO).

Übungsfall 15:

Sie erhalten ein Urteil in die Kanzlei zugestellt. Beim Durchlesen fällt Ihnen auf, dass ein gravierender Schreibfehler im Urteil enthalten ist. Wie verhalten Sie sich bzw. welche Möglichkeiten haben Sie, um den Schreibfehler zu beseitigen?

Lösungsvorschlag:

Ergibt sich aus dem Urteil ein Schreibfehler oder Rechenfehler, so ist dieser auf Antrag gem. § 319 Abs. 1 ZPO vom Gericht zu berichtigen.

Übungsfall 16:

Wann haben Zeugen ein Zeugnisverweigerungsrecht?

Lösungsvorschlag:

Zeugen können ihre Aussage aus persönlichen oder sachlichen Gründen verweigern. Persönliche Gründe sind z.B. wenn der Zeuge in einem verwandtschaftlichen oder ehelichen Verhältnis mit einer der Parteien steht. Sachliche Gründe sind z.B. wenn der Zeuge durch seine Aussage einer der Parteien, zu der er in einem verwandtschaftlichen oder ehelichen Verhältnis steht einen vermögensrechtlichen Nachteil bringen würde.

Übungsfall 17:

Wer trägt die Kosten bei einer Klagerücknahme?

Lösungsvorschlag:

Der Kläger ist verpflichtet, die Kosten des Rechtsstreits zu tragen, soweit nicht bereits rechtskräftig über sie erkannt ist oder sie dem Beklagten aus einem anderen Grund aufzuerlegen sind. Ist jedoch der Anlass der Klage vor Rechtshängigkeit weggefallen, so bestimmt sich die Kostentragungspflicht gem. § 269 Abs. 3 Satz 3 ZPO unter Berücksichtigung des bisherigen Sach- und Streitstandes nach billigem Ermessen.

Übungsfall 18:

Wann kann eine öffentliche Zustellung an eine natürliche Person nach § 185 ZPO erfolgen? Welche Voraussetzungen müssen hierfür erfüllt sein?

Lösungsvorschlag:

Eine öffentliche Zustellung kann erfolgen, wenn

- der Aufenthaltsort einer Person unbekannt und eine Zustellung an einen Vertreter oder Zustellungsbevollmächtigten nicht möglich ist,
- eine Zustellung im Ausland nicht möglich ist oder keinen Erfolg verspricht.

3. Fristen/Rechtsmittel/Rechtsbehelfe/Termine

Generell lassen sich Fristen in ihrer Art und Weise sowie ihrer speziellen Merkmale in **drei** große Gruppen gliedern. Es wird hierbei wie folgt unterschieden:

- Notfristen,
- richterliche Fristen und
- gesetzliche Fristen.

3.1 Notfristen

Notfristen sind nur diejenigen Fristen, die im Gesetz als solche bezeichnet werden (§ 224 Abs. 1 Satz 2 ZPO). Wesentliche Merkmale einer Notfrist sind, dass

- diese **nicht** verlängert oder verkürzt werden kann,
- eine Wiedereinsetzung in den vorigen Stand gem. § 233 ZPO beantragt werden kann,
- diese Frist der Parteivereinbarung entzogen ist (gem. § 224 Abs. 1 Satz 1 ZPO).

Im Zivilprozess sind diese u.a.:

- gem. § 276 Abs. 1 Satz 1 ZPO: die Verteidigungsabsichtsanzeige (Notfrist: 2 Wochen ab Zustellung der Klage),
- gem. § 321a Abs. 2 ZPO:
  die Rüge wegen Verletzung des Anspruchs auf rechtliches Gehör (Notfrist: 2 Wochen **nach Kenntnis** der Verletzung des rechtlichen Gehörs),
- gem. § 339 ZPO:
  die Einspruchsfrist gegen ein Versäumnisurteil (Notfrist: 2 Wochen ab Zustellung des VU),
- gem. § 517 ZPO:
  die Frist zur Einlegung der Berufung (Notfrist: 1 Monat ab Zustellung des in vollständiger Form abgefassten Urteils, spätestens aber mit Ablauf von fünf Monaten nach Verkündung),
- gem. § 544 Abs. 1 ZPO:
  die Beschwerde gegen die Nichtzulassung der Revision (Notfrist: 1 Monat nach Zustellung des in vollständiger Form abgefassten Urteils, spätestens aber **bis zum Ablauf** von sechs Monaten nach der Verkündung des Urteils),
- gem. § 548 ZPO:
  die Frist für die Einlegung der Revision (Notfrist: 1 Monat ab Zustellung des in vollständiger Form abgefassten Berufungsurteils, spätestens aber mit Ablauf von fünf Monaten nach der Verkündung),
- gem. § 569 Abs. 1 ZPO:
  die Einlegung der sofortigen Beschwerde (sofern keine andere Frist bestimmt ist, ist diese Frist eine Notfrist und beträgt: 2 Wochen ab Zustellung der Entscheidung, spätestens mit Ablauf von fünf Monaten nach der Verkündung des Beschlusses),

- gem. § 573 Abs. 1 ZPO:
  Die Erinnerung gegen die Entscheidungen des beauftragten oder ersuchten Richters oder des Urkundsbeamten der Geschäftsstelle (Notfrist: 2 Wochen ab Zustellung der Entscheidung),

> **Achtung:** Für den Aufgabenbereich des Rechtspflegers gilt § 573 ZPO nicht, sondern § 11 RPflG (Rechtspflegergesetz).

- gem. § 574 Abs. 4 ZPO:
  Anschlussrechtsbeschwerde (Notfrist: 1 Monat nach Zustellung der Begründungsschrift der Rechtsbeschwerde),
- gem. § 575 Abs. 1 ZPO:
  Einlegung der Rechtsbeschwerde (Notfrist: 1 Monat ab Zustellung des Beschlusses),

Notfristen im Arbeitsgerichtsverfahren:

- gem. § 59 ArbGG (Arbeitsgerichtsgesetz): Einspruch gegen ein Versäumnisurteil (Notfrist: 1 Woche ab Zustellung des Urteils),
- gem. § 72a ArbGG:
  Beschwerde gegen die Nichtzulassung der Revision durch das Landesarbeitsgericht kann selbstständig durch Beschwerde angefochten werden (Notfrist: 1 Monat ab Zustellung des in vollständiger Form abgefassten Urteils),
- gem. § 76 ArbGG:
  Antrag auf Zulassung der Sprungrevision, d.h. gegen das Urteil eines Arbeitsgerichts kann unter Übergehung der Berufungsinstanz unmittelbar die Revision eingelegt werden (Sprungrevision), wenn der Gegner schriftlich zustimmt und wenn sie vom Arbeitsgericht auf Antrag im Urteil oder nachträglich durch Beschluss zugelassen wird (Notfrist: 1 Monat ab Zustellung des in vollständiger Form abgefassten Urteils),
- gem. § 110 Abs. 3 ArbGG:
  Auf Aufhebung des Schiedsspruchs kann geklagt werden (Notfrist: 2 Wochen ab Zustellung des Schiedsspruchs) im Falle von § 110 Abs. 1 Nr. 1 und 2 ArbGG.

> **Aufpassen:** Keine Notfristen sind u.a.:
> - die Begründungsfristen z.B.:
>   a) § 340 Abs. 3 ZPO: die Begründung des Einspruchs gegen ein VU,
>   b) § 520 Abs. 2 ZPO: die Begründung der Berufung,
>   c) § 544 Abs. 2 ZPO: die Begründung der Nichtzulassungsbeschwerde,
>   d) § 551 Abs. 2 ZPO: die Begründung der Revision,
>   e) § 575 Abs. 2 ZPO: die Begründung der Rechtsbeschwerde,
> - die Frist zur Stellung des Antrags auf Wiedereinsetzung, selbst wenn die Notfrist versäumt war,
> - die Vergleichs-Widerrufsfrist,
> - die Ladungsfrist gem. § 217 ZPO,
> - die Einlassungsfrist gem. § 274 Abs. 3 ZPO,
> etc.

Grundsätzlich gilt:

1. Soll ein Rechtsmittel eingelegt werden, ist hierbei **immer** eine Notfrist zu beachten.
2. Soll ein Rechtsmittel begründet werden, ist dies **niemals** eine Notfrist und kann auf Antrag verlängert werden.

3.2 Richterliche Fristen

Richterliche Fristen sind diejenigen, die durch den Richter selbst bestimmt werden. Dies sind in der Regel Stellungnahmefristen auf bestimmte Sachverhalte oder gegnerische Schriftsätze. Diese Fristen können unterschiedlichste Laufzeiten haben (3 Tage, 1 Woche, 2 Wochen, 10 Tage etc.).

Richterliche Fristen sind z.B.:
– die Frist zur Beibringung der Prozessvollmacht gem. § 89 Abs. 1 ZPO,
– die Frist zur schriftlichen Klageerwiderung gem. § 276 Abs. 1 Satz 2 ZPO,
– die Schriftsatzfrist, um auf das Vorbringen des Gegners zu erwidern gem. § 283 ZPO,

etc.

Gemäß § 224 Abs. 2 ZPO können richterliche Fristen abgekürzt oder verlängert werden, wenn erhebliche Gründe glaubhaft gemacht werden. Antragsberechtigt ist die Partei, zu deren Gunsten die Frist geändert werden soll und der Prozessgegner.

Die Bewilligung der Fristverlängerung ist Ermessenssache. Dieses Ermessen ist jedoch gebunden an das Gebot der Verfahrensbeschleunigung und der Rücksichtnahme auf Interessen des Antragsgegners.

Eine Frist kann noch **nach Ablauf** verlängert werden, wenn das Verlängerungsgesuch **vor Fristablauf** bei Gericht eingegangen ist, denn dem Gesuchsteller darf die Dauer des Geschäftsganges zwischen Eingang und Verbescheidung nicht zum Nachteil ausgelegt werden.

Der Laufzeitbeginn gesetzlicher oder richterlicher Fristen hängt gem. § 221 ZPO von der Zustellung (zum Thema Zustellung siehe **Kapitel 2.4)**) eines Schriftstücks ab. Ist die Zustellung nicht vorgesehen, beginnt die Frist mit der Verkündung der Entscheidung.

3.3 Ereignisfrist und Kalenderfrist

Gemäß § 187 BGB gibt es zwei Möglichkeiten, wie eine Frist in Lauf gesetzt werden kann.

– § 187 Abs. 1 BGB (Ereignisfrist):
  Ist für den Anfang einer Frist ein Ereignis oder ein in den Lauf eines Tages fallender Zeitpunkt maßgebend, so wird bei der Berechnung der Frist der Tag **nicht** mitgerechnet, in welchen das Ereignis oder der Zeitpunkt fällt.

– § 187 Abs. 2 BGB (Kalenderfrist):
  Ist der Beginn eines Tages für den Anfang einer Frist maßgebend, so **zählt** dieser Tag **mit.**

3.4   Wie berechnet sich das Ende einer Frist?

a) Eine Frist, die **nach Tagen** berechnet wird, endet gem. § 188 Abs. 1 BGB mit Ablauf des letzten Tages der Frist um 24:00 Uhr.

b) Eine Frist, die **nach Wochen** berechnet wird endet gem. § 188 Abs. 2 BGB am gleich benannten Tag der folgenden Wochen (z.B. eine Woche, zwei Wochen, drei Wochen) um 24:00 Uhr.

Beispiel:

Wenn die Zustellung eines Schriftstücks an einem Dienstag erfolgt, kann die Frist auch nur an einem Dienstag enden. Es sei denn, der Dienstag ist ein gesetzlicher Feiertag, dann würde die Frist am darauffolgenden Werktag enden.

---

c) Eine Frist, die **nach Monaten** berechnet wird, endet gem. § 188 Abs. 2 BGB mit Ablauf des Tages des letzten Monats (z.B. nach einem Monat, zwei Monaten etc.) um 24:00 Uhr, welche durch seine Zahl dem Tage entspricht, in den das Ereignis oder der Zeitpunkt fällt.

Beispiel:

Ein Schriftstück wird am 15. eines Monats zugestellt. Das Ende der Frist, die nach Monaten berechnet wird, kann nur an einem 15. eines darauf folgenden Monats enden. Es sei denn der 15. des darauf folgenden Monats ist ein Samstag, Sonntag oder gesetzlicher Feiertag. Dann würde die Frist am nächsten Werktag ablaufen.

Aufpassen: Fällt das Ende einer Frist auf einen Sonntag, einen allgemeinen Feiertag oder einen Samstag, so endet die Frist gem. § 222 Abs. 2 ZPO **mit Ablauf des nächsten Werktages.**

Außerdem: Fehlt bei einer nach Monaten bestimmten Frist (z.B. einem Monat, zwei Monaten etc.) der Tag, der für ihren Ablauf maßgebend ist, so endigt die Frist gem. § 188 Abs. 3 BGB mit dem Ablauf des letzten Tages dieses Monats.

Beispiel:

Das Urteil wird am 31.01. zugestellt. Die Frist zur Einlegung der Berufung beträgt einen Monat. Da der Februar aber keine 31 Tage hat, sondern nur 28 Tage (im Schaltjahr 29 Tage), so endet die Frist bereits am 28.02., da dies der letzte Tag des Monats ist.

3.5 Was ist ein Termin?

> **Definition:**
>
> *Ein Termin ist ein im Voraus bestimmter Zeitpunkt, zu dem eine bestimmte Rechtshandlung (egal ob prozessual oder rechtsgeschäftlich) vorzunehmen ist.*

Im Zusammenhang mit dem Gericht versteht man unter Termin die Gerichtsverhandlung. Außerdem gibt es den sog. Ortstermin (oder auch Lokaltermin), um die Einnahme des Augenscheins abzuhalten (z.B. Feststellung von Baumängeln an einem Rohbau).

Gemäß § 216 Abs. 1 ZPO werden Termine von Amts wegen, d.h. durch den Richter, bestimmt, wenn Anträge oder Erklärungen eingereicht werden, über die nur nach mündlicher Verhandlung entschieden werden kann oder über die mündliche Verhandlung vom Gericht angeordnet ist. Zu einem Termin werden die Parteien, ihre gesetzlichen Vertreter (Prozessbevollmächtigte etc.), Zeugen und Sachverständige geladen. Die Ladung ist also die Aufforderung des Gerichts, zum Termin zu erscheinen.

Weitere Beispiele:
– Termin zur Güteverhandlung mit anschließender mündlicher Verhandlung,
– Termin zur Beweisaufnahme/Zeugeneinvernahme,
– Termin zur Verkündung einer Entscheidung,
– Termin zur Protokollierung eines Vergleichs,

usw.

Gemäß § 227 Abs. 1 ZPO können Termine aus wichtigem Grund aufgehoben oder verlegt sowie eine Verhandlung vertagt werden.

Was bedeutet das?
Unter *Verlegung* eines Termins versteht man das Absetzen des Termins bevor er begonnen hat. Ein neuer Termin wird gleichzeitig bestimmt.

Unter *Aufhebung* des Termins versteht man **auch** das Absetzen des Termins bevor er begonnen hat, **jedoch** ohne Bestimmung eines neuen Termins.

Unter *Vertagung* des Termins versteht man die Beendigung eines Termins während der Verhandlung, ohne dass eine Entscheidung getroffen wurde. Hier wird jedoch sofort ein Termin zur Fortsetzung der Verhandlung bestimmt.

Wann kann ein Termin verlegt, aufgehoben oder vertagt werden?
Gründe hierfür können z.B. sein:
– die Nichteinhaltung von Ladungs- oder Einlassungsfristen,
– eine kurzfristige Mandatsniederlegung durch den Prozessbevollmächtigten,
– auch eine längere Erkrankung der Partei, eines Zeugen oder sogar des Prozessbevollmächtigten

etc.

Ein unentschuldigtes Nichterscheinen der Partei oder des Prozessbevollmächtigten im Termin oder schlechte Vorbereitung des Termins sind **keine** ausreichenden Gründe, um eine Terminsverlegung zu erlangen.

Über die Aufhebung sowie Verlegung eines Termins entscheidet der Vorsitzende ohne mündliche Verhandlung; über die Vertagung einer Verhandlung entscheidet das Gericht. Die Entscheidung ist kurz zu begründen und ist unanfechtbar (§ 227 Abs. 4 ZPO).

3.6 Rechtsmittel/Rechtsbehelfe/Gesetzliche Fristen

Definition Rechtsmittel:

*Ein **Rechtsmittel** hebt das Verfahren in die **nächst höhere Instanz** (z.B. Berufung, Revision). Ein Rechtsmittel kann gegen ein Urteil nach streitiger Verhandlung eingelegt werden.*

Definition Rechtsbehelf:

*Ein **Rechtsbehelf** sorgt für die Überprüfung des Beschlusses bzw. der Verfügung in der **gleichen Instanz** (z.B. sofortige Beschwerde). D.h. ein Rechtsbehelf ist gegen Beschlüsse und Verfügungen statthaft.*

Durch die Einlegung eines Rechtsmittels wird gem. § 705 ZPO der Eintritt der formellen Rechtskraft gehemmt. Die gerichtliche Entscheidung (z.B. Urteil, Beschluss) wird überprüft.

Voraussetzungen für die Einlegung eines Rechtsmittels sind:

– die Einlegung eines Rechtsmittels muss statthaft sein, d.h. die Entscheidung muss anfechtbar sein,

– die Partei, die das Rechtsmittel einlegen will, muss durch das Urteil einen Nachteil erlitten haben. Man spricht auch davon, die Partei muss beschwert sein. In vermögensrechtlichen Angelegenheiten muss der Wert des Beschwerdegegenstandes bestimmte gesetzlich vorgeschriebene Mindestwerte übersteigen,

– das Rechtsmittel muss innerhalb einer gesetzlich bestimmten Frist und in der gesetzlich vorgeschriebenen Form eingelegt werden.

a) Berufung

Die Berufungsinstanz dient im Wesentlichen der Fehlerbeseitigung in der vorangegangenen Instanz. Das Vorbringen von erneuten Angriffs- und Verteidigungsmitteln ist gem. § 531 Abs. 2 ZPO stark eingeschränkt. Möglich ist es z.B. dann, wenn bestimmte Gesichtspunkte bei der Entscheidungsfindung offensichtlich **übersehen** worden sind. Sowie infolge eines Verfahrensmangels im ersten Rechtszug nicht geltend gemacht wurden oder im ersten Rechtszug nicht geltend gemacht worden sind, ohne dass dies auf einer Nachlässigkeit der Partei beruht.

Das Rechtsmittel der Berufung ist grundsätzlich gem. § 511 Abs. 1 ZPO gegen Endurteile der Amtsgerichte und der Landgerichte erster Instanz gegeben. Ausgenommen hiervon sind Versäumnisurteile, gegen die gem. § 514 Abs. 1 ZPO die Berufung **nicht** gegeben ist.

Im Falle eines zweiten Versäumnisurteils ist gem. § 514 Abs. 2 ZPO die Berufung statthaft, da in diesem Fall nicht der Beschwerdewert von 600,00 € erreicht sein muss sondern einzig und allein erklärt werden muss, dass kein schuldhaftes Versäumen vorlag.

Achtung: In Familiensachen entscheidet über das Rechtsmittel der Berufung gemäß § 23b i.V.m. § 119 Abs. 1 Nr. 1a GVG (Gerichtsverfassungsgesetz) das Oberlandesgericht.

Die Berufung ist dann statthaft, wenn gem. § 511 ZPO der Wert des Beschwerdegegenstandes 600,00 € übersteigt. Dabei kann das Urteil sowohl zu Lasten des Klägers als auch des Beklagten gehen, so dass Kläger, Beklagter oder sogar beide Parteien beschwert sind. Denkbar ist aber auch, dass keine der Parteien die Möglichkeit hat das Rechtsmittel der Berufung einzulegen.

Beispiel:

Herr Müller klagt gegen Frau Schuster auf Zahlung des Kaufpreises von 2.300,00 €. Frau Schuster wird zur Zahlung von 1.800,00 € verurteilt.

Frau Schuster ist durch den Urteilsspruch beschwert (in Höhe von 1.800,00 €) und kann Berufung einlegen.

Beispiel:

Herr Müller klagt gegen Frau Schuster wegen Zahlung von ausstehender Miete in Höhe von 2.000,00 €. Die Klage wird abgewiesen.

Herr Müller ist beschwert (in Höhe von 2.000,00 €) und kann Berufung einlegen.

Beispiel:

Frau Schuster klagt gegen Herrn Müller auf Zahlung von Werklohn in Höhe von 600,00 €. Der Klage wird stattgegeben.

Berufung kann von beiden Parteien **nicht** eingelegt werden. Herr Müller ist zwar beschwert, aber der Wert von 600,00 € wird nicht überschritten. Erst ab 600,01 € könnte Herr Müller Berufung einlegen.

Beispiel:

Frau Schuster klagt gegen Herrn Müller auf Zahlung von Zinsen aus einem Darlehensvertrag in Höhe von 1.500,00 €. Gemäß Urteil soll Herr Müller an Frau Schuster 700,00 € bezahlen.

> In diesem Fall sind sowohl Frau Schuster (in Höhe von 800,00 €) als auch Herr Müller (in Höhe von 700,00 €) beschwert. Beide haben die Möglichkeit Berufung einzulegen.

Außerdem ist Berufung gem. § 511 Abs. 2 Nr. 2 ZPO zulässig, wenn zwar der Wert des Beschwerdegegenstandes **nicht** erreicht wird, aber das erstinstanzliche Gericht das Rechtsmittel der Berufung **zugelassen** hat. Dies geschieht gem. § 511 Abs. 4 ZPO dann, wenn:

- die Rechtssache **grundsätzliche Bedeutung** hat (dies ist dann der Fall, wenn dem Rechtstreit über den Einzelfall hinaus Bedeutung zukommt, d.h. besonderes öffentliches Interesse besteht) oder
- es der **Fortbildung des Rechts** oder
- der **Sicherung einer einheitlichen Rechtsprechung**

dient.

Die *Berufung* ist gem. § 517 ZPO innerhalb einer *Notfrist von einem Monat* ab Zustellung des in vollständiger Form abgefassten Urteils (d.h. mit Tatsachen und Entscheidungsgründen), spätestens jedoch mit Ablauf von fünf Monaten nach der Verkündung des Urteils einzulegen.

Aufpassen: Diese Frist kann – wie oben bereits geschildert – **nicht** verlängert oder verkürzt werden. Es handelt sich hierbei um eine Notfrist.

Beispiel:

In einer Kaufpreisklage über 2.380,00 € wird das Endurteil des Amtsgerichts Nürnberg dem Beklagten am **25.01.2013** zugestellt.

Die Frist zur Einlegung der Berufung beginnt gem. §§ 187 Abs. 1 BGB, 222 Abs. 1 ZPO, 517 ZPO am **26.01.2013** um **0:00 Uhr** zu laufen und endet gem. §§ 188 Abs. 2 BGB, 222 Abs. 1 ZPO am **25.02.2013** um **24:00 Uhr.**

Praxishinweis: Nach Ablauf von sechs Monaten ab Verkündung wird jedes Urteil rechtskräftig, sofern die Rechtskraft nicht bereits vorher eingetreten ist.

Eine Berufung kann auch gem. § 522 Abs. 1 ZPO als unzulässig verworfen werden. Dies ist dann der Fall, wenn sie unstatthaft oder nicht form- und fristgerecht eingelegt sowie begründet wurde.

Nach Einlegung der Berufung **muss** diese begründet werden. Dies geschieht durch einen Schriftsatz, der innerhalb von zwei Monaten ab Zustellung des in vollständiger Form abgefassten Urteils bei Gericht eingereicht werden muss. Diese Frist ist gem. § 520 Abs. 2 ZPO auf Antrag verlängerbar, wenn der Gegner zustimmt. Ohne Einwilligung des Gegners kann die Frist um bis zu einem Monat verlängert werden, wenn nach freier Überzeugung des Vorsitzenden der Rechtsstreit durch die Verlängerung nicht verzögert wird oder wenn der Berufungskläger erhebliche Gründe darlegt.

b) Anschlussberufung

Voraussetzung:

Beide Parteien sind durch die Entscheidung des erstinstanzlichen Gerichts beschwert. Legt dann eine der Parteien Berufung ein, kann der bzw. die Berufungsbeklagte sich diesem Rechtsmittel mit der sog. Anschlussberufung anschließen.

Die Anschlussberufung ist gem. § 524 Abs. 2 Satz 2 ZPO bis zum Ablauf der dem Berufungsbeklagten gesetzten Frist zur Berufungserwiderung möglich. Sollte eine solche Frist nicht gesetzt worden sein, kann die Anschlussberufung noch bis zum Schluss der mündlichen Verhandlung eingelegt werden (Zöller, Kommentar zur Zivilprozessordnung, § 524, Rn. 10).

Beispiel:

Herr Donner hat gegen das erstinstanzliche Urteil Berufung eingelegt. Auch Herr Nussbaum ist beschwert und möchte sich als Berufungsbeklagter der Berufung anschließen. Er hat die Berufung nebst Berufungsbegründung zugestellt bekommen und vom Gericht eine Frist von drei Wochen zur Berufungserwiderung erhalten. Nach § 524 Abs. 2 Satz 2 ZPO kann er nun bis zum Ablauf der ihm gesetzten dreiwöchigen Frist zum einen auf die Berufung erwidern und zum anderen selbst Anschlussberufung einlegen.

Die Anschlussberufung muss in der Anschlussschrift gem. § 544 Abs. 3 ZPO begründet werden. Auch hier gelten die Vorschriften, die auf die Berufung anzuwenden sind.

Die Anschließung verliert jedoch ihre Wirkung, wenn die Berufung zurückgenommen, verworfen oder durch Beschluss zurückgewiesen wird.

---

c) Revision

Das Rechtsmittel der Revision findet gem. § 542 Abs. 1 ZPO gegen die in der Berufungsinstanz erlassenen Endurteile statt. Dies gilt gem. § 542 Abs. 2 ZPO nicht für folgende Urteile:

– Urteile, durch die über die Anordnung, Abänderung oder Aufhebung eines Arrestes oder einer einstweiligen Verfügung entschieden worden ist sowie

– Urteile über die vorzeitige Besitzeinweisung im Enteignungsverfahren oder im Umlegungsverfahren.

Gemäß § 133 GVG ist das Revisionsgericht der Bundesgerichtshof. Der Bundesgerichtshof hat seinen Sitz in Karlsruhe (§ 123 GVG). Das Rechtsmittel der Revision ist gem. § 543 Abs. 1 Nr. 1 und Nr. 2 ZPO nur statthaft, wenn sie:

– das Berufungsgericht in dem Urteil oder
– das Revisionsgericht auf Beschwerde gegen die Nichtzulassung

zugelassen hat.

Die Entscheidung über die Zulassung der Revision obliegt dem Berufungsgericht, das von Amts wegen über die Zulassung entscheidet. D.h. die Parteien brauchen keinen entsprechenden Antrag auf Zulassung der Revision zu stellen.

Das Berufungsgericht hat gem. § 543 Abs. 2 Satz 1 ZPO die Revision zuzulassen, wenn:

- die Rechtssache **grundsätzliche Bedeutung** hat (dies ist dann der Fall, wenn dem Rechtsstreit über den Einzelfall hinaus Bedeutung zukommt) oder
- für die **Fortbildung des Rechts** oder
- für die **Sicherung einer einheitlichen Rechtsprechung**

eine Entscheidung des Revisionsgerichts erforderlich ist.

Beispiel:

RA Windig klagt für seine Mandantin Frau Reis gegen Frau Sommer auf Schadensersatz in Höhe von 280.000,00 € vor dem Landgericht Kassel. Die Klage wird abgewiesen. RA Windig legt Berufung beim Oberlandesgericht Kassel ein. Das Oberlandesgericht gibt der Berufung statt, verurteilt Frau Sommer zur Zahlung von 280.000,00 € und lässt im Urteil die Revision wegen grundsätzlicher Bedeutung der Rechtssache zu. Frau Sommer kann Revision beim Bundesgerichtshof in Karlsruhe einlegen.

Ist die Revision im Berufungsurteil nicht zugelassen, kann diese Entscheidung mit der Nichtzulassungsbeschwerde gem. § 544 Abs. 1 Satz 1 ZPO angefochten werden. Die Nichtzulassungsbeschwerde ist in diesem Fall innerhalb eines Monats nach Zustellung des in vollständiger Form abgefassten Urteils, spätestens aber mit Ablauf von sechs Monaten nach dessen Verkündung beim Bundesgerichtshof einzulegen (§ 544 Abs. 1 Satz 2 ZPO).

Praxishinweis: Die Nichtzulassungsbeschwerde kann hier nur von den beim BGH zugelassenen Rechtsanwälten/innen eingelegt werden.

Gemäß § 544 Abs. 2 ZPO ist die Nichtzulassungsbeschwerde innerhalb von zwei Monaten nach Zustellung des in vollständiger Form abgefassten Urteils zu begründen; spätestens mit Ablauf von sieben Monaten nach der Verkündung.

Das Revisionsgericht entscheidet dann über die Nichtzulassungsbeschwerde durch Beschluss (auch ohne mündliche Verhandlung). Hat die Nichtzulassungsbeschwerde Erfolg, wird das Verfahren **als Revisionsverfahren** fortgesetzt.

Die Revision selbst ist gem. § 548 ZPO innerhalb einer Notfrist von einem Monat ab Zustellung des in vollständiger Form abgefassten Berufungsurteils einzulegen, spätestens aber mit Ablauf von fünf Monaten nach der Verkündung des Berufungsurteils. Auch hier ist maßgebend für den Beginn der Revisionsfrist die Amtszustellung des in vollständiger Form abgefassten Berufungsurteils.

Beispiel:

Ein Berufungsurteil des Oberlandesgerichts München wird dem Beklagten am **11.03.2013** zugestellt.

Die Revisionsfrist beginnt gem. §§ 187 Abs. 1 BGB, 222 Abs. 1 ZPO, 548 ZPO am **12.03.2013** um **0:00 Uhr** und läuft gem. §§ 188 Abs. 2 BGB, 222 Abs. 1 ZPO am **11.04.2013** um **24:00 Uhr** ab.

Absolute Revisionsgründe sind:

- das erkennende Gericht war nicht vorschriftsmäßig besetzt (§ 547 Nr. 1 ZPO),
- bei der Entscheidung hat ein Richter mitgewirkt, der von der Ausübung des Richteramtes kraft Gesetzes ausgeschlossen war (§ 547 Nr. 2 ZPO),
- bei der Entscheidung hat ein Richter mitgewirkt, obgleich er wegen Besorgnis der Befangenheit abgelehnt und das Ablehnungsgesuch für begründet erklärt war (§ 547 Nr. 3 ZPO),
- eine Partei war im Verfahren nicht vorschriftsmäßig vertreten und die Prozessführung war weder ausdrücklich noch stillschweigend genehmigt (§ 547 Nr. 4 ZPO),
- wenn die Entscheidung entgegen den Bestimmungen der ZPO nicht mit Gründen versehen ist.

Auch im Falle der Revision bestimmt § 551 Abs. 1 ZPO, dass diese begründet werden muss. Die Revisionsbegründung muss gem. § 551 Abs. 2 ZPO innerhalb einer Frist von zwei Monaten ab Zustellung des in vollständiger Form abgefassten Berufungsurteils bei Gericht eingehen; die Frist beginnt spätestens mit Ablauf von fünf Monaten nach der Verkündung. Diese Frist kann auf Antrag verlängert werden, **wenn der Gegner zustimmt.** Ohne Einwilligung kann die Frist um bis zu zwei Monate verlängert werden, wenn nach freier Überzeugung des Vorsitzenden der Rechtsstreit durch die Verlängerung nicht verzögert wird oder wenn der Revisionskläger erhebliche Gründe darlegt.

> **Wichtig:** Die Revision ist **keine** Tatsacheninstanz, d.h. das Urteil wird nur in rechtlicher Hinsicht überprüft. Es kann kein neuer Sachvortrag gemacht werden.

Die Gründe, warum Revision eingelegt wird, müssen in der Revisionsbegründung klargestellt werden. Diese können sein:

- Bezeichnung der genauen Umstände, aus denen sich die Rechtsverletzung im Sinne des § 546 ZPO ergibt oder
- in Bezug auf das Verfahrens wurde ein Gesetz verletzt. Die genauen Tatsachen, warum die Rechtsverletzung geschehen sein soll bzw. sich ein Mangel ergeben hat, sind darzulegen (siehe § 551 Abs. 3 Nr. 1 und 2 ZPO).

Gemäß § 554 Abs. 1 und 2 ZPO kann sich der Revisionsbeklagte bis zum Ablauf eines Monats nach Zustellung der Revisionsbegründung der Revision anschließen.

Sollte sich jedoch das Berufungsgericht dazu entscheiden, die Revision nicht zuzulassen, kann diese Entscheidung mit der Nichtzulassungsbeschwerde gem. § 544 ZPO angefochten werden. Die Nichtzulassungsbeschwerde ist in diesem Fall innerhalb eines Monats nach Zustellung des in vollständiger Form abgefassten Urteils, spätestens aber mit Ablauf von 6 Monaten nach dessen Verkündung beim Bundesgerichtshof einzulegen.

Sollte diese Frist versäumt werden, besteht gem. § 233 ZPO die Möglichkeit, die Wiedereinsetzung in den vorigen Stand zu beantragen.

> **Achtung:** Die Nichtzulassungsbeschwerde kann hier nur von dem beim BGH zugelassenen Rechtsanwälten/innen eingelegt werden.

Die Begründung der Nichtzulassungsbeschwerde muss innerhalb von 2 Monaten nach Zustellung des in vollständiger Form abgefassten Urteils erfolgen.

Das Revisionsgericht entscheidet dann über die Nichtzulassungsbeschwerde durch Beschluss (auch ohne mündliche Verhandlung). Hat die Nichtzulassungsbeschwerde Erfolg, wird das Verfahren als Revisionsverfahren fortgesetzt.

d) Sprungrevision

Sprungrevision bedeutet, dass das Verfahren nach Beendigung der ersten Instanz unter Überspringen der Berufungsinstanz direkt ins Revisionsverfahren übergeht. Gemäß § 566 Abs. 1 Nr. 1 und 2 ZPO findet die Sprungrevision dann statt, wenn

– der Gegner in die Übergehung der Berufungsinstanz einwilligt und
– das Revisionsgericht die Sprungrevision zulässt.

Mit der Antragstellung auf Zulassung der Sprungrevision sowie mit der Einwilligung des Gegners, dass er keine Einwände gegen die Übergehung der Berufungsinstanz hat, wird auf das Rechtsmittel der Berufung verzichtet.

Die Sprungrevision ist gem. § 566 Abs. 4 ZPO nur zuzulassen, wenn

– die Rechtssache **grundsätzliche Bedeutung** hat (dies ist dann der Fall, wenn dem Rechtsstreit über den Einzelfall hinaus Bedeutung zukommt) oder
– für die **Fortbildung des Rechts** oder
– für die **Sicherung einer einheitlichen Rechtsprechung**

eine Entscheidung des Revisionsgerichts erforderlich ist.

Die Frist bestimmt sich nach den für die Revision geltenden Vorschriften. Siehe dazu oben unter c).

e) Sofortige Beschwerde

Grundsätzlich gilt, dass gem. § 567 Abs. 1 ZPO die sofortige Beschwerde gegen die im ersten Rechtszug ergangene Entscheidung der Amts- und Landgerichte stattfindet.

Die sofortige Beschwerde findet gem. § 567 Abs. 1 Nr. 1 ZPO nur statt, wenn dies im Gesetz ausdrücklich bestimmt ist, u.a. bei isolierten Kostenbeschwerden nach:

– § 91a Abs. 2 ZPO: Hauptsache wurde durch Erledigterklärung erledigt,
– § 99 Abs. 2 ZPO: Hauptsache wurde auf Grund eines Anerkenntnisses erledigt,
– § 269 Abs. 5 ZPO: Hauptsache wurde vor Rechtshängigkeit durch Klagerücknahme erledigt.

Weiterhin findet die sofortige Beschwerde in Entscheidungen über Kosten gem. § 567 Abs. 2 ZPO nur dann statt, wenn der Wert des Beschwerdegegenstandes 200,00 € übersteigt.

Die sofortige Beschwerde ist gem. § 569 Abs. 1 ZPO innerhalb einer Notfrist von zwei Wochen – es sei denn, es ist eine andere Frist bestimmt – entweder bei dem Gericht, dessen Entscheidung angefochten wird oder bei dem Beschwerdegericht einzulegen. Der Beschwerdeführer hat in dem Fall die Wahl zwischen Ausgangs- und Beschwerdegericht. Die Frist beginnt mit der Zustellung der Entscheidung; spätestens mit Ablauf von fünf Monaten nach der Verkündung des Beschlusses.

Ist die sofortige Beschwerde nicht statthaft oder nicht form- und fristgerecht eingelegt, wird sie gem. § 572 Abs. 2 ZPO als unzulässig verworfen.

Aufpassen: Im PKH-Verfahren beträgt die Notfrist zur Einlegung der sofortigen Beschwerde **einen Monat** gem. § 127 Abs. 2 ZPO.

f) Streitwertbeschwerde

Gemäß § 68 Abs. 1 Satz 3 GKG i.V.m. § 63 Abs. 3 Satz 2 GKG beträgt die Frist zur Einlegung der Beschwerde gegen die Festsetzung des Streitwertes 6 Monate. Die Frist beginnt **mit dem Tag, in dem die Entscheidung in der Hauptsache Rechtskraft** erlangt oder sich das Verfahren anderweitig erledigt hat. Außerdem findet die Streitwertbeschwerde auch statt, wenn sie das Gericht, das die angefochtene Entscheidung erlassen hat, wegen der grundsätzlichen Bedeutung der zur Entscheidung stehenden Frage in dem Beschluss zulässt. Gegen den Beschluss, durch den der Wert für die Gerichtsgebühren festgesetzt worden ist (§ 63 Abs. 2 GKG) findet die Beschwerde nur dann statt, wenn der Wert des Beschwerdegegenstandes 200,00 € übersteigt (§ 68 Abs. 1 Satz 1 GKG).

g) Erinnerung

Der Rechtsbehelf der Erinnerung ist gem. § 573 Abs. 1 ZPO gegen eine Entscheidung des beauftragten oder des ersuchten Richters oder des Urkundsbeamten der Geschäftsstelle gegeben. Sie ist innerhalb einer Notfrist von zwei Wochen ab Zustellung der Entscheidung, spätestens aber mit dem Ablauf von fünf Monaten nach der Verkündung der Entscheidung schriftlich oder zu Protokoll der Geschäftsstelle einzulegen.

Beachte: Gegen die im ersten Rechtszug ergangenen Erinnerungsentscheidungen kann gem. § 573 Abs. 2 ZPO sofortige Beschwerde eingelegt werden. Gegen Erinnerungsentscheidungen im zweiten Rechtszug gibt es das Rechtsmittel der Rechtsbeschwerde. Diese muss dann aber ausdrücklich zugelassen sein.

h) Rechtsbeschwerde

Gemäß § 574 Abs. 1 ZPO ist die Rechtsbeschwerde gegen Beschlüsse nur dann gegeben, wenn sie:
- gem. § 574 Abs. 1 Nr. 1: im Gesetz ausdrücklich bestimmt ist oder
- gem. § 574 Abs. 1 Nr. 2: vom Beschwerdegericht, Berufungsgericht oder Oberlandesgericht im ersten Rechtszug von Amts wegen im Beschluss zugelassen worden ist.

Auch bei der Rechtsbeschwerde ist es so, dass die Zulässigkeit des Rechtsmittels davon abhängt, ob
- die Rechtssache **grundsätzliche Bedeutung** hat (dies ist dann der Fall, wenn dem Rechtstreit über den Einzelfall hinaus Bedeutung zukommt) oder
- der **Fortbildung des Rechts** oder
- der **Sicherung einer einheitlichen Rechtsprechung**

dient.

Die Frist zur Einlegung der Rechtsbeschwerde beträgt gem. § 575 Abs. 1 ZPO einen Monat ab Zustellung der angefochtenen Entscheidung. Nach Einlegung der Rechtsbeschwerde muss diese gem. § 575 Abs. 2 ZPO vom Beschwerdeführer innerhalb einer Frist von einem Monat ab Zustellung der angefochtenen Entscheidung begründet werden. Auf Antrag kann diese Frist gem. § 551 Abs. 2 Satz 5 und Satz 6 ZPO verlängert werden, wenn der Gegner zustimmt.

i) Fristen im Mahnverfahren

Nach erfolgreicher Zustellung des Mahnbescheids an den Antragsgegner hat dieser gem. § 692 Abs. 1 Nr. 3 ZPO die Möglichkeit, innerhalb einer Frist von zwei Wochen den Rechtsbehelf des Widerspruchs einzulegen. Eine Begründung des Widerspruchs ist **nicht** erforderlich. Hierbei ist es unerheblich, ob sich der Widerspruch gegen die gesamte Forderung richtet oder nur gegen einen Teil der Gesamtforderung. Zuständiges Gericht für die Einlegung des Widerspruchs ist das Gericht, welches den Mahnbescheid erlassen hat.

Beispiel:

Der Antragsteller beantragt mit einem Mahnbescheid eine Zahlung vom Antragsgegner in Höhe von 2.000,00 € zuzüglich Zinsen und Kosten. Der Antragsgegner erhebt Teilwiderspruch wegen einer Summe von 1.500,00 €. Wegen des restlichen Anspruchs in Höhe von 500,00 € ergeht auf Antrag des Antragstellers Vollstreckungsbescheid.

Zur Frist gem. § 692 Abs. 1 Nr. 3 ZPO ist jedoch deutlich zu sagen, dass die im Mahnbescheid bestimmte Frist von zwei Wochen keine **Ausschlussfrist** ist. D.h. der Antragsgegner hat bis zum Erlass des Vollstreckungsbescheides Zeit, den Widerspruch zu erheben. Hierbei ist jedoch zu beachten, dass gem. § 694 Abs. 2 ZPO ein verspätet erhobener Widerspruch als Einspruch gegen den Vollstreckungsbescheid behandelt wird.

Beispiel:

Herrn Neureich wurde am 2. April 2013 vom Amtsgericht Hünfeld ein Mahnbescheid über 2.740,00 € zugestellt. Die im Antrag angegebene zweiwöchige Frist beginnt gem. §§ 187 Abs. 1 BGB, 692 Abs. 1 Nr. 3 ZPO am 3. April 2013 um **0:00 Uhr** zu laufen und endet gem. §§ 188 Abs. 2 BGB, 222 Abs. 1 ZPO mit dem 16. April 2013 um **24:00 Uhr.**

Frühestens ab 17. April 2013, **0:00 Uhr** kann der Antragsteller den Vollstreckungsbescheid bei Gericht beantragen. Erhebt jedoch Herr Neureich am 17. April 2013 Widerspruch, der erst am 19. April 2013 bei Gericht eingeht, ist dieser Widerspruch dann noch immer rechtzeitig eingegangen, wenn der Vollstreckungsbescheid noch nicht erlassen und zum Postauslauf gegeben worden ist. Sollte dies jedoch der Fall sein, wird der Widerspruch als Einspruch gegen den Vollstreckungsbescheid gewertet. Herr Neureich wird hierüber vom Gericht informiert werden.

> Sollte kein Widerspruch vom Antragsgegner erhoben worden sein, wird der Antrag-
> steller – sollte die Forderung noch immer nicht beglichen worden sein – den Antrag
> auf Erlass eines Vollstreckungsbescheids stellen.

Praxishinweis: Der Antragsteller muss den Antrag auf Erlass eines Vollstreckungsbe-
scheids gem. § 701 ZPO innerhalb einer Frist von sechs Monaten stellen, sonst fällt die
Wirkung des Mahnbescheids weg. D.h. aus diesem Mahnbescheid heraus kann kein
Vollstreckungsbescheid mehr beantragt werden. Es wäre erforderlich, einen neuen
Mahnbescheidsantrag zu stellen.

Achtung: Hier entstehen erneut die Kosten für die Beantragung des Mahnbescheids.

Ist der Vollstreckungsbescheid dem Antragsgegner erfolgreich zugestellt worden, hat
dieser nun die Möglichkeit gem. § 700 Abs. 1 ZPO i.V.m. § 339 Abs. 1 ZPO innerhalb
einer Frist von zwei Wochen ab Zustellung des Vollstreckungsbescheides den Rechtsbehelf des Einspruchs einzulegen. Dies muss er bei dem Gericht tun, welches den
Vollstreckungsbescheid erlassen hat. § 700 Abs. 1 ZPO definiert die Einspruchsfrist
nicht wortwörtlich. Jedoch verweist er darauf, dass der Vollstreckungsbescheid einem
für vorläufig vollstreckbar erklärten Versäumnisurteil gleich ist und somit der für das
Versäumnisurteil bedeutende § 339 Abs. 1 ZPO Anwendung findet, der besagt, dass
die Einspruchsfrist eine Notfrist ist und zwei Wochen beträgt. Sie beginnt mit der Zustellung des Vollstreckungsbescheides.

Legt der Antragsgegner keinen Einspruch gegen den Vollstreckungsbescheid ein und
wird die Forderung immer noch nicht beglichen, wird der Vollstreckungsbescheid
nach Ablauf der 2-Wochen-Frist rechtskräftig.

j) Fristen gegen Versäumnisurteile

Erscheint der Kläger im Termin zur mündlichen Verhandlung nicht oder stellt er dort
keine Anträge, wird die Klage auf Antrag des Beklagten durch Versäumnisurteil – ohne
Prüfung der Schlüssigkeit – gem. § 330 ZPO abgewiesen. Dabei hat die säumige Partei
gem. § 95 ZPO alle durch die Säumnis verursachten Kosten zu tragen. Hierbei ist es
unerheblich, ob sie in einem späteren Termin dennoch obsiegt.

Zu unterscheiden ist zwischen dem ersten Versäumnisurteil und dem zweiten Versäumnisurteil:

Wenn im Verfahren das erste Versäumnisurteil ergeht gilt folgendes:
Gemäß § 339 Abs. 1 ZPO ist binnen einer Notfrist von zwei Wochen ab Zustellung des
Versäumnisurteils Einspruch einzulegen. Der Schriftsatz ist bei dem Gericht einzureichen, welches das Versäumnisurteil erlassen hat. Die Einspruchsschrift hat folgenden
Inhalt gem. § 340 Abs. 2 ZPO zu enthalten:
– die Bezeichnung des Urteils, gegen das der Einspruch eingelegt wird und
– die Erklärung, dass gegen dieses Urteil Einspruch eingelegt werde.

Soll das Urteil nur zum Teil angefochten werden, so ist der Umfang der Anfechtung zu bezeichnen.

Darüber hinaus hat die Partei die Angriffs- und Verteidigungsmittel, soweit es nach der Prozesslage einer sorgfältigen und auf die Förderung des Verfahrens bedachten Prozessführung entspricht, sowie Rügen, die die Zulässigkeit der Klage betreffen, vorzubringen.

In der Einspruchsschrift hat die Partei ihre Angriffs- und Verteidigungsmittel, soweit es nach der Prozesslage einer sorgfältigen und auf Förderung des Verfahrens bedachten Prozessführung entspricht, sowie Rügen, die die Zulässigkeit der Klage betreffen, vorzubringen. Auf Antrag kann der Vorsitzende für die Begründung die Frist verlängern, wenn nach seiner freien Überzeugung der Rechtsstreit durch die Verlängerung nicht verzögert wird oder wenn die Partei erhebliche Gründe darlegt.

Beachte: Sollte der Einspruch gegen das VU als unzulässig verworfen werden, ist das Urteil dann mit den Rechtsmitteln der Berufung oder Revision anfechtbar – jedoch nur, wenn die Voraussetzungen dazu bestehen, z.B. Übersteigen des Beschwerdewertes von 600,00 €.

Ist der Einspruch jedoch zulässig, wird das Verfahren in die Lage zurückversetzt, in der es sich vor dem Eintritt der Säumnis befand.

Ist gem. § 344 ZPO das Versäumnisurteil in gesetzlicher Weise ergangen, so sind die durch die Versäumnis veranlassten Kosten, soweit sie nicht durch einen unbegründeten Widerspruch des Gegners entstanden sind, der säumigen Partei aufzuerlegen. Dies gilt auch dann, wenn auf Grund des Einspruchs eine abändernde Entscheidung ergeht.

Beispiel:

Das Amtsgericht München hat Termin zur mündlichen Verhandlung am 03.05.2013 bestimmt. Der Beklagte war auf dem Weg zur Verhandlung leider in einen Verkehrsunfall verwickelt und konnte daraufhin nicht zum Termin erscheinen, so dass der Kläger ein Versäumnisurteil gegen den Beklagten beantragt hat. Das Versäumnisurteil ist auch antragsgemäß ergangen.

Der Beklagte hat nunmehr die Möglichkeit, sich durch Einlegung des Einspruchs gegen das Versäumnisurteil zu wehren. Wie oben beschrieben muss er den Einspruch innerhalb einer Notfrist von zwei Wochen ab Zustellung des Versäumnisurteils einlegen.

Wenn im Verfahren ein zweites Versäumnisurteil ergeht:

Sollte im Prozess ein weiteres Versäumnisurteil ergehen, weil die Partei, die Einspruch eingelegt hat wiederum säumig ist, wird der Einspruch durch Urteil gem. § 345 ZPO verworfen. Gegen dieses Urteil ist dann **einzig und allein** das Rechtsmittel der Berufung oder Anschlussberufung gem. § 514 Abs. 2 ZPO zulässig. Bei dieser »Art« von Berufung oder Anschlussberufung kommt es nicht auf das Übersteigen des Beschwerdewertes von 600,00 € an, sondern die Berufung oder Revision **stützt sich allein auf die Tatsache, dass kein schuldhaftes Versäumnis im zweiten Termin vorlag.**

k) Anzeige der Verteidigungsabsicht

Wird vom Vorsitzenden kein früher erster Termin zur mündlichen Verhandlung bestimmt, wird der Beklagte mit der Zustellung der Klage aufgefordert, seine Verteidigungsabsicht – sofern er dies beabsichtigt – binnen einer Notfrist von zwei Wochen nach Zustellung der Klageschrift dem Gericht gegenüber schriftlich gem. § 276 Abs. 1 ZPO anzuzeigen.

Der Beklagte ist hierbei gem. § 276 Abs. 2 ZPO vom Gericht über die Folgen der Fristversäumung zu belehren.

Bei Zustellung einer Klage ins Ausland, bestimmt der Vorsitzende gem. § 276 Abs. 1 ZPO die entsprechende Länge der Frist.

Mit der Aufforderung ist der Beklagte nicht nur über die Folgen einer Fristversäumung aufzuklären sondern auch darüber, dass er die Erklärung, sich gegen die Klage verteidigen zu wollen, nur durch den zu bestellenden Rechtsanwalt abgeben kann.

l) Anhörungsrüge (auch Gehörsrüge genannt)

Das Recht auf rechtliches Gehör ist in Art. 103 Abs. 1 GG geregelt. Wenn dieses Recht in entscheidungserheblicher Weise verletzt wird oder ist die Berufung gem. § 511 Abs. 2 ZPO nicht zulässig, weil der Beschwerdegegenstand von 600,00 € nicht überschritten wurde, kann die beschwerte Partei, binnen einer Notfrist von zwei Wochen gem. § 321a Abs. 1 und 2 ZPO ab Kenntnis der Verletzung des rechtlichen Gehörs die Entscheidung rügen.

Ist die Rüge nicht statthaft oder nicht in der gesetzlichen Form und Frist erhoben worden, wird sie gem. § 321a Abs. 4 ZPO durch unanfechtbaren Beschluss verworfen. Gleiches gilt für eine unbegründete Rüge.

m) Fristen beim Kostenfestsetzungsbeschluss

Wenn ein Kostenfestsetzungsbeschluss gem. § 104 Abs. 1 Satz 1 ZPO ergeht, kann diese Entscheidung des Rechtspflegers je nach Höhe des Beschwerdewerts mit der sofortigen Beschwerde bzw. Erinnerung angefochten werden. Sofortige Beschwerde oder Erinnerung kann sowohl dann eingelegt werden, wenn die Entscheidung eine **Zubilligung** des Antrages, eine **Nichtzubilligung** oder auch nur eine **teilweise Zubilligung** des Antrages enthält. Die Rechtsmittel der Beschwerde bzw. Erinnerung stehen **nur der beschwerten Partei** zur Verfügung.

> **Wichtig:** Soweit nur »Rechenfehler« oder »Schreibfehler« zu berichtigen sind, genügt ein Hinweis gem. § 319 Abs. 1 ZPO (Berichtigung wg. offensichtlicher Unrichtigkeit) an das Gericht (siehe **Kapitel 2.8**)).

- Erinnerung

Die Erinnerung gem. § 573 Abs. 1 ZPO ist innerhalb einer Notfrist von zwei Wochen ab Zustellung des Beschlusses einzulegen. Zu beachten ist allerdings, dass der Anwendungsbereich des Rechtsmittels der Erinnerung auf Beträge **bis 200,00 €** begrenzt ist. Die Erinnerung muss bei dem Gericht eingelegt werden, bei dem der zuständige Rechtspfleger den Kostenfestsetzungsbeschluss erlassen hat.

- Sofortige Beschwerde

Das Rechtsmittel der sofortigen Beschwerde ist zulässig, wenn der Wert des Beschwerdegegenstandes, also des beanstandeten Betrages, den Betrag von 200,00 € gem. § 567 Abs. 2 ZPO **übersteigt.** Sie ist eine Notfrist und muss innerhalb von zwei Wochen ab Zustellung des Beschlusses eingelegt werden.

- Vereinfachter Kostenfestsetzungsbeschluss

Gemäß § 105 Abs. 1 ZPO kann der Festsetzungsbeschluss auf das Urteil und die Ausfertigungen gesetzt werden, sofern bei Eingang des Kostenfestsetzungsantrags eine Ausfertigung des Urteils noch nicht erteilt ist und eine Verzögerung der Ausfertigung nicht eintritt. Eine besondere Ausfertigung und Zustellung des Kostenfestsetzungsbeschlusses findet in diesem Falle nicht statt. Auch hier gilt die 2-Wochen-Frist zur Erhebung der Erinnerung bzw. sofortigen Beschwerde. Die Frist beginnt jedoch mit **Ablauf des Tages der Urteilszustellung** an den Schuldner.

n) Klageerwiderung und Replik

Gemäß § 277 Abs. 1 ZPO hat der Beklagte in einer Klageerwiderung seine Verteidigungsmittel vorzubringen. Weiterhin soll die Klageerwiderung eine Erklärung darüber enthalten, ob einer Entscheidung der Sache durch den Einzelrichter Gründe entgegenstehen.

Dem Beklagten wird gem. § 277 Abs. 3 i.V.m. § 275 Abs. 1 Satz 1, Abs. 3 ZPO zur schriftlichen Klageerwiderung eine Frist von mindestens zwei Wochen gesetzt.

Auch hier ist der Beklagte auf die Folgen einer Fristversäumung hinzuweisen.

Die schriftliche Stellungnahme des Klägers auf die Klageerwiderung nennt man »Replik«. Für die Vorlage der Replik gilt das oben Gesagte zur Klageerwiderung gleichermaßen. D.h. dem Kläger wird ebenfalls eine mindestens 2-wöchige-Frist zur Stellungnahme auf die Klageerwiderung gesetzt. Auf die Folgen einer Fristversäumung ist der Kläger hinzuweisen.

Nachfolgend sind die wichtigsten Fristen mit ihren Merkmalen kurz zusammengefasst:

	Fristart	Fristdauer	Fristbeginn	Vorschrift	Kommentar
1	Einlegung der Berufung	1 Monat (Notfrist) oder Beginn der Frist mit Ablauf von 5 Monaten	ab Zustellung oder ab Verkündung	§ 517 ZPO	nur wenn Urteil vollständig vorliegt wenn kein bzw. kein vollständig abgefasstes Urteil vorliegt

	Fristart	Fristdauer	Fristbeginn	Vorschrift	Kommentar
2	Beru-fungsbe-gründung	2 Monate oder Beginn der Frist mit Ablauf von 5 Monaten	ab Zustellung oder ab Verkündung	§ 520 Abs. 2 ZPO	nur wenn Urteil vollständig vorliegt wenn kein bzw. kein vollständig abgefasstes Urteil vorliegt
3	An-schluss-berufung	Gilt bis zum Ablauf der dem Beru-fungsbeklagten gesetzten Frist zur Berufungserwide-rung		§ 524 Abs. 2 Satz 2 ZPO	D.h. der Beru-fungsbeklagte hat solange Zeit Anschlussberu-fung einzulegen, solange er die Frist zur Berufungser-widerung gesetzt bekommen hat
4	Revision	1 Monat (Notfrist) oder Beginn der Frist mit Ablauf von 5 Monaten	ab Zustellung oder ab Verkündung	§ 548 ZPO	nur wenn Urteil vollständig vorliegt wenn kein bzw. kein vollständig abgefasstes Urteil voliegt
5	Begrün-dung der Revision	2 Monate oder Beginn der Frist mit Ablauf von 5 Monaten	ab Zustellung oder ab Verkündung	§ 551 Abs. 2 ZPO	nur wenn Urteil vollständig vorliegt wenn kein bzw. kein vollständig abgefasstes Urteil vorliegt
6	Sofortige Be-schwerde	2 Wochen	ab Zustellung der angefochtenen Entscheidung	§ 567 Abs. 1 ZPO	
7	Sofortige Be-schwerde PKH-Ver-fahren	1 Monat	ab Zustellung der angefochtenen Entscheidung	§ 127 Abs. 2 ZPO	
8	Streit-wertbe-schwerde	6 Monate	ab dem Tag, an dem die Haupt-sache Rechtskraft erlangt oder sich das Verfahren an-derweitig erledigt hat	§ 68 Abs. 1 Satz 3 GKG i.V.m. § 63 Abs. 3 Satz 2 GKG	

	Fristart	Fristdauer	Fristbeginn	Vorschrift	Kommentar
9	Erinnerung	2 Wochen	ab Zustellung der angefochtenen Entscheidung des beauftragten oder ersuchten Richters oder Urkundsbeamten	§ 573 Abs. 1 ZPO	Dies gilt nicht für den Rechtspfleger. Im Bereich des Rechtspflegers gilt das Rechtspflegergesetz (RPflG).
10	Rechtsbeschwerde	1 Monat (Notfrist)	ab Zustellung der angefochtenen Entscheidung	§ 575 Abs. 1 ZPO	Die Rechtsbeschwerde muss ausdrücklich im Gesetz bestimmt sein oder in der angefochtenen Entscheidung ausdrücklich zugelassen worden sein.
11	Begründung der Rechtsbeschwerde	1 Monat	ab Zustellung der angefochtenen Entscheidung	§ 575 Abs. 2 ZPO	D.h. die Rechtsbeschwerde ist mit Einreichung auch gleichzeitig zu begründen; ist jedoch verlängerbar.
12	Widerspruch im Mahnverfahren	2 Wochen	ab Zustellung des Mahnbescheids	§ 692 Abs. 1 Nr. 3 ZPO	Dies ist keine Ausschlussfrist. Ein verspätet eingelegter Widerspruch wird als Einspruch gegen den Vollstreckungsbescheid gewertet.
13	Antragstellung für den Vollstreckungsbescheid	6 Monate	ab Zustellung des Mahnbescheids	§ 701 ZPO	Wird innerhalb dieser Frist kein Antrag auf Erlass eines Vollstreckungsbescheids gestellt, verliert der Mahnbescheid seine Wirkung.
14	Einspruch gegen den Vollstreckungsbescheid	2 Wochen (Notfrist)	ab Zustellung des Vollstreckungsbescheids	§ 700 Abs. 1 ZPO i.V.m. § 339 Abs. 1 ZPO	Der Vollstreckungsbescheid steht einem für vorläufig vollstreckbar erklärten Versäumnisurteil gleich (deshalb der Verweis auf § 339 ZPO).

	Fristart	Fristdauer	Fristbeginn	Vorschrift	Kommentar
15	Einspruch gegen das erste Versäumnisurteil	2 Wochen (Notfrist)	ab Zustellung des 1. Versäumnisurteils	§ 339 Abs. 1 ZPO	
16	Berufung gegen das zweite Versäumnisurteil	1 Monat (Notfrist)	ab Zustellung des 2. Versäumnisurteils	§ 514 Abs. 2 ZPO	Bei dieser »Art« von Berufung kommt es nicht auf das Übersteigen des Beschwerdewertes von 600,00 € an, sondern die Berufung **stützt sich allein auf die Tatsache, dass kein schuldhaftes Versäumnis im zweiten Termin vorlag.**
17	Anzeige der Verteidigungsabsicht	2 Wochen (Notfrist)	ab Zustellung der Klageschrift	§ 276 Abs. 1 ZPO	Diese Frist gilt nur, wenn keine andere Frist zur Anzeige der Verteidigung bestimmt wurde.
18	Gehörsrüge	2 Wochen (Notfrist)	ab Kenntnis der Verletzung des rechtlichen Gehörs	§ 321a ZPO	Dies gilt, wenn das Erstgericht die Berufung nicht zugelassen hat und wenn der Berufungsgegenstand von 600,00 € nicht erreicht wurde.
19	Erinnerung gegen den Kostenfestsetzungsbeschluss	2 Wochen	ab Zustellung des Kostenfestsetzungsbeschlusses	§ 573 Abs. 1 ZPO	Gilt für einen Beschwerdewert bis 200,00 €.
20	Sofortige Beschwerde gegen den Kostenfestsetzungsbeschluss	2 Wochen	ab Zustellung des Kostenfestsetzungsbeschlusses	§ 567 Abs. 1 ZPO	Gilt ab einem Beschwerdewert von 200,00 €.

	Fristart	Fristdauer	Fristbeginn	Vorschrift	Kommentar
21	Vereinfachter Kostenfestsetzungsbeschluss	siehe 19 und 20	mit Ablauf des Tages der Urteilszustellung an den Schuldner	siehe 19 und 20	siehe 19 und 20

Beachte grundsätzlich: Hat eine Partei oder ihr Prozessbevollmächtigter eine Frist versäumt, wird sie gem. § 230 ZPO von der vorzunehmenden Prozesshandlung ausgeschlossen. D.h. die Partei wird ihres Rechtsmittels verlustig.

Nunmehr besteht für die Partei nur die Möglichkeit, Wiedereinsetzung in den vorigen Stand gem. § 233 ZPO zu beantragen. Diese wird ihr aber nur gewährt werden, wenn für die Versäumung der Frist kein Verschulden der Partei vorlag.

Die Wiedereinsetzung muss gem. § 234 Abs. 1 ZPO binnen einer Frist von zwei Wochen beantragt werden. Die Frist beginnt mit dem Tag, an dem das Hindernis behoben ist. Die Frist beträgt einen Monat, wenn die Partei verhindert ist, die Frist zur Begründung der Berufung, der Revision, der Nichtzulassungsbeschwerde oder der Rechtsbeschwerde einzuhalten.

3.7 Aufgabenteil und Berechnungsbeispiele zum Thema »Fristen«

(Die Berechnungsbeispiele unter den Übungsfällen basieren auf dem Kalender für 2012 und 2013 sowie der in diesen Jahren festgelegten gesetzlichen Feiertagen!) Bitte geben Sie zu jeder Aufgabe die einschlägigen gesetzlichen Bestimmungen an!

Übungsfall 1:

In einer Kaufpreisangelegenheit wegen 3.890,00 € wird am 09.04.2013 das Endurteil des Amtsgerichts Stuttgart verkündet und dem Kläger am 15.04.2013 sowie dem Beklagten am 18.04.2013 zugestellt. Der Beklagte hat an den Kläger 3.100,00 € zu bezahlen. Beide sind durch das Urteil beschwert, da sowohl für den Kläger als auch für den Beklagten der Beschwerdegegenstand von 600,00 € erreicht wurde.

Wann läuft für den Kläger (beschwert mit 790,00 €) bzw. den Beklagten (beschwert mit 3.100,00 €) die Berufungsfrist ab?

Lösungsvorschlag:

Für den Berufungskläger beginnt die Frist zur Einlegung der Berufung gem. §§ 187 Abs. 1 BGB, 222 Abs. 1, 511 Abs. 2, 517 ZPO am 16.04.2013 um 0:00 Uhr zu laufen und endet gem. §§ 188 Abs. 2 BGB, 222 Abs. 1 ZPO am 15.05.2013 um 24:00 Uhr.

Für den Berufungsbeklagten beginnt die Frist zur Einlegung der Berufung gem. §§ 187 Abs. 1 BGB, 222 Abs. 1, 511 Abs. 2, 517 ZPO am 19.04.2013 um 0:00 Uhr zu laufen und endet gem. §§ 188 Abs. 2 BGB, 222 Abs. 1 und 2 ZPO am 21.05.2013 um 24:00 Uhr,

---

da der 18.05. ein Samstag ist, der 19.05. ein Sonntag und der 20.05. ein Feiertag (Pfingst-
montag); somit fällt das Fristende auf den nächsten Werktag, § 222 Abs. 2 ZPO.

Übungsfall 2:

**In einer Räumungssache wird vom Amtsgericht Hamburg am 20.03.2013 ein Urteil
verkündet, aber auf übereinstimmenden Antrag der Parteien, die noch Vergleichs-
verhandlungen aufnehmen wollen, nicht zugestellt.**
Wann läuft die Berufungsfrist ab und warum?

Lösungsvorschlag:

Die Berufungsfrist läuft gem. §§ 188 Abs. 2 BGB, 222 Abs. 1 und 2, 517 ZPO spätestens
am 20.09.2013 um 24:00 Uhr ab, auch wenn das Urteil bis dahin noch nicht zugestellt
sein sollte. Die Frist beginnt gem. § 517 ZPO spätestens mit Ablauf von fünf Monaten
nach Verkündung zu laufen und beträgt dann einen Monat. Außerdem wird jedes Urteil
spätestens nach Ablauf von 6 Monaten ab Verkündung rechtskräftig, gleichgültig ob es
zugestellt worden ist oder nicht.

Übungsfall 3:

**Das Landgericht Bonn verkündet im Termin am 09.07.2013 in erster Instanz ein
Urteil (Beschwer: 2.500,00 €). Dem Klägervertreter geht der Urteilstenor während
seiner urlaubsbedingten Abwesenheit zu; die Kanzlei ist während dieser Zeit geschlossen. Vom vollständigen Urteil erhält er deshalb erst am 16.08.2013 Kenntnis
und unterzeichnet erst dann das Empfangsbekenntnis.**
Wann beginnt die Berufungsfrist zu laufen und wann endet sie?

Lösungsvorschlag:

Die Frist beginnt gem. §§ 187 Abs. 1 BGB, 222 Abs. 1, 511 Abs. 2, 517 ZPO am
17.08.2013 um 0:00 Uhr und endet gem. §§ 188 Abs. 2 BGB, 222 Abs. 1 ZPO am
16.09.2013 um 24:00 Uhr. Das vollständige Urteil wird vermutlich irgendwann zwischen dem 09.07.2013 und dem 16.08.2013 dem Klägervertreter zugestellt worden
sein. Die Frist beginnt jedoch erst mit Kenntnisnahme durch den RA zu laufen, was er
durch die Eintragung des Datums auf dem Empfangsbekenntnis dokumentiert.

Übungsfall 4:

**In einer Unfallsache wurde gegen ein Urteil des AG Köln am 10.06.2013 Berufung
eingelegt. Das Urteil selbst wurde am 29.04.2013 erlassen und am 13.05.2013 an
den Berufungskläger zugestellt.**
Wann endet die Berufungsbegründungsfrist?

Lösungsvorschlag:

Die Frist beginnt gem. §§ 187 Abs. 1 BGB, 222 Abs. 1, 520 Abs. 2 ZPO am 14.05.2013 um 0:00 und endet gem. §§ 188 Abs. 2 BGB, 222 Abs. 1 und 2 ZPO am 15.07.2013 um 24:00 Uhr, da der 13.07. ein Samstag ist und der 14.07. ein Sonntag. Somit fällt das Fristende auf den nächsten Werktag, § 222 Abs. 2 ZPO.

Übungsfall 5:

In einer Mietsache wegen Räumung von Geschäftsräumen, Gegenstandswert: 120.000,00 €, wird das Berufungsurteil des Oberlandesgerichts München dem Beklagten am 22.07.2013 zugestellt. Das OLG hat die Revision im Urteil zugelassen.
Wann läuft die Revisionsfrist ab?

Lösungsvorschlag:

Die Frist zur Einlegung der Revision beginnt gem. §§ 187 Abs. 1 BGB, 222 Abs. 1, 548 ZPO am 23.07.2013 um 0:00 Uhr und endet gem. §§ 188 Abs. 2 BGB, 222 Abs. 1 ZPO am 22.08.2013 um 24:00 Uhr.

Übungsfall 6:

Die Videothek »MovieStar« verleiht am 28.05.2013 an Frau Sonnenschein drei Filme, die sie spätestens 10 Tage nach Verleih wieder zurückbringen muss, um keine »Strafgebühr« zu bezahlen. Die Videothek ist täglich 24 Stunden geöffnet.
Wann muss Frau Sonnenschein spätestens die Filme zurückgebracht haben?

Lösungsvorschlag:

Hierbei handelt es sich um eine Kalenderfrist gem. § 187 Abs. 2 BGB, so dass der Tag, an dem Frau Sonnenschein die Filme ausgeliehen hat bei der Berechnung der Frist mitzählt. D.h. Frau Sonnenschein muss spätestens am 06.06.2013 (bis 24:00 Uhr) die Filme zurückgebracht haben.

Übungsfall 7:

Rechtsanwalt Schlau wird der Kostenfestsetzungsbeschluss des Amtsgerichts Kassel zugestellt, wonach seine mit Kostenfestsetzungsantrag vom 23.01.2013 beantragten Kosten festgesetzt wurden. Bei genauer Prüfung des Kostenfestsetzungsbeschlusses stellt sich heraus, dass das Gericht versehentlich vergessen hat, eine Einigungsgebühr in Höhe von 350,00 € anzusetzen.
Welches Rechtsmittel bzw. Rechtsbehelf ist hier gegeben? Welche Frist ist dabei einzuhalten?

Lösungsvorschlag:

Rechtsanwalt Schlau kann sofortige Beschwerde gem. § 567 Abs. 2 ZPO innerhalb einer Frist von 2 Wochen ab Zustellung des Kostenfestsetzungsbeschlusses einlegen.

Übungsfall 8:

Welcher Rechtsbehelf ist gegen das erste Versäumnisurteil möglich? Muss eine Frist beachtet werden?

Lösungsvorschlag:

Gemäß § 338 ZPO steht der Partei, gegen die ein Versäumnisurteilerlassen wurde, der Rechtsbehelf des Einspruchs zu. Gemäß § 339 Abs. 1 ZPO beträgt die Einspruchsfrist 2 Wochen; sie ist eine Notfrist und beginnt mit der Zustellung des Versäumnisurteils.

Übungsfall 9:

Ist gegen das zweite Versäumnisurteil der Einspruch zulässig? Wenn nein, welches Rechtsmittel dann?

Lösungsvorschlag:

Gemäß § 345 ZPO steht der Partei, gegen das zweite (weitere) VU ein Einspruch nicht mehr zu; der Einspruch ist deshalb unzulässig. Das zweite VU ist gem. § 514 Abs. 2 ZPO mit dem Rechtsmittel der Berufung anfechtbar.

Übungsfall 10:

Wann beginnen richterliche Fristen zu laufen?

Lösungsvorschlag:

Der Laufzeitbeginn richterlicher Fristen hängt gem. § 221 ZPO von der Zustellung eines Schriftstücks ab. Ist eine Zustellung nicht vorgesehen, beginnt die Frist mit der Verkündung der Frist.

Übungsfall 11:

Wie wird eine Monatsfrist berechnet, wenn der entsprechende Tag im Monat des Fristablaufs fehlt?

Lösungsvorschlag:

Fehlt bei einer Monatsfrist im nächsten Monat der entsprechende Tag, so endet die Frist gem. § 188 Abs. 3 BGB am letzten Tag des Monats um 24:00 Uhr.

Übungsfall 12:

Kann sich der Antragsgegner gegen den Mahnbescheid wehren? Muss er eine Frist einhalten?

Lösungsvorschlag:

Gegen den Mahnbescheid kann der Antragsgegner Widerspruch einlegen. Der Widerspruch soll innerhalb einer Frist von 2 Wochen ab Zustellung des Mahnbescheids erfolgen. Dies ist jedoch keine Ausschlussfrist.

Übungsfall 13:

Ab wann und wie lange kann der Vollstreckungsbescheid beantragt werden? Welche Folgen hat in diesem Fall eine Fristversäumung?

Lösungsvorschlag:

Der VB kann frühestens nach Ablauf der Widerspruchsfrist gem. § 699 Abs. 1 Satz 2 ZPO gestellt werden. Erhebt der Antragsgegner keinen Widerspruch, muss der VB spätestens sechs Monate nach Zustellung des Mahnbescheids beantragt werden. Wird diese Frist versäumt, so fällt gem. § 701 ZPO die Wirkung des Mahnbescheids weg.

Übungsfall 14:

Wo ist geregelt, dass jeder Mensch das Recht auf rechtliches Gehör hat? Was kann man tun, wenn dies verletzt wurde? Sind hier Fristen einzuhalten und wenn ja, welche?

Lösungsvorschlag:

Das Recht auf rechtliches Gehör ist in Art. 103 im Grundgesetzt niedergelegt. Ist das Recht auf rechtliches Gehör in entscheidungserheblicher Weise verletzt worden, besteht die Möglichkeit der Gehörsrüge gem. § 321a ZPO. Diese kann innerhalb von zwei Wochen ab Kenntnis der Verletzung des rechtlichen Gehörs eingelegt werden.

Berechnungsbeispiele

Übungsbeispiel 1 (Berufung):

Vollständig abgefasstes Urteil datiert auf den 12.06.2013

Zugestellt wurde das Urteil am 21.06.2013

a) Wann beginnt und wann endet die Frist zur Einlegung der Berufung?

b) Wann beginnt und wann endet die Frist zur Begründung der Berufung?

c) Wann beginnt und wann endet die Frist zur Tatbestandsberichtigung?

Lösungsvorschlag:

a) Die Frist beginnt gem. §§ 187 Abs. 1 BGB, 222 Abs. 1, 517 ZPO am 22.06.2013 um 0:00 Uhr und endet gem. §§ 188 Abs. 2 BGB, 222 Abs. 1 und 2 ZPO am 22.07.2013 um 24:00 Uhr, da gem. § 222 Abs. 2 ZPO das Fristende auf einen Sonntag fällt und somit der Ablauf der Frist am nächsten Werktag ist.

b) Die Frist beginnt gem. §§ 187 Abs. 1 BGB, 222 Abs. 1, 520 Abs. 2 ZPO am 22.06.2013 um 0:00 Uhr und endet gem. §§ 188 Abs. 2 BGB, 222 Abs. 1 ZPO am 21.08.2013 um 24:00 Uhr.

c) Die Frist beginnt gem. §§ 187 Abs. 1 BGB, 222 Abs. 1, 320 Abs. 1 ZPO am 22.06.2013 um 0:00 Uhr und endet gem. §§ 188 Abs. 2 BGB, 222 Abs. 1 ZPO am 05.07.2013 um 24:00 Uhr.

Übungsbeispiel 2 (Berufung):

Vollständig abgefasstes Urteil datiert auf den 27.02.2013

Zugestellt wurde das Urteil am 01.03.2013

a) Wann beginnt und wann endet die Frist zur Einlegung der Berufung?

b) Wann beginnt und wann endet die Frist zur Begründung der Berufung?

c) Wann beginnt und wann endet die Frist zur Tatbestandsberichtigung?

Lösungsvorschlag:

a) Die Frist beginnt gem. §§ 187 Abs. 1 BGB, 222 Abs. 1, 517 ZPO am 02.03.2013 um 0:00 Uhr und endet gem. §§ 188 Abs. 2 BGB, 222 Abs. 1 und 2 ZPO am 02.04.2013 um 24:00 Uhr, da das Fristende auf einen Feiertag fällt (Ostermontag) und somit Fristablauf am nächsten Werktag ist.

b) Die Frist beginnt gem. §§ 187 Abs. 1 BGB, 222 Abs. 1, 520 Abs. 2 ZPO am 02.03.2013 um 0:00 Uhr und endet gem. § 188 Abs. 2 BGB, 222 Abs. 1 ZPO am 02.05.2013 um 24:00 Uhr, da das Fristende auf einen Feiertag fällt (Maifeiertag) und somit Fristablauf am nächsten Werktag ist.

c) Die Frist beginnt gem. §§ 187 Abs. 1 BGB, 222 Abs. 1, 320 Abs. 1 ZPO am 02.03.2013 um 0:00 Uhr und endet gem. §§ 188 Abs. 2 BGB, 222 Abs. 1 ZPO am 15.03.2013 um 24:00 Uhr.

Übungsbeispiel 3 (Berufung):

Vollständig abgefasstes Urteil datiert auf den 10.07.2013
Zugestellt wurde das Urteil am 18.07.2013
a) **Wann beginnt und wann endet die Frist zur Einlegung der Berufung?**
b) **Wann beginnt und wann endet die Frist zur Begründung der Berufung?**
c) **Wann beginnt und wann endet die Frist zur Tatbestandsberichtigung?**

Lösungsvorschlag:

a) Die Frist beginnt gem. §§ 187 Abs. 1 BGB, 222 Abs. 1, 517 ZPO am 19.07.2013 um 0:00 Uhr und endet gem. §§ 188 Abs. 2 BGB, 222 Abs. 1 und 2 ZPO am 19.08.2013 um 24:00 Uhr, da das Fristende auf einen Sonntag fällt und somit Fristablauf am nächsten Werktag ist.

b) Die Frist beginnt gem. §§ 187 Abs. 1 BGB, 222 Abs. 1, 520 Abs. 2 ZPO am 19.07.2013 um 0:00 Uhr und endet gem. §§ 188 Abs. 2 BGB, 222 Abs. 1 ZPO am 18.09.2013 um 24:00 Uhr.

c) Die Frist beginnt gem. §§ 187 Abs. 1 BGB, 222 Abs. 1, 320 Abs. 1 ZPO am 19.07.2013 um 0:00 Uhr und endet gem. §§ 188 Abs. 2 BGB, 222 Abs. 1 ZPO am 01.08.2013 um 24:00 Uhr.

Übungsbeispiel 4 (Anzeige der Verteidigungsabsicht):

Die Klage datiert auf den 22.01.2013

Zugestellt wurde die Klage am 05.02.2013

Wann beginnt die Frist zur Anzeige der Verteidigungsabsicht und wann endet sie?

Lösungsvorschlag:

Die Frist zur Anzeige der Verteidigungsabsicht beginnt gem. §§ 187 Abs. 1 BGB, 222 Abs. 1, 276 Abs. 1 ZPO am 06.02.2013 um 0:00 Uhr und endet gem. §§ 188 Abs. 2 BGB, 222 Abs. 1 ZPO am 19.02.2013 um 24:00 Uhr.

Übungsbeispiel 5 (Anzeige der Verteidigungsabsicht):

Die Klage datiert auf den 08.03.2013

Zugestellt wurde die Klage am 25.04.2013

Wann beginnt die Frist zur Anzeige der Verteidigungsabsicht und wann endet sie?

Lösungsvorschlag:

Die Frist zur Anzeige der Verteidigungsabsicht beginnt gem. §§ 187 Abs. 1 BGB, 222 Abs. 1, 276 Abs. 1 ZPO am 26.04.2013 um 0:00 Uhr und endet gem. §§ 188 Abs. 2 BGB, 222 Abs. 1 und 2 ZPO am 10.05.2013 um 24:00 Uhr, da das Fristende auf einen Feiertag fällt (Christi Himmelfahrt) und somit Fristablauf am nächsten Werktag ist.

Übungsbeispiel 6 (Einspruch gegen ein Versäumnisurteil):

Das VU datiert auf den 15.07.2013

Zugestellt wurde das VU am 23.07.2013

Wann beginnt die Frist zur Einlegung des Einspruchs und wann endet sie?

Lösungsvorschlag:

Die Frist zur Einlegung des Einspruchs beginnt gem. §§ 187 Abs. 1 BGB, 222 Abs. 1, 339 Abs. 1 ZPO am 24.07.2013 um 0:00 Uhr und endet gem. §§ 188 Abs. 2 BGB, 222 Abs. 1 ZPO am 06.08.2013.

Übungsbeispiel 7 (Einspruch gegen ein Versäumnisurteil):

Das VU (Arbeitsgericht) datiert auf den 05.08.2013

Zugestellt wurde das VU am 08.08.2013

Wann beginnt die Frist zur Einlegung des Einspruchs und wann endet sie?

Lösungsvorschlag:

Die Frist zur Einlegung des Einspruchs beginnt gem. §§ 187 Abs. 1 BGB, 222 Abs. 1 ZPO, 59 ArbGG am 09.08.2013 um 0:00 Uhr und endet gem. §§ 188 Abs. 2 BGB, 222 Abs. 1 ZPO am 15.08.2013 (Achtung: kein bundeseinheitlicher Feiertag!).

| Achtung: Hier beträgt die Frist nur eine Woche!

Übungsbeispiel 8 (Sofortige Beschwerde gegen Kostenfestsetzungsbeschluss):

Der KFB datiert auf den 17.04.2013

Zugestellt wurde der KFB am 22.04.2013

Wann beginnt die Frist zur Einlegung der sofortigen Beschwerde und wann endet sie?

Lösungsvorschlag:

Die Frist zur Einlegung der sofortigen Beschwerde beginnt gem. §§ 187 Abs. 1 BGB, 222 Abs. 1, 569 Abs. 1 ZPO am 23.04.2013 um 0:00 Uhr und endet gem. §§ 188 Abs. 2 BGB, 222 Abs. 1 ZPO am 06.05.2013 um 24:00 Uhr.

Übungsbeispiel 9 (Sofortige Beschwerde gegen Kostenfestsetzungsbeschluss):

Der KFB datiert auf den 26.04.2013

Zugestellt wurde der KFB am 26.06.2013

Wann beginnt die Frist zur Einlegung der sofortigen Beschwerde und wann endet sie?

Lösungsvorschlag:

Die Frist zur Einlegung der sofortigen Beschwerde beginnt gem. §§ 187 Abs. 1 BGB, 222 Abs. 1, 569 Abs. 1 ZPO am 27.06.2013 um 0:00 Uhr und endet gem. §§ 188 Abs. 2 BGB, 222 Abs. 1 ZPO am 10.07.2013 um 24:00 Uhr.

Übungsbeispiel 10 (Revision):

Das vollständig abgefasste Berufungsurteil datiert auf den 01.08.2013 Zugestellt wurde das Berufungsurteil am 07.08.2013

a) Wann beginnt die Frist zur Einlegung der Revision und wann endet sie?

b) Wann beginnt die Frist zur Begründung der Revision und wann endet sie?

Lösungsvorschlag:

a) Die Frist zur Einlegung der Revision beginnt gem. §§ 187 Abs. 1 BGB, 222 Abs. 1, 548 ZPO am 08.08.2013 um 0:00 Uhr und endet gem. §§ 188 Abs. 2 BGB, 222 Abs. 1 und 2 ZPO am 09.09.2013 um 24:00 Uhr, da das Fristende auf einen Samstag fällt und somit der Ablauf der Frist am nächsten Werktag ist.

b) Die Frist zur Begründung der Revision beginnt gem. §§ 187 Abs. 1 BGB, 222 Abs. 1, 551 Abs. 2 ZPO am 08.08.2013 um 0:00 Uhr und endet gem. §§ 188 Abs. 2 BGB, 222 Abs. 1 ZPO am 07.10.2013 um 24:00 Uhr.

Übungsbeispiel 11 (Revision):

Das vollständig abgefasste Berufungsurteil datiert auf den 06.02.2013
Zugestellt wurde das Berufungsurteil am 19.02.2013

a) Wann beginnt die Frist zur Einlegung der Revision und wann endet sie?

b) Wann beginnt die Frist zur Begründung der Revision und wann endet sie?

Lösungsvorschlag:

a) Die Frist zur Einlegung der Revision beginnt gem. §§ 187 Abs. 1 BGB, 222 Abs. 1, 548 ZPO am 20.02.2013 um 0:00 Uhr und endet gem. §§ 188 Abs. 2 BGB, 222 Abs. 1 ZPO am 19.03.2013 um 24:00 Uhr.

b) Die Frist zur Begründung der Revision beginnt gem. §§ 187 Abs. 1 BGB, 222 Abs. 1, 551 Abs. 2 ZPO am 20.02.2013 um 0:00 Uhr und endet gem. §§ 188 Abs. 2 BGB, 222 Abs. 1 ZPO am 19.04.2013 um 24:00 Uhr.

Übungsbeispiel 12 (Revision/Nichtzulassungsbeschwerde):

Die Nichtzulassungsbeschwerde wurde im Berufungsurteil zugelassen

Das vollständig abgefasste Berufungsurteil datiert auf den 09.07.2013

Zugestellt wurde das Berufungsurteil am 18.07.2013

a) Wann beginnt die Frist zur Einlegung der Nichtzulassungsbeschwerde und wann endet sie?

b) Wann beginnt die Frist zur Begründung der Nichtzulassungsbeschwerde und wann endet sie?

Lösungsvorschlag:

a) Die Frist zur Einlegung der Nichtzulassungsbeschwerde beginnt gem. §§ 187 Abs. 1 BGB, 222 Abs. 1, 544 Abs. 1 ZPO am 19.07.2013 um 0:00 Uhr und endet gem. § 188 Abs. 2 BGB, 222 Abs. 1 und 2 ZPO am 19.08.2013 um 24:00 Uhr, da der 18.08. ein Sonntag ist und somit die Frist am nächsten Werktag abläuft.

b) Die Frist zur Begründung der Nichtzulassungsbeschwerde beginnt gem. §§ 187 Abs. 1 BGB, 222 Abs. 1, 544 Abs. 2 ZPO am 19.07.2013 um 0:00 Uhr und endet gem. §§ 188 Abs. 2 BGB, 222 Abs. 1 ZPO am 18.09.2013.

Übungsbeispiel 13 (Streitwertbeschwerde):

Die Entscheidung datiert auf den 14.05.2013

Rechtskraft ab 21.05.2013

Hauptsache wurde gleichzeitig erledigt

Wann beginnt die Frist zur Einlegung der Streitwertbeschwerde und wann endet sie?

Lösungsvorschlag:

Die Frist zur Einlegung der Streitwertbeschwerde beginnt gem. §§ 187 Abs. 1 BGB, 222 Abs. 1 ZPO, 68 Abs. 1 Satz 3 i.V.m. 63 Abs. 3 Satz 2 GKG am 22.05.2013 um 0:00 Uhr und endet gem. §§ 188 Abs. 2 BGB, 222 Abs. 1 ZPO am 21.11.2013 um 24:00 Uhr.

Übungsbeispiel 14 (Streitwertbeschwerde):

Die Entscheidung datiert auf den 07.08.2012

Rechtskraft ab 24.08.2012

Hauptsache wurde gleichzeitig erledigt

Wann beginnt die Frist zur Einlegung der Streitwertbeschwerde und wann endet sie?

Lösungsvorschlag:

Die Frist zur Einlegung der Streitwertbeschwerde beginnt gem. §§ 187 Abs. 1 BGB, 222 Abs. 1 ZPO, 68 Abs. 1 Satz 3 i.V.m. 63 Abs. 3 Satz 2 GKG am 25.08.2012 um 0:00 Uhr und endet gem. §§ 188 Abs. 2 BGB, 222 Abs. 1 und 2 ZPO am 25.02.2013 um 24:00 Uhr, da der 24.02.2013 ein Sonntag ist und somit das Fristende auf den nächsten Werktag fällt.

Übungsbeispiel 15 (Erinnerung):

Die Entscheidung des Urkundsbeamten datiert auf den 06.08.2013

Zugestellt wurde die Verfügung am 12.08.2013

Wann beginnt die Frist zur Einlegung der Erinnerung und wann endet sie?

Lösungsvorschlag:

Die Frist zur Einlegung der Erinnerung beginnt gem. §§ 187 Abs. 1 BGB, 222 Abs. 1, 573 Abs. 1 ZPO am 13.08.2013 um 0:00 Uhr und endet gem. §§ 188 Abs. 2 BGB, 222 Abs. 1 ZPO am 26.08.2013 um 24:00 Uhr.

Übungsbeispiel 16 (Erinnerung):

Die Entscheidung des Urkundsbeamten datiert auf den 19.03.2013

Zugestellt wurde die Verfügung am 21.03.2013

Wann beginnt die Frist zur Einlegung der Erinnerung und wann endet sie?

Lösungsvorschlag:

Die Frist zur Einlegung der Erinnerung beginnt gem. §§ 187 Abs. 1 BGB, 222 Abs. 1, 573 Abs. 1 ZPO am 22.03.2013 um 0:00 Uhr und endet gem. §§ 188 Abs. 2 BGB, 222 Abs. 1 ZPO am 04.04.2013 um 24:00 Uhr.

4. Die Unterscheidung der Aktenzeichen der ordentlichen Gerichte

Jede neue Sache, die bei Gericht eingeht – egal in welcher Instanz – wird registriert und mit einem Aktenzeichen versehen. Die Aktenzeichen sind fortlaufend, d.h. es kann kein Aktenzeichen im gleichen Jahr doppelt vergeben werden. Aus den Aktenzeichen lassen sich bestimmte Merkmale des anhängig gewordenen Rechtsstreits ablesen.

Beispiel:

3 C 3456/13

3 = Abteilung

C = Art der Sache (hier: Bürgerlicher Rechtsstreit) 3456 = fortlaufende Nummer

/13 = welches laufende Jahr betroffen ist (hier: 2013)

Es handelt sich also hierbei um eine bürgerliche Rechtsstreitigkeit bei der 3. Abteilung des Amtsgerichts mit der laufenden Nummer 3456 aus dem Jahr 2013.

Im Folgenden sollen die Wichtigsten Aktenzeichen der einzelnen Instanzen aufgeführt und anhand eines Beispiels kurz erläutert werden:

Amtsgerichtliche Aktenzeichen in Zivilsachen:

AR	Allgemeine Register
B	Mahnsache
C	Bürgerlicher Rechtsstreit
DR	Geschäftszeichen der Gerichtsvollzieher (in Zwangsvollstreckungssachen)
F	Familien- und Ehesachen
H	Beweissicherungsverfahren, Festsetzung des Regelunterhalts
HRA	Handelsregister für Kaufleute und Personengesellschaften
HRB	Handelsregister für Kapitalgesellschaften
K	Zwangsversteigerungssachen
M	Allgemeine Vollstreckungssachen

Beispiel:

4 F 258/13 = Familiensache vor der 4. Abteilung des Familiengerichts mit der laufenden Nummer 258 aus dem Jahr 2013.

Amtsgerichtliche Aktenzeichen in Strafsachen:

Bs	Privatklagesachen
Cs	Strafbefehle
Ds	Strafsachen des Einzelrichters
Gs	Einzelne richterliche Anordnungen
OWi	Bußgeldverfahren

Beispiel:

345 OWi 56/12 = Bußgeldverfahren vor der 345. Abteilung des Amtsgerichts mit der laufenden Nummer 56 aus dem Jahr 2012.

Amtsgerichtliche Aktenzeichen in der freiwilligen Gerichtsbarkeit:

In der freiwilligen Gerichtsbarkeit besteht die Besonderheit, dass die Verfahren römische Zahlen statt Buchstaben als Aktenzeichen tragen.

I	Beurkundungssachen
III	Standesamtssachen
V	Auseinandersetzungen
VI	Sonstige Nachlasssachen
VII	Vormundschaftssachen
VIII	Pflegschaften
IX	Beistandschaften
XVI	Adoptionssachen
XVII	Betreuungssachen

Beispiel:

VII 17/13 = Vormundschaftssache des Vormundschaftsgerichts mit der laufenden Nummer 17 aus dem Jahr 2013.

Landgerichtliche Aktenzeichen in Zivilsachen:

O	Allgemeine Zivilsachen 1. Instanz
OH	Anträge außerhalb anhängiger Verfahren der 1. Instanz
S	Berufungen in Zivilsachen
SH	Anträge außerhalb anhängiger Berufungsverfahren
T	Beschwerden in Zivilsachen

Beispiel:

4 S 678/12 = Berufung in Zivilsachen vor der 4. Kammer des Landgerichts mit der laufenden Nummer 678 aus dem Jahr 2012.

I

Landgerichtliche Aktenzeichen in Strafsachen:

Ns	Berufungen in Strafsachen
Ps	Berufungen in Privatklagesachen
Qs	Beschwerden in Straf- und Bußgeldsachen
KLs	Zusatz bei Strafsachen vor der großen Strafkammer
Ks	Zusatz bei Schwurgerichtsverfahren

Beispiel:

2 Ns 45/13 = Verfahren vor der 2. großen Strafkammer des Landgerichts mit der laufenden Nummer 45 aus dem Jahr 2013.

Landgerichtliche Aktenzeichen in Strafsachen bei der Staatsanwaltschaft:

Hs	Zivilsachen
Js	Ermittlungsverfahren in Strafsachen
UJs	Ermittlungsverfahren gegen Unbekannt
VRs	Strafvollstreckungssachen

Beispiel:

1 Js 345698/13 = Ermittlungsverfahren vor der 1. Kammer der Staatsanwaltschaft mit der laufenden Nummer 345698 aus dem Jahr 2013.

Oberlandesgerichtliche Aktenzeichen in Zivilsachen:

U	Berufungen in Zivilsachen
UF	Berufungen und Beschwerden gegen Entscheidungen in Familiensachen
UH	Anträge außerhalb anhängiger Berufungsverfahren
W	Beschwerden in Zivilsachen
WF	Sonstige Beschwerden in Familiensachen
RE-Miet	Rechtsentscheide in Mietsachen

Beispiel:

4 U 247/12 = Berufung vor dem 4. Zivilsenat des Oberlandesgerichts mit der laufenden Nummer 247 aus dem Jahr 2012.

Oberlandesgerichtliche Aktenzeichen in Strafsachen:

Vs	Revisionen in Privatklagesachen
Ws	Beschwerden in Straf- und Bußgeldsachen
VAs	Entscheidungen über Justizverwaltungsakte in Strafsachen

Beispiel:

2 Vs 311/13 = Revision in Privatklagesachen vor dem 2. Senat des Oberlandesgerichts mit der laufenden Nummer 311 aus dem Jahr 2013.

Oberlandesgerichtliche Aktenzeichen in Strafsachen bei der Generalstaatsanwaltschaft:

Ausl	Auslieferungssachen
OJs	Erstinstanzliche Strafsachen
Rs	Zivilsachen und Entschädigung

Beispiel:

5 Rs 567/12 = Zivilsache vor dem 5. Senat der Generalstaatsanwaltschaft mit der laufenden Nummer 567 aus dem Jahr 2012.

Aktenzeichen des Bundesgerichtshofs in Zivilsachen:

GSZ	Großer Senat in Zivilsachen
ZA	Anträge außerhalb anhängiger Revisionsverfahren
ZR	Revision in Zivilsachen und Berufungen in Patentnichtigkeitsverfahren
VGS	Vereinigte Große Senate
KZR	Kartellsachen – Nichtzulassungsbeschwerden

Beispiel:

2 ZR 34/13 = Revision vor dem 2. Senat des Bundesgerichtshofs mit der laufenden Nummer 34 aus dem Jahr 2013.

Aktenzeichen des Bundesgerichtshofs in Strafsachen:

GSSt	Großer Senat in Strafsachen
StB	Beschwerden in Strafsachen
StR	Revisionen in Strafsachen

Beispiel:

3 StR 43/13 = Revision in Strafsachen vor dem 3. Senat des Bundesgerichtshofs mit der laufenden Nummer 43 aus dem Jahr 2013.

5. Unterscheidung zwischen Urkunden-, Wechsel- und Scheckprozess

5.1 Urkundenprozess

Wann ist ein Urkundenprozess sinnvoll?

Grundsätzlich hat der Kläger immer die Möglichkeit zu entscheiden, ob er seinen Anspruch im Wege des ordentlichen Zivilverfahrens oder im Wege des Urkundenprozesses geltend machen möchte. Auf einen Urkundenprozess greift man dann zurück, wenn man möglichst schnell zu einem Vollstreckungstitel gelangen möchte.

Beachte: Im Urkundenprozess sind als Beweismittel **nur** Urkunden zugelassen. Alle anderen Beweismittel sind hier nicht zulässig.

Wann ist ein Urkundenverfahren überhaupt zulässig bzw. welche Ansprüche können im Wege des Urkundenprozesses geltend gemacht werden?

Ein Urkundenverfahren kann gem. § 592 ZPO dann angestrengt werden, wenn der Anspruch

- die Zahlung einer bestimmten Geldsumme,
- Wertpapiere oder
- die Leistung einer bestimmten Menge vertretbarer Sachen

zum Gegenstand hat.

Wichtig: Voraussetzung ist, dass sämtliche zur Begründung des Anspruchs erforderlichen Tatsachen durch Urkunden zu beweisen sind. Mit Urkunden sind hier **nicht** nur notarielle Urkunden gemeint. Auch z.B. ein privatschriftlicher Darlehensvertrag oder ein privatschriftlicher Kaufvertrag können Urkunden darstellen.

Als ein Anspruch, welcher die Zahlung einer Geldsumme zum Gegenstand hat, gilt auch der Anspruch aus einer Hypothek, einer Grundschuld, einer Rentenschuld oder einer Schiffshypothek.

Die Klage im Urkundenprozess muss gem. § 593 Abs. 1 ZPO in der Überschrift als »Klage im Urkundenverfahren« bezeichnet werden. Die Urkunde/n, die die entsprechende Begründung für das Bestehen des Anspruchs enthält, müssen der Klage im Original oder als Abschrift beigefügt werden (§ 593 Abs. 2 ZPO).

Beachte: Als Beweismittel, ob eine Urkunde echt oder unecht ist, dient gem. § 595 Abs. 2 ZPO nur die Urkunde selbst. Außerdem kann der Antrag auf Parteivernehmung gestellt werden.

Eine Widerklage ist gem. § 595 Abs. 1 ZPO nicht statthaft. Abzuweisen ist die Klage gem. § 597 Abs. 1 ZPO dann, wenn sich der in der Klage geltend gemachte Anspruch selbst oder sich auf Grund der Einrede des Beklagten als unbegründet erweist. Ist der Urkundenprozess nicht statthaft z.B. weil die Beweise nicht mit denen im Urkundenprozess zulässigen Beweismitteln geführt wurden oder mit solchen Beweismitteln nicht vollständig geführt wurden, dann ist die Klage als unstatthaft abzuweisen.

Auch während des Urkundenverfahrens kann sich der Kläger gem. § 596 ZPO bis zum Schluss der mündlichen Verhandlung entscheiden, ob er von der weiteren Durchführung des Urkundenprozesses Abstand nehmen möchte. Sollte das der Fall sein, bleibt der Rechtsstreit trotzdem im ordentlichen Zivilverfahren anhängig.

Was ist, wenn der Klageanspruch zwar besteht, aber der Beklagte widerspricht?

In diesem Fall ergeht gem. § 599 Abs. 1 ZPO ein Vorbehaltsurteil. Dem Beklagten wird im Vorbehaltsurteil das Recht eingeräumt, seine Rechte in einem Nachverfahren geltend zu machen (§ 600 Abs. 1 ZPO). Vorteil des Nachverfahrens: Hier kann der Beklagte auf alle im Zivilprozess zulässigen Beweismittel zurückgreifen.

Übungsfälle zum Urkundenprozess

Übungsfall 1:

Mit welchen Beweismitteln kann ein Urkundenprozess geführt werden? Bitte geben Sie die einschlägigen Paragraphen an!

Lösungsvorschlag:

Im Urkundenprozess ist gem. § 592 ZPO nur der Beweis durch Urkunden möglich. Alle anderen im Zivilprozess sonst zugelassen Beweismittel können im Urkundenprozess nicht angewandt werden.

Übungsfall 2:

Welche Ansprüche können überhaupt im Wege des Urkundenprozesses geltend gemacht werden? Bitte geben Sie die einschlägigen Paragraphen an!

Lösungsvorschlag:

Gemäß § 592 ZPO kann ein Urkundenprozess nur geführt werden, wenn der Anspruch die Zahlung einer bestimmten Geldsumme, Wertpapiere oder die Leistung einer bestimmten Menge vertretbarer Sachen zum Gegenstand hat.

5.2 Wechselprozess

In einem Wechselprozess wird – wie der Name schon sagt – ein Anspruch aus einem Wechsel geltend gemacht. Auch hier wird ein Urkundenprozess wie oben dargestellt geführt.

Im Wechselprozess gilt das oben Ausgeführte, jedoch mit folgenden Änderungen:

§ 603 Abs. 1 ZPO regelt, bei welchem Gericht (*örtliche Zuständigkeit*) eine Wechsel-klage eingereicht werden muss. Demnach kann sowohl bei dem Gericht des Zahlungs-ortes als auch bei dem Gericht, wo der Beklagten seinen allgemeinen Gerichtsstand (§§ 12, 13 ZPO) hat, geklagt werden.

Beachte: Die *sachliche Zuständigkeit* richtet sich im Wechselprozess gem. §§ 23, 71 Abs. 1 GVG nach der Höhe des Streitwertes.

Ebenfalls wie die Klage im Urkundenverfahren wird im Wechselprozess die Klage mit »Klage im Wechselprozess« bezeichnet (§ 604 Abs. 1 ZPO).

Übungsfälle zum Wechselprozess

Übungsfall 1:

Welche Vorschriften werden auf das Wechselverfahren angewandt? Gibt es Aus-nahmen?

Lösungsvorschlag:

Auf das Wechselverfahren werden die Vorschriften über den Urkundenprozess ange-wandt. Die Klage ist als »Klage im Wechselprozess« zu bezeichnen.

Übungsfall 2:

Welches Gericht ist örtlich zuständig für die Einreichung eine Klage im Wechsel-prozess?

Lösungsvorschlag:

Eine Klage im Wechselprozess kann sowohl bei dem Gericht des Zahlungsortes als auch bei dem Gericht, wo der Beklagten seinen allgemeinen Gerichtsstand hat, eingereicht werden.

5.3   Scheckprozess

Gemäß § 605a ZPO gelten für den Scheckprozess die gleichen Bestimmungen wie für den Wechselprozess (siehe 5.2 Wechselprozess).

6. Mahnverfahren

Rechtsanwaltskanzleien sind verpflichtet, wenn sie für ihre Mandanten einen Mahnbescheid beantragen, am elektronischen Mahnverfahren mittels EGVP (Elektronisches Gerichts- und Verwaltungspostfach) teilzunehmen bzw. sollten sie nicht über EGVP verfügen, den Mahnbescheid in elektronisch lesbarer Form einzureichen.

Der Mahnbescheid wird nunmehr entweder mittels Anwaltssoftware ausgefüllt und elektronisch über das EGVP-Postfach an das zuständige Amtsgericht übermittelt oder ein sog. »Barcode-Antrag« wird über das Internet ausgefüllt. Dieser wird mit allen notwendigen Daten »gefüttert« und kann sowohl per EGVP übermittelt werden als auch in Papierform ausgedruckt und eingereicht werden, da hier alle von uns eingegebenen Daten bereits in einen elektronischen Code umgewandelt werden, der wiederum maschinell lesbar ist.

Alle vom Amtsgericht übermittelten Dokumente im Zusammenhang mit dem Mahnverfahren werden ebenfalls mittels EGVP an die Kanzlei versandt. Sollte jedoch eine Privatperson einen Mahnbescheid einreichen wollen – was sie kann, da hier kein Anwaltszwang herrscht – sind die bisherigen Formulare zu verwenden.

Das Mahnverfahren ist in den §§ 688 ff. ZPO geregelt. Die Parteien werden im Mahnverfahren als _Antragsteller_ und _Antragsgegner_ bezeichnet. Das Mahnverfahren bietet eine schnelle und kostengünstige Variante, einen vollstreckbaren Titel zu erlangen. Außerdem beinhaltet es für den Gläubiger fünf Vorteile:

1. es ist ein rein schriftliches Verfahren,

2. das Mahnverfahren unterliegt nicht dem Anwaltszwang, d.h. man kann den Antrag selbst bei Gericht einreichen (die Formulare hierzu sind im Handel erhältlich) oder der Antrag kann gem. §§ 702 Abs. 1, 129a ZPO zu Protokoll der Geschäftsstelle erklärt werden,

3. der Antragsteller muss nur 1/2 Gebühr vorschießen (im Klageverfahren wären es 3 volle Gebühren),

4. bereits nach zwei Wochen seit Zustellung des Mahnbescheids an den Antragsgegner kann ein zur ZV geeigneter Titel – nämlich der Vollstreckungsbescheid – beantragt werden,

5. es findet keine Schlüssigkeitsprüfung statt, d.h. der Rechtspfleger prüft nicht, ob der geltend gemachte Anspruch tatsächlich besteht.

Die Vorlage einer Vollmacht ist im Mahnverfahren gem. § 703 ZPO **nicht** erforderlich. Wer als Bevollmächtigter einen Antrag einreicht oder einen Rechtsbehelf (Widerspruch, Einspruch) einlegt, hat seine ordnungsgemäße Bevollmächtigung lediglich zu versichern.

6.1 Zulässigkeitsvoraussetzungen

Es gibt *allgemeine* und *besondere* Zulässigkeitsvoraussetzungen:

Allgemeine Zulässigkeitsvoraussetzungen:
- gemäß § 50 Abs. 1 ZPO müssen sowohl der Antragsteller als auch der Antragsgegner parteifähig sein,
- gemäß §§ 51 Abs. 1 ZPO und 52 ZPO müssen die Parteien prozessfähig sein,
- auch hier gilt, dass der Rechtsweg gem. § 13 GVG zulässig sein muss und
- es muss ein Rechtsschutzbedürfnis vorliegen.

Besondere Zulässigkeitsvoraussetzungen (§ 688 ZPO):
- es können nur Zahlungsansprüche geltend gemacht werden, die eine Zahlung einer bestimmten Geldsumme in Euro zum Gegenstand haben, d.h. im Mahnverfahren kann nicht die Auskehr eines bestimmten Gegenstandes geltend gemacht werden,

---

Beispiel 1:

Der Zahnarzt Max Müller macht gegen seinen Patienten Rudi Sommer eine Forderung aus einer Zahnbehandlung in Höhe von 1.250,00 € geltend, da Rudi Sommer die fällige Rechnung nicht beglichen hat und auch auf die Mahnung nicht reagiert hat. **Hier wäre ein Mahnbescheid zulässig!**

Beispiel 2:

Maria Sonnenschein möchte den Schrank, den sie ihrem Nachbarn abgekauft hat endlich von diesem ausgehändigt bekommen. Ernst Meier – ihr Nachbar – gibt den Schrank aber einfach nicht heraus. **Hier ist ein Mahnbescheid nicht** zulässig! In diesem Fall müsste Maria Sonnenschein ihren Anspruch im Klagewege geltend machen.

- der Zahlungsanspruch muss fällig sein oder während der Widerspruchsfrist fällig werden (ausgeschlossen sind deshalb wiederkehrende erst in der Zukunft fällig werdende Leistungen, z.B. Unterhalt),
- es darf kein Zug-um-Zug-Verhältnis bestehen (Ausnahme: die Gegenleistung ist bereits erbracht worden)
- es besteht Vordruckzwang, d.h. auf einem einfachen Blatt Papier kann ein Mahnbescheid nicht eingereicht werden; ein solcher Antrag würde zurückgewiesen werden.

Aufpassen: Die Zustellung des Mahnbescheids durch öffentliche Bekanntmachung ist gem. § 688 Abs. 2 Nr. 3 ZPO **un**zulässig.

Aber: Der Vollstreckungsbescheid **kann** öffentlich zugestellt werden.

Ist die Zustellung des Mahnbescheids ins Ausland möglich?

Gemäß § 688 Abs. 3 ZPO kann die Zustellung des Mahnbescheides ins Ausland nur vorgenommen werden, wenn das Anerkennungs- und Vollstreckungsausführungsgesetz (AVAG) dies vorsieht. d.h. hiernach darf in die Mitgliedsstaaten zugestellt werden, in denen die EUGVVO (= Europäische Gerichtsstands- und Vollstreckungsverordnung) gilt sowie in den Vertragsstaaten des EUGVÜ (= Dänemark) und des LGVÜ (= Schweiz, Norwegen, Polen und Island). Ferner ist nach dem deutsch-israelischen Übereinkommen die MB-Zustellung ebenfalls zulässig.

6.2 Zuständigkeit

Ohne Rücksicht auf den Streitwert ist gem. § 689 Abs. 1 ZPO das Amtsgericht *sachlich* zuständig. Für den Mahnbescheid im Arbeitsgerichtsverfahren findet man die entsprechende Regelung im § 46a ArbGG.

Örtlich zuständig ist gem. § 689 Abs. 2 Satz 1 ZPO **ausschließlich** das Amtsgericht, bei dem der **Antragsteller** seinen allgemeinen Gerichtsstand hat.

> **Wichtig:** Hat der Antragsteller seinen Sitz oder Wohnsitz außerhalb der Bundesrepublik Deutschland ist das Amtsgericht Wedding (Berlin) gem. § 689 Abs. 2 Satz 2 ZPO ausschließlich zuständig.

Die *funktionelle* Zuständigkeit liegt beim Rechtspfleger.

Wird ein Mahnbescheid an ein an sich unzuständiges Gericht eingereicht, leitet dieses den Antrag an das entsprechend zuständige Gericht weiter. Jedoch hat der Eingang beim falschen Gericht **keine fristwahrende Wirkung**. Fristwahrend ist der Mahnbescheid erst dann eingegangen, wenn er beim tatsächlich zuständigen Gericht registriert wird.

6.3 Verfahrensablauf

Das Mahnverfahren beginnt mit dem Mahnantrag. Die Mussinhalte des Mahnantrages finden sich in § 690 Abs. 1 Nr. 1–5 ZPO. Hiernach muss der Antrag auf Erlass eines Mahnbescheids folgenden Inhalt haben:

– die Bezeichnung der Parteien, ihrer gesetzlichen Vertreter und der Prozessbevollmächtigten,
– die Bezeichnung des Gerichts, bei dem der Antrag gestellt wird,
– die Bezeichnung des Anspruchs unter bestimmter Angabe der verlangten Leistung, wobei die Haupt- und die Nebenforderungen gesondert und einzeln zu bezeichnen sind,
– die Erklärung, dass der Anspruch nicht von einer Gegenleistung abhängt oder dass die Gegenleistung bereits erbracht ist,
– die Bezeichnung des Gerichts, das für ein streitiges Verfahren zuständig ist.

Außerdem: Der Antrag auf Erlass eines Mahnbescheids muss vom Antragsteller oder dessen Prozessbevollmächtigtem **handschriftlich** unterzeichnet werden. Bei Übermittlung mittels EGVP muss der Antrag mit einer qualifizierten elektronischen Signatur versehen werden.

Werden die oben beschriebenen Voraussetzungen nicht erfüllt, wird der Antrag auf Erlass eines Mahnbescheids gem. § 691 Abs. 1 ZPO zurückgewiesen.

Wenn der Antrag auf Erlass eines Mahnbescheids bei Gericht eingeht, werden folgende Prüfungen durch den Rechtspfleger (*funktionelle* Zuständigkeit) durchgeführt:

– Prüfung der allgemeinen Zulässigkeitsvoraussetzungen (Partei-, Prozessfähigkeit, richtiger Rechtsweg etc.),

– Prüfung der besonderen Zulässigkeitsvoraussetzungen (siehe oben),

– keine Schlüssigkeitsprüfung (der Rechtspfleger prüft nur, ob der Anspruch bestehen **könnte).**

Der Antragsteller kann eine Kennziffer beim Mahngericht beantragen. Dies empfiehlt sich z.B. bei Inkassomandaten für ein und dieselbe Mandantin. Man braucht dann nur noch die Kennziffer in den Antrag einzutragen. Hinter der Kennziffer sind bei Gericht dann alle notwendigen Angaben hinterlegt (z.B. bei einer GmbH: Sitz der Antragstellerin, Geschäftsführer etc.). Man erspart sich so eine Menge Arbeit und die Fehlerquelle wird reduziert. Eine Kennziffer ist im Übrigen auch für den Prozessbevollmächtigten der/des Antragstellers möglich. Auch hier spart man sich die immer während Wiederholung der eigenen Kanzleiangaben.

Wenn der Antrag auf Erlass eines Mahnbescheids bei Gericht eingeht, wird dieser zunächst registriert und mit einer 11-stelligen Geschäftsnummer versehen, die sich wie folgt gliedert:

z.B. Registernummer: 13-1234567-0-3

Die 13 bildet die Jahreszahl (hier 2013). Die folgende 7-stellige Nr. ist fortlaufend und beginnt in jedem Jahr mit -0000001. Bei der folgenden »0« handelt es sich um die Kennzeichnung des Antragsgegners. Sind z.B. zwei Antragsgegner vorhanden, hat der erste die Nr. 1 und der zweite die Nr. 2. Die Nr. »0« wird nur dann vergeben, wenn es lediglich einen Antragsgegner gibt. Die Schlussziffer ist lediglich eine Prüfziffer des Gerichts, um Erfassungsfehler zu vermeiden.

Sind der Registernummer Buchstaben angefügt, handelt es sich hierbei nur um einen internen Bearbeitungshinweis. Bei dem Buchstaben »N« wurde z.B. der Antrag aus welchen Gründen auch immer aus der maschinellen Bearbeitung herausgenommen. Die oben genannte Registernummer würde dann lauten: 13-1234567-0-3-N.

Sind alle Voraussetzungen erfüllt und der Mahnbescheid wird tatsächlich erlassen, so besteht er gem. § 692 Abs. 1 ZPO aus folgenden Bestandteilen:

– alle Bestandteile gem. § 690 Abs. 1 ZPO (siehe oben),

– den Hinweis, dass das Gericht nicht geprüft hat, ob dem Antragsteller der geltend gemachte Anspruch zusteht (d.h. keine Schlüssigkeitsprüfung),

    a) wenn der Antragsgegner die Forderung anerkennt: die Aufforderung, innerhalb von zwei Wochen den geforderten Anspruch nebst Zinsen und Kosten zu begleichen,

    b) wenn der Antragsgegner die Forderung nicht anerkennt: die Aufforderung, innerhalb von zwei Wochen Widerspruch gegen die geltend gemachte Forderung zu erheben,

– den Hinweis, dass ein zur Zwangsvollstreckung geeigneter Titel ergehen wird (der Vollstreckungsbescheid), wenn der Antragsgegner nicht innerhalb der Frist den geltend gemachten Anspruch bezahlt oder der geltend gemachten Forderung nicht widerspricht,

– den Hinweis, dass ein Widerspruch auf einem entsprechenden Formular einzureichen ist, falls ein solches eingeführt ist (dies hängt vom Bundesland ab),

– die Ankündigung, an welches Gericht die Sache abgegeben wird, falls tatsächlich Widerspruch erhoben wird und das Verfahren in das streitige Verfahren übergeht.

Der Mahnbescheid selbst wird in der Regel nicht handschriftlich unterzeichnet sondern enthält eine elektronische Signatur bzw. einen Abdruck des Gerichtssiegels. Dem Mahnantrag sind keine Belege beizufügen. Diese können bei der maschinellen Bearbeitung nicht berücksichtigt werden.

Die Zustellung des Mahnbescheids an den Antragsgegner erfolgt gem. § 693 ZPO von Amts wegen. Der Antragsteller wird von der durchgeführten Zustellung mit genauem Zustellungsdatum benachrichtigt. Der Antragsgegner kann nun – wie oben beschrieben – innerhalb von zwei Wochen Widerspruch erheben. Der Widerspruch kann sich gegen den gesamten geltend gemachten Anspruch richten oder auch nur gegen einen Teil des Anspruchs.

Wie es dann im Mahnverfahren weitergeht entscheidet sich danach, ob der Antragsgegner tatsächlich Widerspruch erhebt oder nicht.

Für Privatpersonen gilt:

Für die Antragstellung sind die vorgeschriebenen Vordrucke zu verwenden.

Merke: Zu jedem Vordruck gibt es Ausfüllhinweise auf der Rückseite oder einem gesonderten Beiblatt, die das Ausfüllen der einzelnen Zeilen genau erläutern. Es empfiehlt sich, hier hineinzuschauen, wenn man nicht weiter weiß.

Der Vordruck des Mahnantrages, der in jedem Handel erhältlich ist, hat eine hellgrüne Farbe. Der Antrag ist lediglich in einfacher Ausfertigung bei Gericht einzureichen, auch wenn es mehrere Antragsgegner gibt. Alle notwendigen, gesetzlich vorgeschriebenen Angaben für eine Bearbeitung des Antrages sind im Vordruck enthalten und sollten genauestens ausgefüllt werden. Reicht für eine Angabe das vorgegebene Feld nicht aus, muss ein entsprechendes Ergänzungsblatt angefügt werden. Auch das Ergänzungsblatt ist ein festgelegter Vordruck, der im üblichen Handel erhältlich ist.

Wenn kein Widerspruch erfolgt:

Der Antragsteller kann nach Ablauf der Widerspruchsfrist gem. § 699 Abs. 1 ZPO einen Antrag auf Erlass eines Vollstreckungsbescheids stellen. Wann die Widerspruchsfrist abläuft weiß der Antragsteller daher, dass er von der Zustellung des Mahnbescheids beim Antragsgegner mit genauem Zustellungsdatum benachrichtigt wird. Eine Antragstellung vor Ablauf der Widerspruchsfrist ist **nicht** möglich.

Auch der Antrag auf Erlass eines Vollstreckungsbescheids ist ein amtliches Formular, welches entsprechend ausgefüllt und mit elektronischer Signatur versehen werden muss.

Der Antrag muss die Erklärung enthalten, ob der Antragsgegner zwischenzeitlich Zahlungen geleistet hat oder nicht. Hat der Antragsgegner Teilzahlungen geleistet, sind diese ihrer Höhe nach zu bezeichnen. Über den verbleibenden Restbetrag würde dann ein Teil-Vollstreckungsbescheid erlassen, da ja nicht mehr der ganze Anspruch zur Zahlung fällig ist. Hat der Antragsgegner jedoch keine Zahlungen geleistet, sodass der ganze Anspruch noch zur Zahlung fällig ist, wird ein Vollstreckungsbescheid über den gesamten Anspruch erlassen.

Zuständig für die Bearbeitung des Antrages ist ebenfalls das Gericht, welches den Mahnbescheid erlassen hat.

Die Zustellung des Vollstreckungsbescheides erfolgt von Amts wegen. Zustellungsorgan ist hierbei die Post per Postzustellungsurkunde. Auf Verlangen des Antragstellers ist die Zustellung im Parteibetrieb möglich. Zustellungsorgan ist dann der Gerichtsvollzieher.

Wenn Widerspruch erhoben wurde:

Die Frist zur Einlegung des Widerspruchs gegen den Mahnbescheid beträgt:

- 2 Wochen gem. § 692 Abs. 1 Nr. 3 ZPO für das normale Zivilverfahren,
- 1 Monat bei Auslandszustellung gem. § 32 Abs. 3 AVAG,
- 1 Woche gem. § 46a Abs. 3 ArbGG im Arbeitsgerichtsverfahren.

Der Widerspruch ist schriftlich oder zu Protokoll der Geschäftsstelle zu erheben. Mit Zustellung des Mahnbescheids erhält der Antragsgegner auch ein Formular für die Einlegung des Widerspruchs, welches jedoch nicht zwingend genutzt werden muss. Der Widerspruch ist auch in anderer schriftlicher Form statthaft.

| Wichtig: Es ist **keine** Begründung des Widerspruchs notwendig.

Der Antragsteller wird gem. § 695 ZPO von der Erhebung des Widerspruchs vom Gericht informiert.

Beachte: Auch nach Fristablauf ist der Widerspruch noch rechtzeitig, solange der Vollstreckungsbescheid nicht verfügt ist(§ 694 Abs. 1 ZPO). Erst danach ist er als verspätet anzusehen und wird in einen Einspruch gegen den Vollstreckungsbescheid umgedeutet (§ 694 Abs. 2 ZPO). Der Antragsgegner ist davon in Kenntnis zu setzen, dass sein Widerspruch verspätet erfolgt ist und demnach als Einspruch gewertet wird.

Hat der Antragsteller im Falle des Widerspruchs die Abgabe des Verfahrens an das Streitgericht verlangt, geht das Verfahren nun gem. § 696 Abs. 1 ZPO in das streitige Verfahren über und wird dem im Antrag bezeichneten Streitgericht zugestellt. Mit Eingang der Akten beim Streitgericht gilt der Rechtsstreit als dort rechtshängig. Die Parteien werden ab dem Zeitpunkt als Kläger und Beklagter bezeichnet.

Aber: Der Antrag auf Durchführung des streitigen Verfahrens kann gem. § 696 Abs. 4 ZPO bis zum Beginn der mündlichen Verhandlung des Antragsgegners zur Hauptsache zurückgenommen werden.

Folge: Mit der Zurücknahme ist die Streitsache als nicht rechtshängig geworden anzusehen. D.h. der Anspruch kann zu einem späteren Zeitpunkt **erneut** geltend gemacht werden.

Was passiert, wenn der Antragsgegner gegen den Vollstreckungsbescheid Einspruch erhebt?

Gemäß § 700 Abs. 1 ZPO steht der Vollstreckungsbescheid einem für vorläufig vollstreckbar erklärten Versäumnisurteil gleich.

Wird gegen den Vollstreckungsbescheid Einspruch erhoben, so gibt das Gericht, welches den Vollstreckungsbescheid erlassen hat, den Rechtsstreit an das im Mahnbescheid bezeichnete Streitgericht ab. Diese Abgabe erfolgt von Amts wegen.

Der Antragsteller bekommt dann vom Streitgericht eine Frist zur Begründung seines Anspruchs gesetzt. Geht die Anspruchsbegründung nicht innerhalb der gesetzten Frist ein und wird der Einspruch nicht als unzulässig verworfen, bestimmt der vorsitzende Richter gem. § 700 Abs. 5 ZPO unverzüglich einen Termin zur mündlichen Verhandlung.

Geht die Anspruchsbegründung jedoch rechtzeitig ein, wird so verfahren, wie nach Eingang einer Klage (siehe dazu **Kapitel I, 2.3).**

Beachte: Ist ein Widerspruch gegen den Mahnbescheid nicht erhoben worden und beantragt der Antragsteller nicht **binnen von sechs Monaten** nach Zustellung des Mahnbescheids den Erlass des Vollstreckungsbescheids, so fällt gem. § 701 ZPO die Wirkung des Mahnbescheids weg. D.h. nach Ablauf von sechs Monaten ist erneut ein Antrag auf Erlass eines Mahnbescheids zu stellen. Die hierbei entstehenden Gebühren fallen dann erneut an.

Praxistipp: Auch bei Zahlungszusage durch den Antragsgegner sollte immer darauf hingewirkt werden, dass der Vollstreckungsbescheid beantragt wird, damit ein rechtskräftiger Titel vorliegt, aus dem dann vollstreckt werden kann, wenn keine Zahlung (mehr) erfolgt.

Rücknahme des Mahnbescheids

Die Rücknahme des Mahnbescheids muss in jedem Fall schriftlich erfolgen. Dem Rücknahmeantrag ist idealerweise eine Kopie des Mahnbescheidsantrags beizufügen, damit bei Gericht ein entsprechender Datenabgleich stattfinden kann und nicht aus Versehen ein falscher Antrag vom Gericht »gelöscht« wird.

Die Rücknahme wird ebenfalls dadurch erleichtert, dass man zuvor beim zuständigen Mahngericht telefonisch die Registernummer erfragt. Da die bei Gericht eingehenden Anträge in der Regel bereits am Eingangstag dort bearbeitet werden, kann sehr kurzfristig eine Abfrage der Registernummer erfolgen.

Beachte: Bei der Rücknahme eines Mahnbescheidsantrages fällt ebenfalls die Gerichtsgebühr an.

6.4 Urkunden-, Wechsel- und Scheckmahnverfahren

Ist der Antrag des Antragsstellers gem. § 703a Abs. 1 ZPO auf Erlass eines als Urkunden-, Wechsel- oder Scheckmahnbescheids gerichtet, so wird der Mahnbescheid auch als Urkunden-, Wechsel- oder Scheckmahnbescheid bezeichnet.

Hier gelten besondere Vorschriften, die in § 703a Abs. 2 Nr. 1 bis 4 ZPO geregelt sind. Diese Vorschriften sind:
- sollte es zur Streitsache kommen, wird das Verfahren im Urkunden-, Wechsel- oder Scheckprozess anhängig,
- die Urkunden sollen in dem Antrag auf Erlass des Mahnbescheids bezeichnet werden und auch in dem dann erlassenen Mahnbescheid,
- im Falle des Streites müssen die Urkunden im Original oder in Abschrift der Anspruchsbegründung beigefügt werden,
- im Mahnverfahren wird nicht geprüft, ob die gewählte Prozessart statthaft ist,

– wird Widerspruch eingelegt und beschränkt sich der Widerspruch lediglich auf die Tatsache, dass dem Beklagten die Ausführung seiner Rechte vorzubehalten ist, ist der Vollstreckungsbescheid unter diesem Vorbehalt zu erlassen.

6.5 Gerichte, die das automatisierte elektronische Mahnverfahren durchführen (Gliederung nach Bundesländern)

Baden-Württemberg:	AG Stuttgart
Bayern:	AG Coburg
Berlin:	AG Wedding
Brandenburg:	AG Wedding
Bremen:	AG Bremen
Hamburg:	AG Hamburg
Hessen:	AG Hünfeld
Mecklenburg-Vorpommern:	AG Hamburg
Niedersachsen:	AG Uelzen
Nordrhein-Westfahlen:	AG Euskirchen (für Anträge im OLG-Bezirk Köln) im Übrigen AG Hagen
Rheinland-Pfalz:	AG Mayen
Saarland:	AG Mayen
Sachsen:	AG Aschersleben
Sachsen-Anhalt:	AG Aschersleben
Schleswig-Holstein:	AG Schleswig
Thüringen:	AG Aschersleben

Das AG Wedding ist Zentrales Mahngericht für die Länder Berlin und Brandenburg.

Das AG Hamburg ist gemeinsames Mahngericht für die Länder Hamburg und Mecklenburg-Vorpommern.

Das AG Mayen ist gemeinsames Mahngericht für die Länder Rheinland-Pfalz und Saarland.

Das AG Aschersleben ist gemeinsames Mahngericht für die Länder Sachsen-Anhalt, Sachsen und Thüringen.

6.6 Übungsfälle zum Mahnverfahren

Übungsfall 1:

Zählen Sie die besonderen Zulässigkeitsvoraussetzungen auf, auf Grund derer überhaupt das Mahnverfahren zulässig ist!

Lösungsvorschlag:

Besondere Zulässigkeitsvoraussetzungen sind:

- es können nur Zahlungsansprüche geltend gemacht werden, die in Geld oder Geldeswert bestehen,
- der Zahlungsanspruch muss fällig sein oder während des Widerspruchs fällig werden,
- es darf kein Zug-um-Zug-Verhältnis bestehen,
- es besteht Vordruckzwang.

Übungsfall 2:

Kann ein Mahnbescheid öffentlich zugestellt werden? Bitte nennen Sie die einschlägigen Paragraphen!

Lösungsvorschlag:

Ein Mahnbescheid kann gem. § 688 Abs. 2 Nr. 3 ZPO nicht öffentlich zugestellt werden.

Übungsfall 3:

Wer ist im Mahnverfahren sachlich, örtlich und funktionell zuständig? Bitte nennen Sie die einschlägigen Paragraphen!

Lösungsvorschlag:

Die sachliche Zuständigkeit richtet sich im normalen Zivilverfahren nach § 689 Abs. 1 ZPO, wonach das Mahnverfahren von den Amtsgerichten durchgeführt wird.

Wenn es sich um ein Mahnverfahren in einer arbeitsrechtlichen Angelegenheit handelt, bestimmt § 46a ArbGG, dass für dieses Mahnverfahren dann das Arbeitsgericht sachlich zuständig ist.

Die örtliche Zuständigkeit bestimmt sich gem. § 689 Abs. 2 Satz 1 ZPO nach dem allgemeinen Gerichtsstand des Antragstellers. Dieses Gericht ist ausschließlich zuständig.

Funktionell für die Bearbeitung des Mahnbescheids ist der Rechtspfleger zuständig.

Übungsfall 4:

Wozu wird der Antragsgegner mit der Zustellung des Mahnbescheids aufgefordert?

Lösungsvorschlag:

Der Antragsgegner wird dazu aufgefordert, entweder den Anspruch anzuerkennen, d.h. die Forderung zu bezahlen oder innerhalb einer Frist von zwei Wochen ab Zustellung des Mahnbescheids Widerspruch gegen den Mahnbescheid zu erheben.

Übungsfall 5:

Wie wird die Zustellung des Mahnbescheids veranlasst?

Lösungsvorschlag:

Der Mahnbescheid wird gem. § 693 ZPO von Amts wegen zugestellt.

Übungsfall 6:

Wie lang ist die Frist zur Einlegung des Widerspruchs im Arbeitsgerichtsverfahren? Bitte nennen Sie die einschlägigen Paragraphen!

Lösungsvorschlag:

Im Arbeitsgerichtsverfahren beträgt die Widerspruchsfrist gegen den Mahnbescheid gem. § 46a Abs. 3 ArbGG eine Woche.

Übungsfall 7:

Was passiert, wenn der Vollstreckungsbescheid nicht innerhalb von sechs Monaten nach Zustellung des Mahnbescheids beantragt wird?

Gibt es hieraus eine Kostenfolge?

Lösungsvorschlag:

Gemäß § 701 ZPO wird der Mahnbescheid wirkungslos, sofern der Vollstreckungsbescheid nicht binnen von sechs Monaten nach Zustellung des Mahnbescheids beantragt wird.

Kostenfolge ist, dass alle entstehenden Gebühren erneut anfallen.

Übungsfall 8:

Was muss vor Beantragung des Mahnbescheids auf jeden Fall überprüft werden?

Lösungsvorschlag:

Es muss überprüft werden, ob nicht zwischenzeitlich Zahlungen geleistet worden sind, sodass ein Mahnverfahren vielleicht gar nicht mehr notwendig ist oder aber ein Mahnverfahren nur über einen geringeren Betrag beantragt werden muss. Weiterhin muss überprüft werden, sofern dem Antragsgegner ein Zahlungsziel gesetzt wurde, ob dieses bereits verstrichen ist.

Übungsfall 9:

Herrn Saubermann ist die Rechnung derSpedition »Schnell & Flink« mit dem Zahlungsziel 16.04.2013 zugegangen. Die Spedition hatte den Umzug von Herrn Saubermann von Magdeburg nach Hamburg organisiert und durchgeführt. Die Buchhaltung der Speditionsfirma stellt nach Überprüfung der Zahlungseingänge am 23.04.2013 fest, dass Herr Saubermann noch keine Zahlung geleistet hat.

Ist nunmehr eine außergerichtliche Mahnung notwendig, um Herrn Fröhlich in Verzug zusetzen?

Lösungsvorschlag:

Es ist keine Mahnung gem. § 286 Abs. 2 BGB notwendig, da die Rechnung ein Zahlungsziel enthält. Sobald dieses ohne Leistung durch Herrn Saubermann verstrichen ist, ist er automatisch in Verzug.

Übungsfall 10:

Wann ist es sinnvoll, keinen Mahnbescheid zu beantragen, sondern gleich Klage zu erheben?

Lösungsvorschlag:

Wenn zu erwarten ist, dass der Gegner Widerspruch einlegen wird, ist es sinnvoll, sofort Klage zu erheben.

Übungsfall 11:

Was passiert, wenn die Einspruchsfrist gegen den Vollstreckungsbescheid verstreicht und der Antragsgegner keinen Einspruch eingelegt hat?

Lösungsvorschlag:

Der Vollstreckungsbescheid wird nach Ablauf der Einspruchsfrist rechtskräftig.

Übungsfall 12:

Wann darf der Antrag auf Erlass eines Vollstreckungsbescheids frühestens gestellt werden?

Lösungsvorschlag:

Der Antrag auf Erlass eines Vollstreckungsbescheids darf gem. § 699 Abs. 1 ZPO erst nach Ablauf der Widerspruchsfrist gestellt werden. Eine vorherige Beantragung ist unzulässig.

Übungsfall 13:

Kann ein Gegenstand per Mahnbescheid geltend gemacht werden?

Lösungsvorschlag:

Nein, da besondere Zulässigkeitsvoraussetzung ist, dass im Mahnverfahren nur Ansprüche geltend gemacht werden können, die in Geld oder Geldeswert bestehen.

Übungsfall 14:

Welches Arbeitsgericht ist für die Durchführung eines Mahnverfahrens im Arbeitsgerichtsverfahren zuständig?

Lösungsvorschlag:

Es ist das Arbeitsgericht zuständig, welches für die im Urteilsverfahren erhobene Klage zuständig sein würde.

Übungsfall 15:

Kann ein Vollstreckungsbescheid wirksam öffentlich zugestellt werden?

Lösungsvorschlag:

Ja, im Gegensatz zum Mahnbescheid kann ein Vollstreckungsbescheid wirksam öffentlich zugestellt werden.

7. Das selbstständige Beweisverfahren §§ 485–494a ZPO

7.1 Zulässigkeit

Voraussetzung für die Zulässigkeit ist gem. § 485 Abs. 1 ZPO, dass während oder außerhalb eines Rechtsstreits eine Partei den Antrag auf Einnahme des Augenscheins, die Vernehmung von Zeugen oder das Gutachten durch den Sachverständigen stellt. Dem Antrag wird dann stattgegeben, wenn der Gegener zustimmt oder wenn zu befürchten ist, dass das Beweismittel verloren geht oder seine Benutzung erschwert wird.

Gemäß § 485 Abs. 2 ZPO kann eine Partei bei einem noch nicht anhängigen Rechtsstreit dann ein schriftliches Gutachten durch den Sachverständigen verlangen, wenn die Partei ein rechtliches Interesse daran hat, dass

- der Zustand einer Person bzw. der Zustand einer Sache oder deren Wert,
- die Ursache eines Personen- oder Sachschadens oder Sachmangels,
- der Aufwand für die Beseitigung des Personen- oder Sachschadens oder Sachmangels festgestellt wird.

Beachte: Ein rechtliches Interesse an der Durchführung des selbstständigen Beweisverfahrens ist immer dann gegeben, wenn das Ergebnis der Vermeidung eines Rechtsstreits dient.

7.2 Zuständigkeit

Hier erfolgt die Unterscheidung, ob der Rechtsstreit bereits anhängig ist oder nicht:

Beachte: Wenn der Rechtsstreit bereits anhängig ist gilt Folgendes: Gemäß § 486 Abs. 1 ZPO ist der Antrag beim Prozessgericht zu stellen.

Wenn der Rechtsstreit noch **nicht** anhängig ist gilt Folgendes:

Gemäß § 486 Abs. 2 ZPO ist der Antrag bei dem Gericht einzureichen, welches nach dem Vortrag des Antragstellers zur Entscheidung in der Hauptsache berufen wäre. D.h. hier gelten die allgemeinen Vorschriften über die sachliche und örtliche Zuständigkeit.

Achtung: In Fällen dringender Gefahr ist gem. § 486 Abs. 3 ZPO **auch** das Amtsgericht zuständig, in dessen Bezirk sich die zu begutachtende Sache oder sich die zu vernehmende Person befindet.

Praxishinweis: Der Antrag kann auch zu Protokoll der Geschäftsstelle erklärt werden.

7.3   Antrag

Der Antrag auf Durchführung des selbstständigen Beweisverfahrens hat bestimmte inhaltliche Voraussetzung zu erfüllen, diese sind gem. § 487 ZPO:

- er muss die Bezeichnung des Gegners enthalten,
- er muss die Bezeichnung der Tatsachen, über die Beweis erhoben werden soll enthalten,
- er muss die Benennung der Zeugen oder die Bezeichnung der Beweismittel, die nach § 485 ZPO zulässig sind, enthalten,
- er muss die Glaubhaftmachung der Tatsachen enthalten, die zum einen das selbstständige Beweisverfahren und zum anderen die Zuständigkeit des Gerichts begründen sollen, enthalten.

Gemäß § 490 Abs. 1 ZPO entscheidet das Gericht über den Antrag und erlässt einen Beschluss.

| **Achtung:**   Dieser Beschluss ist **nicht** anfechtbar.

Der Beschluss enthält die Tatsachen, über die Beweis erhoben werden soll und bestimmt, mittels welcher Beweismittel dies geschehen soll. Gegebenenfalls sind die zu vernehmenden Zeugen sowie der Sachverständige genau zu bezeichnen.

Der Gegner bekommt gem. § 491 Abs. 1 ZPO diesen Beschluss zugestellt und wird gleichzeitig zum Beweisaufnahmetermin geladen. Erscheint der Gegner im Termin nicht, steht dies der Beweisaufnahme nicht entgegen.

7.4   Beweisaufnahmetermin

Die Beweisaufnahme erfolgt gem. § 492 Abs. 1 ZPO nach den Vorschriften, die für die Aufnahme des betreffenden Beweismittels zulässig sind. Das Protokoll über die Beweisaufnahme wird bei dem Gericht aufbewahrt, welches die Beweisaufnahme angeordnet hat. Sollte zu erwarten sein, dass sich die Parteien auf Grund des Beweisaufnahmetermins einigen, sind sie zum Erörterungstermin zu laden. Ein eventueller Vergleich ist gerichtlich zu protokollieren. Hierdurch wird ein vollstreckbarer Titel gem. § 794 Abs. 1 Nr. 1 ZPO geschaffen.

7.5   Klageerhebung

Sollte eine Beweisaufnahme **ohne** einen bisher anhängigen Rechtsstreit erfolgt sein, so hat das Gericht gem. § 494a Abs. 1 ZPO nach Beendigung der Beweiserhebung auf Antrag ohne mündliche Verhandlung anzuordnen, dass die antragstellende Partei binnen einer vom Gericht bestimmten Frist nunmehr Klage zu erheben hat. Wenn der Antragsteller dieser Aufforderung nicht nachkommt, erlässt das Gericht einen Beschluss, nach dem der Antragsteller die dem Gegner entstandenen Kosten zu tragen hat. Gegen diesen Beschluss kann mit der sofortigen Beschwerde vorgegangen werden.

7.6 Hemmung der Verjährung

Beachte: Wird der Antrag auf Durchführung eines selbstständigen Beweisverfahrens, ohne dass ein Prozess anhängig ist, gem. § 167 ZPO demnächst zugestellt, wird die Verjährung gem. § 204 Abs. 1 Nr. 7 BGB gehemmt.

Übungsfall 1:

Wo ist der Antrag auf Durchführung eines selbstständigen Beweisverfahrens einzureichen? Nennen Sie bitte die einschlägigen Paragraphen!

Lösungsvorschlag:

Sollte bereits ein Prozess anhängig sein, wird der Antrag gem. § 486 Abs. 1 ZPO beim Prozessgericht gestellt.

Sollte der Prozess noch nicht anhängig sein, ist der Antrag gem. § 486 Abs. 2 ZPO bei dem Gericht einzureichen, welches nach dem Vortrag des Antragstellers zur Entscheidung in der Hauptsache berufen wäre.

Übungsfall 2:

Ist der Beschluss über die Anordnung der Durchführung des selbstständigen Beweisverfahrens anfechtbar?

Lösungsvorschlag:

Gemäß § 490 Abs. 2 ZPO ist der Beschluss unanfechtbar.

Übungsfall 3:

Bei einem Verkehrsunfall ist erheblicher Sachschaden an den beteiligten Autos entstanden. Sie sind auf einen Parkplatz abgeschleppt worden, der zum Abschleppunternehmen gehört. Da sich das Verfahren nun mittlerweile bereits in die Länge zieht, möchte der Abschleppunternehmer die Autos gerne entsorgen lassen, da sie ihm wertvollen Platz wegnehmen.

Welches Problem stellt sich hier? Was ist zu veranlassen?

Lösungsvorschlag:

Hier stellt sich das Problem, dass die Beweismittel (hier die kaputten Autos) verloren gehen könnten. Es ist der Antrag auf ein selbstständiges Beweisverfahren zu stellen, damit ein Sachverständiger die Autos vor der Verschrottung begutachten kann.

Übungsfall 4:

Während eines laufenden selbstständigen Beweisverfahrens einigen sich die Parteien und schließen einen Vergleich. Was ist in diesem Fall unbedingt notwendig?

Lösungsvorschlag:

Der Vergleich sollte gerichtlich protokolliert werden, damit ein vollstreckbarer Titel gem. § 794 Abs. 1 Nr. 1 ZPO vorliegt.

8. Prozesskostenhilfe und Beratungshilfe
(Fassung bis 31.12.2013)

8.1 Prozesskostenhilfe

a) Voraussetzungen der Prozesskostenhilfe

Prozesskostenhilfe erhält gem. § 114 ZPO jede Partei, die nicht in der Lage ist, auf Grund ihrer persönlichen und wirtschaftlichen Verhältnisse die Kosten der Prozessführung zu tragen. Dies gilt für den Fall, dass die Partei die Kosten insgesamt, nur zum Teil oder nur in Raten aufbringen kann.

> **Achtung:** D.h. aber nicht, dass nur Menschen Prozesskostenhilfe erhalten, die »arm« in dem Sinne sind, dass sie z.B. Arbeitslosengeld oder -hilfe, Hartz IV oder Sozialhilfe erhalten. Die Gewährung von Prozesskostenhilfe ist davon völlig unabhängig. Also auch völlig unabhängig davon, aus welcher sozialen Schicht der Antragsteller kommt.

Beachte: Die Partei, die Prozesskostenhilfe begehrt muss hierzu bei Gericht einen Antrag stellen. Prozesskostenhilfe wird nur dann gewährt, wenn die Sache Aussicht auf Erfolg hat bzw. der Rechtsstreit nicht mutwillig angestrengt wurde.

Bei der Antragstellung hat die antragstellende Partei ihr gesamtes Einkommen, d.h. alle Einkünfte in Geld oder Geldeswert, anzugeben.

Aber: Unter bestimmen Voraussetzungen sind gem. § 115 Abs. 1 Nr. 1 bis 4 ZPO vom einzusetzenden Einkommen bestimmte Beträge abzuziehen.

Von dem dann verbleibenden Einkommen, auf volle Euro abzurundenden Teil des monatlichen Einkommens, sind unabhängig von der Zahl der Rechtszüge **höchstens** 48 Monatsraten vom Antragsteller aufzubringen. Die Höhe der monatlichen Raten ergibt sich aus einer festgelegten Tabelle gem. § 115 Abs. 2 ZPO.

Wann wird Prozesskostenhilfe nicht bewilligt?
- zum einen, wenn – wie oben beschrieben – die Sache keine Aussicht auf Erfolg hat oder der Rechtsstreit mutwillig erhoben wurde und
- zum anderen, wenn die Kosten der Prozessführung der Partei vier Monatsraten und die aus dem Vermögen aufzubringenden Teilbeträge **nicht** übersteigen.

Wer kann überhaupt Prozesskostenhilfe erhalten?

In einem Zivilprozess können **sowohl** *Kläger* als auch *Beklagter* Prozesskostenhilfe erhalten, wenn zum einen die oben genannten Voraussetzungen erfüllt sind und zum anderen der Ausgang des Rechtsstreits völlig offen ist.

Ausnahme: Wird Prozesskostenhilfe in einer Familiensache beantragt, wird die Prüfung der Erfolgsaussichten **nicht** vorgenommen.

Gemäß § 116 Nr. 1 ZPO kann eine *Partei kraft Amtes* (z.B. Insolvenzverwalter, Testamentsvollstrecker, Nachlasspfleger) Prozesskostenhilfe beantragen, wenn die Kosten aus der verwalteten Vermögensmasse nicht aufzubringen ist und den anderen an der

verwalteten Vermögensmasse Beteiligten nicht zugemutet werden kann, die Kosten zu begleichen.

Auch eine *juristische Person* (z.B. Aktiengesellschaft oder GmbH) oder eine *parteifähige Vereinigung* (z.B. Offene Handelsgesellschaft oder Kommanditgesellschaft) kann einen Antrag auf Prozesskostenhilfe stellen, wenn sie die Kosten nicht aufbringen kann und auch von den Beteiligten, die ein wirtschaftliches Interesse am Gegenstand des Rechtsstreits haben, nicht aufgebracht werden kann.

b) Antrag

Der Antrag auf Gewährung von Prozesskostenhilfe ist gem. § 117 Abs. 1 ZPO beim Prozessgericht zu stellen oder kann zu Protokoll der Geschäftsstelle erklärt werden. Wird in einem Zwangsvollstreckungsverfahren Prozesskostenhilfe begehrt, ist der Antrag bei dem Gericht zu stellen, welches für die Zwangsvollstreckung zuständig ist.

> **Merke:**
>
> *Der Antrag kann formlos gestellt werden. Sofern jedoch ein Bundesland entsprechende Formulare eingeführt hat, sind diese zu verwenden.*

Im Antrag sind der Rechtsstreit sowie dessen Beteiligte zu benennen. Außerdem muss die antragstellende Partei eine Erklärung über ihre persönlichen und wirtschaftlichen Verhältnisse beifügen, die folgenden Inhalt hat:
- Angabe über die Familienverhältnisse (ledig, verheiratet, geschieden, unterhaltspflichtig etc.),
- Beruf der antragstellenden Partei,
- eventuell vorhandenes Vermögen,
- Einkommensverhältnisse,
- Belastungen.

Zur Verdeutlichung der gemachten Angaben sind die entsprechenden Belege (z.B. Lohnabrechnungen, Kontoauszüge, Auszüge von Depotkonten oder Sparbüchern, Versicherungsscheine von Lebensversicherungen etc.) beizufügen.

Beachte: Die Belege werden dem Gegner nicht zugänglich gemacht. Will der Gegner die Belege einsehen, kann dies nur unter vorheriger Zustimmung der antragstellenden Partei geschehen. Es sei denn, der Gegner hat gegen den Antragsteller nach den Vorschriften des BGB einen Anspruch auf Auskunft über Einkünfte und Vermögen des Antragstellers. Dem Antragsteller ist dann vor der Übermittlung seiner Erklärung an den Gegner Gelegenheit zur Stellungnahme zu geben. Darüber hinaus ist er über die Übermittlung seiner Erklärung zu unterrichten.

Aber: Andere Beweismittel, die der Antragsteller in seinen Schriftsätzen vorlegt, werden dem Gegner uneingeschränkt zur Verfügung gestellt.

Praxishinweis: Eine Klage kann mit dem Antrag auf Bewilligung von Prozesskosten-hilfe »bedingt« oder »unbedingt« eingereicht werden, d.h.:

– **bedingt:** Mit dem Antrag auf Bewilligung von Prozesskostenhilfe wird die Klage zunächst im Entwurf eingereicht. Erst wenn dem Antrag auf Bewilligung der Pro-zesskostenhilfe stattgegeben wird, wird die Klage anhängig.

– **unbedingt:** Wird eine Klage eingereicht und gleichzeitig Antrag auf Bewilligung von Prozesskostenhilfe gestellt, läuft das Verfahren bezüglich der Klage auch dann weiter, wenn der Antrag auf Gewährung von Prozesskostenhilfe abgelehnt wird.

c) Bewilligungsverfahren

Vor der Bewilligung der Prozesskostenhilfe ist dem Gegner gem. § 118 Abs. 1 ZPO Gelegenheit zu geben zum Antrag Stellung zu nehmen, wenn dies nicht aus beson-deren Gründen unzweckmäßig erscheint. Diese Stellungnahme kann zu Protokoll der Geschäftsstelle erklärt werden.

Sollte zu erwarten sein, dass sich die Parteien einigen, kann das Gericht die Parteien zur mündlichen Erörterung laden. Kommt im Zuge dieser Erörterung ein Vergleich zustande, ist dieser gerichtlich zu protokollieren.

Wenn es zweckmäßig erscheint, kann das Gericht gem. § 118 Abs. 2 ZPO verlangen, dass der Antragsteller seine tatsächlichen Angaben glaubhaft macht. Dazu kann z.B. die Vorlage von Urkunden angeordnet werden oder Einkünfte eingeholt werden. Die Vernehmung von Zeugen oder Sachverständigen wird i.d.R. nicht durchgeführt, es sei denn, dass auf andere Weise nicht geklärt werden kann, ob die Rechtsverfolgung oder Rechtsverteidigung hinreichende Aussicht auf Erfolg bietet und nicht mutwillig erscheint. Eine Beeidigung findet nicht statt. Die hierdurch entstehenden Kosten sind der Partei aufzuerlegen, der auch die Kosten des Rechtsstreits auferlegt werden.

Hat der Antragsteller innerhalb einer von dem Gericht gesetzten Frist keine Angaben über seine persönlichen und wirtschaftlichen Verhältnisse glaubhaft gemacht oder bestimmte Fragen nicht oder nur ungenügend beantwortet, so lehnt das Gericht die Bewilligung von Prozesskostenhilfe ab.

Gemäß § 119 Abs. 1 ZPO erfolgt die Bewilligung von Prozesskostenhilfe für jeden Rechtszug gesondert.

Wird Prozesskostenhilfe für die Zwangsvollstreckung in das bewegliche Vermögen be-willigt, umfasst diese alle Vollstreckungshandlungen im Bezirk des Vollstreckungsge-richts sowie das Verfahren auf Abgabe der eidesstattlichen Versicherung.

Wann wird die Bewilligung wieder aufgehoben?
Gemäß § 124 Nr. 1 bis 4 ZPO kann das Gericht die Bewilligung der Prozesskostenhilfe aufheben, wenn

– die antragstellende Partei durch **unrichtige Darstellung des Streits** die Vorausset-zungen für die Bewilligung von PKH vorgetäuscht hat,
– die antragstellende Partei **absichtlich oder aus grober Nachlässigkeit unrichtige Angaben über die persönlichen und wirtschaftlichen Verhältnisse** gemacht hat,
– die **persönlichen oder wirtschaftlichen Voraussetzungen** für die PKH **nicht vor-gelegen** haben,

Achtung: In diesem Fall ist die Aufhebung der Bewilligung ausgeschlossen, wenn seit der rechtskräftigen Entscheidung oder sonstigen Beendigung des Verfahrens **vier Jahre** vergangen sind,

– die antragstellende Partei länger als drei Monate **mit der Zahlung** einer Monatsrate oder der Zahlung eines sonstigen Betrages **im Rückstand** ist.

d) Festsetzung von Zahlungen

Gemäß § 120 Abs. 1 ZPO setzt das Gericht mit der Bewilligung der Prozesskostenhilfe die aus dem eigenen Vermögen zu zahlenden Monatsraten der Höhe nach fest. Liegen finanzielle Belastungen vor, werden diese vom Gericht berücksichtigt und entsprechend abgesetzt. Sollte bereits zu diesem Zeitpunkt feststehen, dass die Belastungen innerhalb der nächsten vier Jahre ganz oder teilweise wegfallen, setzt das Gericht bereits jetzt höhere Beträge an, die ab dem Zeitpunkt zu zahlen sind, wo die Belastungen wegfallen.

Was passiert, wenn sich im Laufe der nächsten vier Jahre ab Bewilligung die Einkommensverhältnisse ändern?

Sollte sich das Einkommen erheblich verbessern, kann das Gericht gem. § 120 Abs. 4 ZPO höhere Ratenzahlungen ansetzen.

Bei niedrigerem Einkommen kann das Gericht die Raten verringern.

Beachte: Die Partei, der Prozesskostenhilfe gewährt worden ist, hat keine gesetzliche Anzeigepflicht über ihre veränderten persönlichen und wirtschaftlichen Verhältnisse. Sie hat gem. § 120 Abs. 4 Satz 2 ZPO erst auf Verlangen des Gerichts ihre veränderte Lebenssituation mitzuteilen.

e) Vertretung durch einen Rechtsanwalt

Sofern in einem Verfahren die Vertretung durch einen Rechtsanwalt vorgeschrieben ist, wird der antragstellenden Partei gem. § 121 Abs. 1 ZPO ein Rechtsanwalt ihrer Wahl beigeordnet.

Aber: Auch wenn die Vertretung durch einen Rechtsanwalt nicht vorgeschrieben ist, kann sich die antragstellende Partei durch einen Rechtsanwalt ihrer Wahl vertreten lassen, sofern eine Vertretung erforderlich erscheint oder der Gegner durch einen Rechtsanwalt vertreten ist.

f) Wirkung der Prozesskostenhilfe

Sofern die Prozesskostenhilfe tatsächlich bewilligt wurde gilt gem. § 122 Abs. 1 Nr. 1 bis 3 ZPO ab dem Tag der Bewilligung, dass

– die Bundes- oder Landeskasse **zum einen** die rückständigen und die entstehenden Gerichtskosten sowie Gerichtsvollzieherkosten und **zum anderen** die auf sie übergegangenen Ansprüche der beigeordneten Rechtsanwälte gegen die Partei gegen diese geltend machen kann,

– die Partei von der Verpflichtung zur Sicherheitsleistung für die Prozesskosten befreit ist,

– die beigeordneten Rechtsanwälte Ansprüche auf Vergütung nicht gegen die Partei geltend machen können.

Beachte: Von der Bewilligung der Prozesskostenhilfe werden gem. § 123 ZPO nur die Kosten erfasst, die der antragstellenden Partei entstehen. Die Kosten, die der Gegenseite entstehen, sind von der Prozesskostenhilfe **nicht** erfasst.

g) Rechtsmittel/Rechtsbehelfe im PKH-Verfahren

Gegen die Bewilligung der Prozesskostenhilfe findet gem. § 127 Abs. 3 ZPO die sofortige Beschwerde der Staatskasse statt und zwar nur dann, wenn

– keine Monatsraten festgesetzt worden sind oder
– keine aus dem Vermögen zu zahlenden Beträge festgesetzt worden sind.

D.h. die Staatskasse kann dann sofortige Beschwerde einlegen, wenn dem Antragsteller in dem Umfang Prozesskostenhilfe bewilligt wurde, dass dieser keinerlei Rückzahlungen in irgend einer Art leisten muss, sondern die Kosten allein von der Staatskasse getragen werden.

Beachte: Die Beschwerde kann nur darauf gestützt werden, dass die antragstellende Partei sehr wohl aus ihren persönlichen und wirtschaftlichen Verhältnissen Zahlungen leisten kann.

Frist: Bei der sofortigen Beschwerde im PKH-Verfahren beträgt die Frist gem. § 569 Abs. 1 Satz 1 ZPO zur Einlegung der sofortigen Beschwerde einen Monat und beginnt mit der Bekanntgabe des Bewilligungsbeschlusses.

Übungsfälle zum Thema Prozesskostenhilfe

Übungsfall 1:

Wer bekommt überhaupt Prozesskostenhilfe? Bitte nennen Sie die einschlägigen Paragrafen!

Lösungsvorschlag:

Prozesskostenhilfe erhält gem. § 114 ZPO jede Partei, die nicht in der Lage ist, auf Grund ihrer persönlichen und wirtschaftlichen Verhältnisse die Kosten der Prozessführung zu tragen.

Übungsfall 2:

Wann wird die Prozesskostenhilfe nicht gewährt?

Lösungsvorschlag:

Prozesskostenhilfe wird nicht gewährt, wenn die Sache keine Aussicht auf Erfolg hat oder der Rechtsstreit mutwillig erhoben wurde und wenn die Kosten der Prozessführung der Partei vier Monatsraten und die aus dem Vermögen aufzubringenden Teilbeträge **nicht** übersteigen.

Übungsfall 3:

Welche Angaben sind im Antrag auf PKH vom Antragsteller zu machen? Nennen Sie bitte drei Beispiele!

Lösungsvorschlag:

Der Antragsteller muss z.B. Angaben machen über:

— seine familiären Verhältnisse,
— seinen Beruf,
— sein Einkommen,
— seine Belastungen,
— eventuell vorhandenes Vermögen

8.2 Beratungshilfe

a) Voraussetzungen für die Beratungshilfe

Was unterscheidet die Beratungshilfe von der Prozesskostenhilfe? Beachte:

1. Prozesskostenhilfe wird für das *gerichtliche Verfahren* gewährt.

2. Beratungshilfe wird für die *außergerichtliche Beratung und Vertretung* durch einen Rechtsanwalt gewährt.

Grundsätzlich gilt:
Die Regelungen über die Beratungshilfe finden sich nicht in der ZPO sondern im Beratungshilfegesetz (BerHG) wieder und können von Bundesland zu Bundesland unterschiedlich sein.

Wer bekommt Beratungshilfe?
Gemäß § 1 Abs. 2 BerHG wird Beratungshilfe immer dann gewährt, wenn der Ratsuchende auf Grund seiner persönlichen und wirtschaftlichen Verhältnisse nicht in der Lage ist, die entstehenden Anwaltskosten selbst zu tragen. Hierbei verweist das BerHG auf die Ausführungen zur Prozesskostenhilfe (§§ 114 ff. ZPO).

Genau genommen heißt das, dass immer dann, wenn Prozesskostenhilfe in der Art gewährt wird, dass die antragstellende Partei keine Raten zu bezahlen hat (also die Kosten insgesamt von der Staatskasse getragen werden), dann kann die antragstellende Partei auch Beratungshilfe in Anspruch nehmen.

Wer leistet die Beratungshilfe?

Wie oben bereits erwähnt, sind die Regelungen hierzu von Bundesland zu Bundesland verschieden. Dies können unter anderem sein:

– Rechtsanwälte,
– Rechtsbeistände,
– hierfür eingerichtete Beratungsstellen,
– andere öffentliche Stellen, die durch das Bundesland bestimmt werden.

b) Antrag

Der Antrag auf Gewährung von Beratungshilfe ist bei dem Gericht zu stellen, wo die antragstellende Partei ihren allgemeinen Gerichtsstand hat.

Wann wird dem Antrag auf Beratungshilfe stattgegeben bzw. in welchen Fällen ist Beratungshilfe überhaupt möglich?

Der Umfang der Beratungshilfe besteht gem. § 2 Abs. 1 BerHG in der Beratung und soweit es erforderlich ist in der (außergerichtlichen) Vertretung. Gemäß § 2 Abs. 2 BerHG wird Beratungshilfe für folgende Angelegenheiten gewährt:

– für das Zivilrecht **einschließlich** des Arbeitsrechts,
– für das Verwaltungsrecht,
– für das Verfassungsrecht und
– für das Sozialrecht.

Beachte: Soweit es sich um Angelegenheiten des Strafrechts oder des Ordnungswidrigkeitengesetzes handelt, wird die Beratungshilfe **nur** im Umfang der Beratung – also nicht der (außergerichtlichen) Vertretung – gewährt.

Aber: Beratungshilfe nach dem BerHG wird nicht in Angelegenheiten gewährt, in denen das Recht anderer Staaten anzuwenden ist, sofern der Sachverhalt keinen Bezug im Inland aufweist.

Sofern dem Antrag auf Beratungshilfe stattgegeben wird, erhält der Berechtigte (also die antragstellende Partei) gem. § 6 Abs. 1 BerHG einen sog. »Berechtigungsschein«.

Mit diesem Berechtigungsschein kann die antragstellende Partei nunmehr einen Rechtsanwalt ihrer Wahl aufsuchen und sich dort beraten lassen.

c) Rechtsbehelf

Bei Ablehnung des Antrages auf Bewilligung von Prozesskostenhilfe steht der antragstellenden Partei gem. § 6 Abs. 2 BerHG nur der Rechtsbehelf der Erinnerung zu. Die Frist beträgt hierbei zwei Wochen ab Zustellung des Ablehnungsbeschlusses.

Übungsfälle zum Thema Beratungshilfe

Übungsfall 1:

Was unterscheidet die Beratungshilfe von der Prozesskostenhilfe?

Lösungsvorschlag:

Die Beratungshilfe erstreckt sich auf die außergerichtliche Beratung und ggf. Vertretung, während sich die Prozesskostenhilfe nur auf die gerichtliche Vertretung erstreckt.

Übungsfall 2:

Wer leistet die Beratungshilfe? Wo kann man sich mit dem Berechtigungsschein beraten lassen?

Lösungsvorschlag:

Es kann von Bundesland zu Bundesland unterschiedliche Regelungen geben. Beratungshilfe leisten können z.B. Rechtsanwälte, Rechtsbeistände, hierfür eingerichtete Beratungsstellen oder andere öffentliche Stellen, die durch das Bundesland bestimmt werden.

Übungsfall 3:

Für welche Verfahren wird Beratungshilfe überhaupt gewährt?

Lösungsvorschlag:

Gemäß § 2 Abs. 2 BerHG wird Beratungshilfe für folgende Angelegenheiten gewährt:
- für das Zivilrecht **einschließlich** des Arbeitsrechts,
- für das Verwaltungsrecht,
- für das Verfassungsrecht und
- für das Sozialrecht.

9. Prozesskostenhilfe und Beratungshilfe (Änderungen zum 01.01.2014)

Der Gesetzgeber hat im Rahmen der Änderungen des Prozesskostenhilfe- und Beratungshilferechts einige Änderungen und Ergänzungen vorgenommen, die im Folgenden erläutert werden sollen, da sie zum Teil erheblich von der bisherigen Fassung des Gesetzes abweichen. Die Änderungen und Ergänzungen treten zum Stichtag 01.01.2014 in Kraft und finden ab diesem Zeitpunkt Anwendung.

9.1 Prozesskostenhilfe

a) Voraussetzungen der Prozesskostenhilfe

Prozesskostenhilfe erhält gem. § 114 ZPO jede Partei, die nicht in der Lage ist, auf Grund ihrer persönlichen und wirtschaftlichen Verhältnisse die Kosten der Prozessführung zu tragen. Dies gilt für den Fall, dass die Partei die Kosten insgesamt, nur zum Teil oder nur in Raten aufbringen kann. Prozesskostenhilfe erhält sie allerdings nur, wenn die beabsichtigte Rechtsverfolgung oder Rechtsverteidigung hinreichend Aussicht auf Erfolg bietet und nicht mutwillig erscheint. Dies ist nicht neu, aber der Gesetzgeber hat **im Folgenden weiterhin neu ergänzt**: eine Rechtsverfolgung oder eine Rechtsverteidigung ist dann mutwillig, wenn eine Partei, die keine Prozesskostenhilfe beansprucht, bei verständiger Würdigung aller Umstände von der Rechtsverfolgung oder Rechtsverteidigung absehen würde, obwohl eine hinreichende Aussicht auf Erfolg besteht.

Bei der Antragstellung hat die antragstellende Partei über ihre persönlichen und wirtschaftlichen Verhältnisse (Familienverhältnisse, Beruf, Vermögen, Einkommen und Lasten) sowie entsprechende Belege beizufügen. Die Erklärung selbst und auch die beigefügten Belege dürfen dem Gegner nur mit Zustimmung der antragstellenden Partei zugänglich gemacht werden. Es sei denn, der Gegner hat gegen den Antragsteller nach den Vorschriften des BGB einen Anspruch auf Auskunft über Einkünfte und Vermögen des Antragstellers. Dem Antragsteller ist dann vor der Übermittlung seiner Erklärung an den Gegner Gelegenheit zur Stellungnahme zu geben. Darüber hinaus ist er über die Übermittlung seiner Erklärung zu unterrichten.

Aber: Unter bestimmen Voraussetzungen sind gem. § 115 Abs. 1 Nr. 1 bis 5 ZPO vom einzusetzenden Einkommen bestimmte Beträge abzuziehen. **Neu gefasst wurde der Abs. 2 wie folgt:** »Von dem nach den Abzügen verbleibenden Teil des monatlichen Einkommens (einzusetzendes Einkommen) sind Monatsraten in Höhe der Hälfte des einzusetzenden Einkommens festzusetzen; die Monatsraten sind auf volle Euro abzurunden. Beträgt die Höhe einer Monatsrate weniger als 10 Euro, ist von der Festsetzung von Monatsraten abzusehen. Bei einem einzusetzenden Einkommen von mehr als 600 Euro beträgt die Monatsrate 300 Euro zuzüglich des Teils des einzusetzenden Einkommens, der 600 Euro übersteigt. Unabhängig von der Zahl der Rechtszüge sind höchstens 48 Monatsraten aufzubringen. An der Anzahl der höchstens aufzubringenden Monatsraten hat sich nichts verändert.«

Wer kann überhaupt Prozesskostenhilfe erhalten?

In einem Zivilprozess können **sowohl** *Kläger* als auch *Beklagter* Prozesskostenhilfe erhalten, wenn zum einen die oben genannten Voraussetzungen erfüllt sind und zum anderen der Ausgang des Rechtsstreits völlig offen ist.

Gemäß § 116 Nr. 1 ZPO kann eine *Partei kraft Amtes* (z.B. Insolvenzverwalter, Testamentsvollstrecker, Nachlasspfleger) Prozesskostenhilfe beantragen, wenn die Kosten aus der verwalteten Vermögensmasse nicht aufzubringen ist und den anderen an der verwalteten Vermögensmasse Beteiligten nicht zugemutet werden kann, die Kosten zu begleichen.

Auch eine *juristische Person* (z.B. Aktiengesellschaft oder GmbH) oder eine *parteifähige Vereinigung* (z.B. Offene Handelsgesellschaft oder Kommanditgesellschaft) kann einen Antrag auf Prozesskostenhilfe stellen, wenn sie die Kosten nicht aufbringen kann und auch von den Beteiligten, die ein wirtschaftliches Interesse am Gegenstand des Rechtsstreits haben, nicht aufgebracht werden kann.

Auch hier gilt: Können die Kosten nur zum Teil oder nur in Teilbeträgen aufgebracht werden, so sind die entsprechenden Beträge zu zahlen.

b) Antrag

Die Partei, die Prozesskostenhilfe begehrt muss hierzu gem. § 117 ZPO bei Gericht einen Antrag stellen. Der Antrag auf Bewilligung der Prozesskostenhilfe ist bei dem Prozessgericht zu stellen; er kann vor der Geschäftsstelle zu Protokoll erklärt werden. In dem Antrag ist das Streitverhältnis unter Angabe der Beweismittel darzustellen. Der Antrag auf Bewilligung von Prozesskostenhilfe für die Zwangsvollstreckung ist bei dem für die Zwangsvollstreckung zuständigen Gericht zu stellen.

Der Antrag auf Gewährung von Prozesskostenhilfe ist gem. § 117 Abs. 1 ZPO beim Prozessgericht zu stellen oder kann zu Protokoll der Geschäftsstelle erklärt werden. Wird in einem Zwangsvollstreckungsverfahren Prozesskostenhilfe begehrt, ist der Antrag bei dem Gericht zu stellen, welches für die Zwangsvollstreckung zuständig ist.

Merke:

*Der Antrag kann formlos gestellt werden. Sofern jedoch ein Bundesland entsprechende Formulare eingeführt hat, sind diese zu verwenden. Die Formulare enthalten zukünftig auch einen Hinweis **auf den neu eingeführten** § 120a ZPO. Hier insbesondere auf die in Abs. 2 Satz 4 geregelte erforderliche Belehrung (hierzu nachfolgend im Text mehr).*

Wie bereits oben erwähnt, sind im Antrag der Rechtsstreit sowie dessen Beteiligte zu benennen. Außerdem muss die antragstellende Partei eine Erklärung über ihre persönlichen und wirtschaftlichen Verhältnisse beifügen, die folgenden Inhalt hat:

– Angabe über die Familienverhältnisse (ledig, verheiratet, geschieden, unterhaltspflichtig etc.),
– Beruf der antragstellenden Partei,
– eventuell vorhandenes Vermögen,
– Einkommensverhältnisse,

– Belastungen.

Zur Verdeutlichung der gemachten Angaben sind die entsprechenden Belege (z.B. Lohnabrechnungen, Kontoauszüge, Auszüge von Depotkonten oder Sparbüchern, Versicherungsscheine von Lebensversicherungen etc.) beizufügen.

Praxishinweis: Eine Klage kann mit dem Antrag auf Bewilligung von Prozesskostenhilfe »bedingt« oder »unbedingt« eingereicht werden, d.h.:

– **bedingt:** Mit dem Antrag auf Bewilligung von Prozesskostenhilfe wird die Klage zunächst im Entwurf eingereicht. Erst wenn dem Antrag auf Bewilligung der Prozesskostenhilfe stattgegeben wird, wird die Klage anhängig.

– **unbedingt:** Wird eine Klage eingereicht und gleichzeitig Antrag auf Bewilligung von Prozesskostenhilfe gestellt, läuft das Verfahren bezüglich der Klage auch dann weiter, wenn der Antrag auf Gewährung von Prozesskostenhilfe abgelehnt wird.

c) Bewilligungsverfahren

Der § 118 Abs. 1 Satz 1 ZPO wurde **wie folgt neu gefasst**: »Dem Gegner ist Gelegenheit zur Stellungnahme zugeben, ob er die Voraussetzungen für die Bewilligung von Prozesskostenhilfe für gegeben hält, soweit dies aus besonderen Gründen nicht unzweckmäßig erscheint.«

Sollte zu erwarten sein, dass sich die Parteien einigen, kann das Gericht die Parteien zur mündlichen Erörterung laden. Kommt im Zuge dieser Erörterung ein Vergleich zustande, ist dieser gerichtlich zu protokollieren.

Wenn es zweckmäßig erscheint, kann das Gericht gem. § 118 Abs. 2 ZPO verlangen, dass der Antragsteller seine tatsächlichen Angaben glaubhaft macht. Dazu können z.B. die Vorlage von Urkunden angeordnet werden oder Einkünfte eingeholt werden. Die Vernehmung von Zeugen oder Sachverständigen wird i.d.R. nicht durchgeführt, es sei denn, dass auf andere Weise nicht geklärt werden kann, ob die Rechtsverfolgung oder Rechtsverteidigung hinreichende Aussicht auf Erfolg bietet und nicht mutwillig erscheint. **Neu gefasst** wurde hierzu die Ergänzung in § 118 Abs. 2 Satz 1 ZPO, dass insbesondere auch die Abgabe einer Versicherung an Eides statt gefordert werden kann. Eine Beeidigung war in der alten Fassung nicht vorgesehen. Die hierdurch entstehenden Kosten sind der Partei aufzuerlegen, der auch die Kosten des Rechtsstreits auferlegt werden.

Hat der Antragsteller innerhalb einer von dem Gericht gesetzten Frist keine Angaben über seine persönlichen und wirtschaftlichen Verhältnisse glaubhaft gemacht oder bestimmte Fragen nicht oder nur ungenügend beantwortet, so lehnt das Gericht die Bewilligung von Prozesskostenhilfe ab.

Gemäß § 119 Abs. 1 ZPO erfolgt die Bewilligung von Prozesskostenhilfe für jeden Rechtszug gesondert.

Wird Prozesskostenhilfe für die Zwangsvollstreckung in das bewegliche Vermögen bewilligt, umfasst diese alle Vollstreckungshandlungen im Bezirk des Vollstreckungsgerichts sowie das Verfahren auf Abgabe der eidesstattlichen Versicherung.

Wann wird die Bewilligung wieder aufgehoben?

Gemäß § 124 Nr. 1 bis 4 ZPO kann das Gericht die Bewilligung der Prozesskostenhilfe aufheben, wenn

- die antragstellende Partei durch **unrichtige Darstellung des Streits** die Voraussetzungen für die Bewilligung von PKH vorgetäuscht hat,
- die antragstellende Partei **absichtlich oder aus grober Nachlässigkeit unrichtige Angaben über die persönlichen und wirtschaftlichen Verhältnisse** gemacht hat,
- die **persönlichen oder wirtschaftlichen Voraussetzungen** für die PKH **nicht vorgelegen** haben,

Achtung: In diesem Fall ist die Aufhebung der Bewilligung ausgeschlossen, wenn seit der rechtskräftigen Entscheidung oder sonstigen Beendigung des Verfahrens vier Jahre vergangen sind,

- die antragstellende Partei länger als drei Monate **mit der Zahlung einer Monatsrate oder der Zahlung eines sonstigen Betrages im Rückstand ist.**

d) Festsetzung von Zahlungen

Gemäß § 120 Abs. 1 ZPO setzt das Gericht mit der Bewilligung der Prozesskostenhilfe die aus dem eigenen Vermögen zu zahlenden Monatsraten der Höhe nach fest. Liegen finanzielle Belastungen vor, werden diese vom Gericht berücksichtigt und entsprechend abgesetzt. Sollte bereits zu diesem Zeitpunkt feststehen, dass die Belastungen innerhalb der nächsten vier Jahre ganz oder teilweise wegfallen, setzt das Gericht bereits jetzt höhere Beträge an, die ab dem Zeitpunkt zu zahlen sind, wo die Belastungen wegfallen.

Die Zahlungen sind an die Landeskasse zu leisten, im Verfahren vor dem Bundesgerichtshof an die Bundeskasse, wenn Prozesskostenhilfe in einem vorherigen Rechtszug nicht bewilligt worden ist.

Gemäß Abs. 3 soll das Gericht die vorläufige Einstellung der Zahlungen bestimmen,

1. wenn die Zahlungen der Partei die voraussichtlich entstehenden Kosten decken (neu gefasst);
2. wenn die Partei, ein ihr beigeordneter Rechtsanwalt oder die Bundes- oder Landeskasse die Kosten gegen einen anderen am Verfahren Beteiligten geltend machen kann.

Der § 120 Abs. 4 ZPO alte Fassung wird aufgehoben.

e) Änderung der Bewilligung/neu eingeführter § 120a ZPO

Gemäß § 120a Abs. 1 ZPO soll das Gericht die Entscheidung über die zu leistenden Zahlungen ändern, wenn sich die für die Prozesskostenhilfe maßgebenden persönlichen oder wirtschaftlichen Verhältnisse wesentlich verändert haben. Auf Verlangen des Gerichts muss die Partei jederzeit erklären, ob eine Veränderung der Verhältnisse eingetreten ist. Eine Änderung zum Nachteil der Partei ist ausgeschlossen, wenn seit der rechtskräftigen Entscheidung oder der sonstigen Beendigung des Verfahrens vier Jahre vergangen sind.

Verbessern sich vor Ablauf der vier Jahre die wirtschaftlichen Verhältnisse der Partei wesentlich oder ändert sich ihre Anschrift, hat die Partei dies dem Gericht unverzüglich mitzuteilen. Bezieht die Partei ein laufendes monatliches Einkommen, ist eine Einkommensverbesserung nur wesentlich, wenn die Differenz zu dem bisher zu Grunde gelegten Bruttoeinkommen nicht nur einmalig 100,00 € übersteigt. Dies gilt auch, soweit abzugsfähige Belastungen entfallen. Hierüber und über die Folgen eines Verstoßes gegen diese Vorgaben ist die Partei bei der Antragstellung in dem gem. § 117 Abs. 3 ZPO eingeführten Formular zu belehren.

Eine wesentliche Verbesserung der wirtschaftlichen Verhältnisse kann insbesondere dadurch eintreten, dass die Partei durch die Rechtsverfolgung oder Rechtsverteidigung etwas erlangt. Das Gericht soll nach der rechtskräftigen Entscheidung oder der sonstigen Beendigung des Verfahrens prüfen, ob eine Änderung der Entscheidung über die zu leistenden Zahlungen mit Rücksicht auf das durch die Rechtsverfolgung oder Rechtsverteidigung Erlangte geboten ist. Eine Änderung der Entscheidung ist ausgeschlossen, soweit die Partei bei rechtzeitiger Leistung des durch die Rechtsverfolgung oder Rechtsverteidigung Erlangten ratenfreie Prozesskostenhilfe erhalten hätte.

Wichtig: Für die Erklärung über die Änderung der persönlichen oder wirtschaftlichen Verhältnisse nach den oben beschriebenen Kriterien, muss die Partei das gem. § 117 Abs. 3 ZPO eingeführte Formular benutzen.

f) Vertretung durch einen Rechtsanwalt

Sofern in einem Verfahren die Vertretung durch einen Rechtsanwalt vorgeschrieben ist, wird der antragstellenden Partei gem. § 121 Abs. 1 ZPO ein Rechtsanwalt ihrer Wahl beigeordnet.

Aber: Auch wenn die Vertretung durch einen Rechtsanwalt nicht vorgeschrieben ist, kann sich die antragstellende Partei durch einen Rechtsanwalt ihrer Wahl vertreten lassen, sofern eine Vertretung erforderlich erscheint oder der Gegner durch einen Rechtsanwalt vertreten ist.

g) Wirkung der Prozesskostenhilfe

Sofern die Prozesskostenhilfe tatsächlich bewilligt wurde gilt gem. § 122 Abs. 1 Nr. 1 bis 3 ZPO ab dem Tag der Bewilligung, dass

– die Bundes- oder Landeskasse **zum einen** die rückständigen und die entstehenden Gerichtskosten sowie Gerichtsvollzieherkosten und **zum anderen** die auf sie übergegangenen Ansprüche der beigeordneten Rechtsanwälte gegen die Partei gegen diese geltend machen kann,

– die Partei von der Verpflichtung zur Sicherheitsleistung für die Prozesskosten befreit ist,

– die beigeordneten Rechtsanwälte Ansprüche auf Vergütung nicht gegen die Partei geltend machen können.

Beachte: Von der Bewilligung der Prozesskostenhilfe werden gem. § 123 ZPO nur die Kosten erfasst, die der antragstellenden Partei entstehen. Die Kosten, die der Gegenseite entstehen, sind von der Prozesskostenhilfe nicht erfasst.

h) Aufhebung der Bewilligung

Das Gericht **soll** (**neu: früher** »kann«) die Bewilligung der Prozesskostenhilfe aufheben, wenn

1. die Partei durch unrichtige Darstellung des Streitverhältnisses die für die Bewilligung der Prozesskostenhilfe maßgebenden Voraussetzungen vorgetäuscht hat;

2. die Partei absichtlich oder aus grober Nachlässigkeit unrichtige Angaben über die persönlichen oder wirtschaftlichen Verhältnisse gemacht oder eine Erklärung nach § 120 Abs. 4 Satz 2 nicht abgegeben hat;

3. die persönlichen oder wirtschaftlichen Voraussetzungen für die Prozesskostenhilfe nicht vorgelegen haben; in diesem Fall ist die Aufhebung ausgeschlossen, wenn seit der rechtskräftigen Entscheidung oder sonstigen Beendigung des Verfahrens vier Jahre vergangen sind;

4. (**neu eingefügt**) die Partei gegen § 120a Abs. 2 Satz 1 bis 3 dem Gericht wesentliche Verbesserungen ihrer Einkommens- und Vermögensverhältnisse oder Änderungen ihrer Anschrift absichtlich oder aus grober Nachlässigkeit unrichtig oder nicht unverzüglich mitgeteilt hat;

5. die Partei länger als drei Monate mit der Zahlung einer Monatsrate oder mit der Zahlung eines sonstigen Betrages im Rückstand ist.

Darüber hinaus wird ein **neuer Abs. 2 eingefügt** der lautet: »Das Gericht kann die Bewilligung der Prozesskostenhilfe aufheben, soweit die von der Partei beantragte Beweiserhebung auf Grund von Umständen, die im Zeitpunkt der Bewilligung der Prozesskostenhilfe noch nicht berücksichtigt werden konnten, keine hinreichende Aussicht auf Erfolg bietet oder der Beweisantritt mutwillig erscheint.«

i) Rechtsmittel/Rechtsbehelfe im PKH-Verfahren

Gegen die Bewilligung der Prozesskostenhilfe findet gem. § 127 Abs. 3 ZPO die sofortige Beschwerde der Staatskasse statt und zwar nur dann, wenn

– keine Monatsraten festgesetzt worden sind oder
– keine aus dem Vermögen zu zahlenden Beträge festgesetzt worden sind.

D.h. die Staatskasse kann dann sofortige Beschwerde einlegen, wenn dem Antragsteller in dem Umfang Prozesskostenhilfe bewilligt wurde, dass dieser keinerlei Rückzahlungen in irgendeiner Art leisten muss, sondern die Kosten allein von der Staatskasse getragen werden.

Beachte: Die Beschwerde kann nur darauf gestützt werden, dass die antragstellende Partei sehr wohl aus ihren persönlichen und wirtschaftlichen Verhältnissen Zahlungen leisten kann.

Frist: Bei der sofortigen Beschwerde im PKH-Verfahren beträgt die Frist zur Einlegung der sofortigen Beschwerde einen Monat (Notfrist) und beginnt mit der Bekanntgabe des Bewilligungsbeschlusses.

I

9.2 Beratungshilfe

a) Voraussetzungen für die Beratungshilfe

Was unterscheidet die Beratungshilfe von der Prozesskostenhilfe? Beachte:

1. Prozesskostenhilfe wird für das *gerichtliche Verfahren gewährt.*

2. Beratungshilfe wird für die *außergerichtliche Beratung und Vertretung* **durch eine Beratungsperson gewährt (neue Formulierung**; früher »durch einen Rechtsanwalt«).

Grundsätzlich gilt:

Die Regelungen über die Beratungshilfe finden sich nicht in der ZPO, sondern im Beratungshilfegesetz (BerHG) wieder und können von Bundesland zu Bundesland unterschiedlich sein.

Wer bekommt Beratungshilfe?

Gemäß § 1 Abs. 2 BerHG wird Beratungshilfe immer dann gewährt, wenn der Ratsuchende auf Grund seiner persönlichen und wirtschaftlichen Verhältnisse nicht in der Lage ist, die entstehenden Anwaltskosten selbst zu tragen. Hierbei verweist das BerHG auf die Ausführungen zur Prozesskostenhilfe (§§ 114 ff. ZPO).

Genau genommen heißt das, dass immer dann, wenn Prozesskostenhilfe in der Art gewährt wird, dass die antragstellende Partei keine Raten zu bezahlen hat (also die Kosten insgesamt von der Staatskasse getragen werden), dann kann die antragstellende Partei auch Beratungshilfe in Anspruch nehmen.

Darüber hinaus wird Beratungshilfe gewährt, wenn keine anderen Möglichkeiten für eine Hilfe zur Verfügung stehen, deren Inanspruchnahme dem Rechtsuchenden zuzumuten ist. Hierunter fällt jedoch nicht, **wie im neu angefügten** weiteren Absatz in § 1 Abs. 2 BerHG dargestellt die Möglichkeit, sich durch einen Rechtsanwalt unentgeltlich oder gegen Vereinbarung eines Erfolgshonorars beraten oder vertreten zu lassen.

Neu formuliert und angefügt wurde der § 1 Abs. 3 BerHG. Dieser nimmt Bezug auf § 1 Abs. 1 Nr. 3 BerHG und stellt klar, dass Mutwilligkeit dann vorliegt, wenn Beratungshilfe in Anspruch genommen wird, obwohl ein Rechtsuchender, der keine Beratungshilfe beansprucht, bei verständiger Würdigung aller Umstände der Rechtsangelegenheit davon absehen würde, sich auf eigene Kosten rechtlich beraten oder vertreten zu lassen. Bei der Beurteilung der Mutwilligkeit sind die Kenntnisse und Fähigkeiten des Antragstellers sowie seine besondere wirtschaftliche Lage zu berücksichtigen.

Wer leistet die Beratungshilfe?

Hier wurde der § 3 Abs. 1 BerHG wie folgt **neu gefasst:** »Die Beratungshilfe wird durch Rechtsanwälte und durch Rechtsbeistände, die Mitglied einer Rechtsanwaltskammer sind, gewährt. Im Umfang ihrer jeweiligen Befugnis zur Rechtsberatung wird sie auch gewährt durch

1. Steuerberater und Steuerbevollmächtigte,
2. Wirtschaftsprüfer und vereidigte Buchprüfer sowie
3. Rentenberater.

Sie kann durch die in den Sätzen 1 und 2 genannten Personen (Beratungspersonen) auch in Beratungsstellen gewährt werden, die auf Grund einer Vereinbarung mit der Landesjustizverwaltung eingerichtet sind.«

b) Antrag

Der Antrag auf Gewährung von Beratungshilfe ist bei dem Gericht zu stellen, wo die antragstellende Partei ihren allgemeinen Gerichtsstand hat.

Wann wird dem Antrag auf Beratungshilfe stattgegeben bzw. in welchen Fällen ist Beratungshilfe überhaupt möglich?

Der Umfang der Beratungshilfe besteht gem. § 2 Abs. 1 BerHG in der Beratung und soweit es erforderlich ist in der (außergerichtlichen) Vertretung. Klargestellt und **neu eingefügt** wurde hier, dass eine Vertretung dann erforderlich ist, wenn der Rechtsuchende nach der Beratung angesichts des Umfangs, der Schwierigkeit oder der Bedeutung der Rechtsangelegenheit für ihn seine Rechte nicht selbst wahrnehmen kann.

Ebenso neu und kürzer gefasst wurde § 2 Abs. 2 BerHG. Hier wird ganz allgemein klargestellt, dass Beratungshilfe nach dem BerHG in allen rechtlichen Angelegenheiten gewährt wird. In der alten Fassung war hier noch eine detaillierte Aufzählung gemacht worden, in welchen Angelegenheiten Beratungshilfe gewährt wird. Diese Aufzählung ist weggefallen und der Absatz nun ganz allgemein gefasst worden.

Weggefallen und **somit neu** ist ebenfalls die Beschränkung in § 2 Abs. 3 BerHG, dass Beratungshilfe nach dem BerHG nicht in den Fällen gewährt wird, in denen das Recht anderer Staaten anzuwenden ist, sofern der Sachverhalt keinen Bezug im Inland aufweist. Diese Beschränkung wurde komplett aufgehoben.

Der Gesetzgeber hat § 4 Abs. 2 BerHG umfangreich ergänzt und neu die Absätze 3 bis 6 eingefügt wie folgt:

»(3) Dem Antrag sind beizufügen:

1. Eine Erklärung des Rechtsuchenden über seine persönlichen und wirtschaftlichen Verhältnisse, insbesondere zu Familienstand, Beruf, Vermögen, Einkommen und Lasten, sowie entsprechende Belege und

2. Eine Versicherung des Rechtsuchenden, dass ihm in derselben Angelegenheit Beratungshilfe bisher weder gewährt noch durch das Gericht versagt worden ist, und dass in derselben Angelegenheit kein gerichtliches Verfahren anhängig ist oder war.

(4) Das Gericht kann verlangen, dass der Rechtsuchende seine tatsächlichen Angaben glaubhaft macht, und kann insbesondere auch die Abgabe einer Versicherung an Eides statt fordern. Es kann Erhebungen anstellen, insbesondere die Vorlegung von Urkunden anordnen und Auskünfte einholen. Zeugen und Sachverständige werden nicht vernommen.

(5) Hat der Rechtsuchende innerhalb einer von dem Gericht gesetzten Frist Angaben über seine persönlichen und wirtschaftlichen Verhältnisse nicht glaubhaft gemacht oder bestimmte Fragen nicht oder ungenügend beantwortet, so lehnt das Gericht die Bewilligung von Beratungshilfe ab.

(6) In den Fällen nachträglicher Antragstellung (§ 6 Abs. 2 BerHG) kann die Beratungsperson vor Beginn der Beratungshilfe verlangen, dass der Rechtsuchende seine per-

sönlichen und wirtschaftlichen Verhältnisse belegt und erklärt, dass ihm in derselben Angelegenheit Beratungshilfe bisher weder gewährt noch durch das Gericht versagt worden ist, und dass in derselben Angelegenheit kein gerichtliches Verfahren anhängig war oder ist.«

Sofern dem Antrag auf Beratungshilfe stattgegeben wird, erhält der Berechtigte (also die antragstellende Partei) gem. § 6 Abs. 1 BerHG einen sog. »Berechtigungsschein«.

Mit diesem Berechtigungsschein kann die antragstellende Partei nunmehr eine Beratungsperson ihrer Wahl aufsuchen und sich dort beraten lassen. Hier wurde die alte Fassung, wo es hieß, dass die antragstellende Partei einen Rechtsanwalt ihrer Wahl aufsuchen kann, durch die oben gewählte **neue Formulierung** »eine Beratungsperson« ersetzt.

Weiterhin neu gefasst wurde der § 6 Abs. 2 BerHG. Hier wird nun ergänzt, dass ein Antrag auf Bewilligung von Beratungshilfe auch nachträglich gestellt werden kann, wenn sich der Rechtsuchende wegen Beratungshilfe unmittelbar an eine Beratungsperson wendet. In diesem Fall ist der Antrag spätestens vier Wochen nach Beginn der Beratungshilfetätigkeit zu stellen.

c) Aufhebung der Bewilligung

Komplett neu eingefügt wurde ein neuer § 6a BerHG, der sich mit der Aufhebung der Bewilligung von Beratungshilfe befasst. Grundsätzlich ist hier zu sagen, dass das Gericht die Bewilligung von Amts wegen aufheben kann, wenn die Voraussetzungen für die Beratungshilfe zum Zeitpunkt der Bewilligung nicht vorgelegen haben und seit der Bewilligung nicht mehr als ein Jahr vergangen ist.

Die Aufhebung der Bewilligung kann auch durch die Beratungsperson beantragt werden, wenn sich die persönlichen und wirtschaftlichen Verhältnisse des Rechtsuchenden auf Grund der Beratung oder Vertretung so verändert hat, dass er damit die Voraussetzungen für die Bewilligung von Beratungshilfe nicht mehr erfüllt.

d) Rechtsbehelf

Bei Ablehnung des Antrages auf Bewilligung von Beratungshilfe oder durch den die Bewilligung von Amts wegen oder auf Antrag der Beratungsperson wieder aufgehoben wird, steht der antragstellenden Partei – nunmehr neu in § 7 BerHG geregelt – nur der Rechtsbehelf der Erinnerung zu.

e) Vergütung der Beratungsperson/Wirkungen der Beratungshilfe

Auch hier sind **einige neue Regelungen**, u.a. ein **neu eingefügte**r § 8a BerHG, eingearbeitet worden. Demnach ist es so, dass sich die Vergütung der Beratungsperson sich nach den für die Beratungshilfe geltenden Vorschriften des RVG richtet. Ist eine Beratungsperson kein Rechtsanwalt, steht sie dem Rechtsanwalt in diesem Punkt jedoch gleich.

Darüber hinaus bewirkt die Bewilligung von Beratungshilfe, dass die Beratungsperson gegen den Rechtsuchenden keinen Anspruch auf Vergütung mit Ausnahme der Beratungshilfegebühr (§ 44 Satz 2 RVG) geltend machen kann.

Der neu eingefügte § 8a BerHG regelt, dass der Vergütungsanspruch der Beratungsperson gegenüber der Staatskasse unberührt bleibt, auch wenn die Bewilligung der Beratungshilfe aufgehoben wird. Dies gilt jedoch nicht, wenn die Beratungsperson zum einen Kenntnis oder grob fahrlässige Unkenntnis davon hatte, dass die Bewilligungsvoraussetzungen im Zeitpunkt der Beratungshilfeleistung nicht vorlagen, oder aber die Beratungsperson die Aufhebung der Bewilligung selbst beantragt hat.

Wird die Bewilligung der Beratungshilfe aufgehoben, weil die persönlichen und wirtschaftlichen Voraussetzungen hierfür nicht vorgelegen haben, kann die Staatskasse vom Rechtsuchenden Erstattung des von ihr an die Beratungsperson geleisteten und von dieser einbehaltenen Betrages verlangen.

Wird bei einer nachträglichen Antragstellung die Beratungshilfe nicht gewährt, kann die Beratungsperson vom Rechtsuchenden die Vergütung nach den allgemeinen Vorschriften verlangen, wenn sie ihn bei der Mandatsübernahme hierauf hingewiesen hat.

§ 9 Abs. 1 BerHG wird wie folgt neu gefasst: »Ist der Gegner verpflichtet, dem Rechtsuchenden die Kosten der Wahrnehmung seiner Rechte zu ersetzen, hat er für die Tätigkeit der Beratungsperson die Vergütung nach den allgemeinen Vorschriften zu zahlen.«

10. Familiensachen und andere Angelegenheiten der freiwilligen Gerichtsbarkeit

Zum 01.09.2009 ist das Gesetz über das Verfahren in Familiensachen und in den Angelegenheiten der Freiwilligen Gerichtsbarkeit (FamFG)[1] in Kraft getreten, dass das damalige FGG zu diesem Zeitpunkt abgelöst hat.

Ach so: Mit dem FamFG werden nicht nur die Verfahren in Familiensachen geregelt, wie der Name vermuten lässt, sondern darüber hinaus auch andere Verfahren, wie z.B.:

– Verfahren in Betreuungs- und Unterbringungssachen,
– Verfahren in Nachlass- und Teilungssachen,
– Verfahren in Registersachen und unternehmensrechtliche Verfahren,
– Verfahren in Freiheitsentziehungssachen und
– Verfahren in Aufgebotssachen.

Das FamFG ist in 9 Bücher aufgeteilt, in denen diese oben genannten Verfahren geregelt sind. In Buch 1 sind allgemeine Vorschriften geregelt, die für alle anderen Bücher gelten (sog. Klammerprinzip, ähnlich z.B. auch wie im BGB). Buch 2 regelt die Familiensachen. Die nachfolgenden Ausführungen werden sich überwiegend mit Buch 2 (Familiensachen) befassen.

Prüfungstipp: Das FamFG wird in den verschiedenen Kammerbezirken unterschiedlich intensiv geprüft. Bedenken Sie bitte, dass es sich bei diesem Werk nicht um ein Lehrbuch, sondern vielmehr um ein Prüfungsvorbereitungsbuch handelt. Es wurden daher bei der Darstellung ausgewählte Schwerpunkte gesetzt.

10.1   Familiensachen

a) Begriffsdefinition

aa) Allgemeines

§ 111 FamFG sollte man sich als Eingangs»hausnummer« des FamFG für die Familiensachen merken. Hier finden sich in einer Aufzählung die Sachen, die unter den Oberbegriff der Familiensachen fallen. Die Aufzählung ist an dieser Stelle vollständig.

> **Übungsfall:**
>
> **Bitte zählen Sie die Sachen auf, die als Familiensachen gelten.**

---

1 Gesetz über das Verfahren in Familiensachen und in den Angelegenheiten der Freiwilligen Gerichtsbarkeit (FamFG) vom 17.12.2008, BGBl. I, S. 2586. Gem. Art. 112 Abs. 1 am 01.09.2009 in Kraft getreten mit Ausnahme des § 376 Abs. 2 FamFG, der gem. Art. 14 Abs. 1 Gesetz vom 25.05.2009 (BGBl. I, S. 1102) bereits am 29.05.2009 in Kraft getreten ist.

Lösungsvorschlag:

Nach § 111 sind Familiensachen

1. Ehesachen,
2. Kindschaftssachen,
3. Abstammungssachen,
4. Adoptionssachen,
5. Ehewohnungs- und Haushaltssachen,
6. Gewaltschutzsachen,
7. Versorgungsausgleichssachen,
8. Unterhaltssachen,
9. Güterrechtssachen,
10. sonstige Familiensachen und
11. Lebenspartnerschaftssachen.

Oh: Was sind denn Familien**streit**sachen? Dieser Begriff der Familienstreitsachen taucht in § 112 FamFG auf. Familienstreitsachen sind nach § 112 FamFG folgende Familiensachen:

1. Unterhaltssachen nach § 231 Abs. 1 FamFG und Lebenspartnerschaftssachen nach § 269 Abs. 1 Nr. 8 und 9 FamFG;
2. Güterrechtssachen nach § 261 Abs. 1 FamFG und Lebenspartnerschaftssachen nach § 269 Abs. 1 Nr. 10 FamFG sowie
3. sonstige Familiensachen nach § 266 Abs. 1 FamFG und Lebenspartnerschaftssachen nach § 269 Abs. 2 FamFG.

Das klingt aber kompliziert. Was versteht man hierunter und warum gibt es diesen zusätzlichen Begriff der Familienstreitsachen? Der Gesetzgeber hat mit der Einführung des FamFG eigentlich abschaffen wollen, dass man – wie es bis zum 31.08.2009 notwendig war – zwei verschiedene Verfahrensordnungen (FGG + ZPO) anwenden muss. Man wollte vielmehr, dass die gesamten Familiensachen einheitlich im FamFG geregelt werden. Gleichzeitig hat man sich überlegt, dass man schon durch Änderungen von Begriffen (hierzu später mehr) ein wenig Streitpotenzial aus dem Familienrecht herausnehmen wollte. Es hat sich jedoch herausgestellt, dass viele Regelungen der ZPO, die auch für das Klageverfahren gelten, sinnvoll sind und auch in Familiensachen, wie z.B. bei einem Unterhaltsverfahren, Anwendung finden sollten. Damit nun nicht zahlreiche Vorschriften der ZPO im FamFG wiederholt werden müssen, hat man für diese besonderen Sachen, damit sind die Familienstreitsachen und Ehesachen gemeint, über § 113 Abs. 1 FamFG auf die allgemeinen Vorschriften der Zivilprozessordnung und die Vorschriften der Zivilprozessordnung über das Verfahren vor den Landgerichten verwiesen, § 113 Abs. 1 Satz 2 FamFG. Man sollte sich hier nicht verwirren lassen, wenn auf die Vorschriften der ZPO über das Verfahren vor den Landgerichten verwiesen wird, in Familiensachen ist das Landgericht niemals zuständig. In der ZPO selbst findet sich allerdings ein Verweis darauf, dass die Vorschriften, die vor dem Landgericht gelten, auch für das Amtsgericht gelten sollen. Klingt kompliziert? Das liegt daran, dass hier von einem Gesetz auf das andere und dann wieder innerhalb dieses Gesetzes von einer Bestimmung auf eine andere verwiesen wird. Eigentlich ist es aber ganz einfach. Familienstreitsachen sind z.B. Unterhaltsverfahren (Ehegattenunterhalt, Kindesunterhalt) oder auch Ansprüche auf Zahlung eines Zugewinnausgleichs (bestimmte Güterrechtssachen) oder auch Verfahren, die als sonstige Familiensachen bezeichnet werden. Zu den sonstigen Familiensachen später noch mehr. Es soll z.B. möglich sein, dass in einer Unterhaltssache auch eine Versäumnisentscheidung ergehen kann, eine solche Entscheidung ist nach dem FamFG eigentlich nicht vorgesehen, daher ist der Verweis auf die ZPO notwendig. Außerdem soll auch die Regelung des § 276 ZPO z.B. gelten, das nämlich nach einem **Unterhaltsantrag** der Antragsgegner seine Verteidigungsabsicht innerhalb einer zweiwöchigen Notfrist anzeigen muss. So gibt es eine Reihe von Vorschriften der ZPO für das Klageverfahren, die eben in diesen Familienstreitsachen auch gelten sollen. Damit man sich im FamFG nicht komplett wiederholen muss, was diese Vorschriften betrifft, hat man den Verweis in § 113 Abs. 1 FamFG aufgenommen.

In Familienstreitsachen gelten z.B. auch die Vorschriften der ZPO über den Urkunden- und Wechselprozess und über das Mahnverfahren, § 113 Abs. 2 FamFG, entsprechend. Das bedeutet, dass ein Zugewinnausgleichsanspruch auch im Mahnverfahren geltend gemacht werden kann.

Unterhalts**antrag?** Wenn hier vom Unterhalts**antrag** und nicht von der Unterhalts**klage** die Rede ist, so hängt das mit § 113 Abs. 5 FamFG zusammen. Hier hat der Gesetzgeber sich überlegt zur Entschärfung der Sprache in Familiensachen andere Begriffe einzuführen. In der Praxis ist man hierüber allerdings nicht besonders glücklich.

Übungsfall:

Welche Begriffe sind in Ehe- und Familienstreitsachen bei Anwendung der ZPO anstelle der nachfolgenden Bezeichnungen zu verwenden?

1. **Prozess oder Rechtsstreit**
2. **Klage**
3. **Kläger**
4. **Beklagter**
5. **Partei**

Lösungsvorschlag:

Nach § 113 Abs. 5 FamFG ist bei Anwendung der ZPO anstelle der Bezeichnung

1. Prozess oder Rechtsstreit die Bezeichnung Verfahren
2. Klage die Bezeichnung Antrag
3. Kläger die Bezeichnung Antragsteller
4. Beklagter die Bezeichnung Antragsgegner
5. Partei die Bezeichnung Beteiligter

zu verwenden.

---

bb) Ehesachen

Ehesachen sind nach § 121 Nr. 1–3 FamFG Verfahren

1. auf Scheidung der Ehe (Scheidungssachen),
2. auf Aufhebung der Ehe und
3. auf Feststellung des Bestehens oder Nichtbestehens einer Ehe zwischen den Beteiligten.

Hinweis: Das Verfahren in Ehesachen wird durch Einreichung einer Antragsschrift anhängig, § 124 Satz 1 FamFG.

Wichtige Regelungen in Ehesachen:

- persönliches Erscheinen der Ehegatten, § 128 Abs. 1 Satz 1 FamFG;
- Anhörung der Ehegatten zur elterlichen Sorge und zum Umgansrecht, sofern gemeinschaftliche minderjährige Kinder vorhanden sind, § 128 Abs. 2 FamFG;
- eingeschränkte Amtsermittlung, § 127 Abs. 2 FamFG;
- die Möglichkeit des Verbunds von Scheidungs- und Folgesachen, § 137 FamFG;
- bei Säumnis des Antragstellers Fiktion der Antragsrücknahme, § 130 Abs. 1 FamFG und
- Unzulässigkeit einer Versäumnisentscheidung gegen den Antragsgegner, § 130 Abs. 2 FamFG.

cc) Kindschaftssachen

Hoppla: Seit dem 01.09.2009 versteht man unter dem Begriff der Kindschaftssachen etwas anderes als früher. Kindschaftssachen sind nach § 151 FamFG die dem Familiengericht zugewiesenen Verfahren, die

1. die elterliche Sorge,
2. das Umgangsrecht und das Recht auf Auskunft über die persönlichen Verhältnisse des Kindes,
3. die Kindesherausgabe,
4. die Vormundschaft,
5. die Pflegschaft oder die gerichtliche Bestellung eines sonstigen Vertreters für einen minderjährigen oder für eine Leibesfrucht,
6. die Genehmigung der freiheitsentziehenden Unterbringung eines Minderjährigen,
7. die Anordnung der freiheitsentziehenden Unterbringung eines Minderjährigen nach den Landesgesetzen über die Unterbringung psychisch Kranker oder
8. die Aufgaben nach dem Jugendgerichtsgesetz

betreffen.

Besonderheiten, die sich in Kindschaftssachen ergeben, sind z.B.:

- ein Vorrang- und Beschleunigungsverbot (über diese Verfahren soll schnell entschieden werden), § 155 Abs. 1FamFG,
- das Gericht soll in bestimmen Kindschaftssachen (Sorgerecht, Umgangsrecht, Kindesherausgabe) auf ein Einvernehmen zwischen den Ehegatten hinwirken, mit der Möglichkeit einen gerichtlich gebilligten Vergleich zu schließen, § 156 FamFG (zum gerichtlich gebilligten Vergleich siehe auch die Legaldefinition in § 156 Abs. 2 FamFG),
- das Gericht hat dem minderjährigen Kind in Kindschaftssachen, die seine Person betreffen, einen geeigneten Verfahrensbeistand zu bestellen, soweit dies zur Wahrnehmung der Kindesinteressen erforderlich ist, § 158 FamFG,
- zwingende persönliche Anhörung des Kindes, sobald es 14 Jahre ist, § 159 Abs. 1 Satz 1 FamFG,
- wahlweise Anhörung des Kindes unter 14 Jahren, wenn der Richter dies für erforderlich hält, § 159 Abs. 2 FamFG,

– Anhörungspflicht der Eltern, § 160 Abs. 1 FamFG,

– Anhörungspflicht des Jugendamts, § 162 Abs. 1 FamFG,

– Möglichkeit zur Einholung eines Gutachtens, § 163 FamFG,

– Mitteilung einer gerichtlichen Entscheidung an beschränkt geschäftsfähige Kinder ab dem 14. Lebensjahr, § 164 FamFG (eigenes Beschwerderecht des Kindes!),

– die Möglichkeit zur Durchführung eines Vermittlungsverfahrens, wenn die Eltern sich trotz einer gerichtlichen Entscheidung oder eines gerichtlich gebilligten Vergleichs nicht an die Regelung halten, § 165 FamFG.

dd) Abstammungssachen

Abstammungssachen sind Verfahren (§ 169 Nr. 1–4 FamFG)

1. auf Feststellung des Bestehens oder Nichtbestehens eines Eltern-Kind-Verhältnisses, insbesondere der Wirksamkeit oder Unwirksamkeit einer Anerkennung der Vaterschaft,
2. auf Ersetzung der Einwilligung in eine genetische Abstammungsuntersuchung und Anordnung der Duldung einer Probenentnahme,
3. auf Einsicht in ein Abstammungsgutachten oder Aushändigung einer Abschrift oder
4. auf Anfechtung der Vaterschaft.

Hinweis: Auch in Abstammungssachen hat das Gericht minderjährigen Kindern einen Verfahrensbeistand zu bestellen, sofern der Richter dies für erforderlich hält, § 174 FamFG.

Ach so: Das Jugendamt soll nach § 176 Abs. 1 FamFG angehört werden. Im Verfahren auf Anfechtung der Vaterschaft findet darüber hinaus nur eine eingeschränkte Amtsermittlung statt, sofern es aber um die Anfechtung oder Feststellung einer Vaterschaft geht, muss das Gericht eine förmliche Beweisaufnahme durchführen, vgl. dazu § 177 FamFG.

ee) Adoptionssachen

Die Adoptionssachen sind in § 186 FamFG geregelt. Hier gilt das Gleiche, was häufig gilt, wenn minderjährige Kinder beteiligt sind: das Jugendamt ist einzuschalten. Die Beteiligten sind anzuhören, ebenso auch das Jugendamt.

ff) Ehewohnungs- und Haushaltssachen

Bei Ehewohnungssachen geht es um die Zuweisung einer Ehewohnung für die Dauer des Getrenntlebens oder aber für die Zeit nach der Scheidung, bei Haushaltssachen geht es um die Zuweisung von Haushaltssachen für die Zeit des Getrenntlebens oder aber auch für die Zeit nach der Scheidung. Ehewohnungs- und Haushaltssachen sind in den §§ 200 ff. FamFG geregelt.

Ach so: Insbesondere die Verfahren in Haushaltssachen sind in der Praxis sehr unbeliebt, da bei Streit über die Haushaltsgegenstände meist doch von einem erheblichen Streit zwischen den sich einst liebenden Ehegatten auszugehen ist. Weder Richter noch Anwälte mögen diese Verfahren in der Regel besonders.

Hoppla: In der Praxis erledigen sich Verfahren in Haushaltssachen häufig jedoch bereits dann, wenn der Anwalt seinen Mandanten darauf hinweist, dass sie eine Gesamtaufstellung aller Haushaltsgegenstände vornehmen müssen, damit der Antrag gestellt werden kann. Diese Pflicht zur Erstellung eines solchen Verzeichnisses kann das Gericht nach § 206 Abs. 1 Nr. 2 FamFG den Ehegatten aufgeben. Besondere Lust zur Erstellung eines solchen Verzeichnisses haben die Ehegatten häufig nicht und der Streit wird plötzlich beigelegt.

gg) Verfahren in Gewaltschutzsachen

Verfahren in Gewaltschutzsachen sind Verfahren nach den §§ 1 und 2 des Gewaltschutzgesetzes (GewSchG), § 210 FamFG. Verfahren nach § 1 GewSchG sind Verfahren auf Erlass einer Anordnung, die ein Annäherungs-, Kontaktaufnahme (Telefon, SMS, E-Mail, etc.), Betretungs- und/oder Auflauerungsverbot enthalten. § 2 GewSchG regelt die Zuweisung einer Wohnung zwischen zwei Beteiligten, die in den letzten 6 Monaten vor Antragsstellung gemeinschaftlich bewohnt worden war. Gewaltschutzverfahren können dann beantragt werden, wenn häusliche Gewalt erfolgt oder angedroht ist.

Ach so: Wenn die Zuweisung einer **Ehe**wohnung erfolgen soll, dann gelten als Spezialvorschriften die §§ 1361b, 1568a BGB (bei Lebenspartnern z.B. § 14 LPartG).

Interessant: Die Zuweisung einer Wohnung nach dem GewSchG kann z.B. auch erfolgen zwischen einem nicht verheirateten Pärchen, das zusammengelebt hat, aber auch z.B. in Fällen einer Studenten- oder Alten-WG. Voraussetzung ist hier immer, dass die Wohnung in den letzten 6 Monaten vor Antragsstellung gemeinsam bewohnt worden ist, nicht aber eine Heirat oder Begründung einer Lebenspartnerschaft.

hh) Versorgungsausgleichssachen

Versorgungsausgleichssachen sind Verfahren, die den Versorgungsausgleich betreffen, § 217 FamFG.

Was ist das? Der Versorgungsausgleich wird z.B. durchgeführt, wenn Ehegatten sich scheiden lassen und einer oder beide Rentenversicherungsbeiträge in eine gesetzliche Rentenversicherung (Deutsche Rentenversicherung Bund) geleistet haben. Hier soll am Ende der Ehe ein gerechter Ausgleich geschaffen werden. Der Versorgungsausgleich ist im sog. Zwangsverbund durchzuführen, d.h., für den Fall, dass eine Ehe geschieden werden soll und Versorgungsanwartschaften gebildet worden sind, können die Ehegatten sich nicht überlegen, den Versorgungsausgleich einfach nicht durchzuführen, das Gericht wird diesen zwangsweise durchführen. Doch dazu später mehr (vgl. dazu 4. b)).

In der Regel übersendet das Gericht nach Einreichung eines Scheidungsantrags ein entsprechendes Formular, mit dem die notwendigen Auskünfte zur Durchführung des Versorgungsausgleichs von den Beteiligten ausgefüllt werden müssen.

ii) Unterhaltssachen

Die Unterhaltssachen sind im FamFG in § 231 geregelt. Dies sind Verfahren,

1. die durch Verwandtschaft begründete Unterhaltspflicht (z.B. Kindes- oder Elternunterhalt),
2. die durch Ehe begründete gesetzliche Unterhaltspflicht (z.B. Trennungs- oder nachehelicher Unterhalt) und
3. die Ansprüche nach §§ 1615l oder 1615m BGB (Unterhalt für die Frau, die ein nicht eheliches Kindes geboren hat bzw. Unterhalt für das nichteheliche Kind)

betreffen.

Hinweis: Diese Unterhaltssachen nach § 231 Abs. 1 FamFG sind Familien**streit**sachen, vgl. dazu § 112 Nr. 1 FamFG.

Auch bestimmte Kindergeldverfahren (z.B. Kindergeldanspruch der Großeltern, bei denen das Kind lebt) gelten als Unterhaltssachen, § 231 Abs. 2 FamFG, diese sind jedoch **keine** Familienstreitsachen.

Nach § 235 FamFG besteht eine verfahrenrechtliche Auskunftspflicht der Beteiligten. Das bedeutet: Das Gericht kann anordnen, dass der Antragsteller und der Antragsgegner Auskunft über ihre Auskünfte, ihr Vermögen und ihre persönlichen und wirtschaftlichen Verhältnisse erteilen sowie bestimmte Belege vorlegen, soweit dies für die Bemessung des Unterhalts von Bedeutung ist, § 235 Abs. 1 Satz 1 FamFG. Das Gericht kann auch hierzu eine schriftliche Versicherung vom Antragsteller oder Antragsgegner anordnen, § 235 Abs. 1 Satz 2 FamFG.

> **Vorsicht:** Kommt ein Beteiligter innerhalb der nach § 235 FamFG gesetzten Frist der Verpflichtung zur Auskunftserteilung nicht oder nicht vollständig nach, kann das Gericht, soweit dies für die Bemessung des Unterhalts von Bedeutung ist, über die Höhe der Einkünfte Auskunft und bestimmte Belege anfordern, z.B. bei Arbeitgebern, Sozialleistungsträgern, Versicherungsunternehmen, Finanzämtern, etc., § 236 Abs. 1 FamFG. Wenn die Voraussetzungen vorliegen und der andere Beteiligte dies beantragt, **hat** das Gericht sogar diese Auskünfte einzuholen, § 236 Abs. 2 FamFG. Der Richter kann es sich also in diesem Fall nicht aussuchen, ob er die Auskünfte freiwillig einholt oder nicht.

Es gibt verschiedene Möglichkeiten der Abänderung einer Unterhaltsentscheidung, so z.B. § 238 FamFG – Abänderung einer gerichtlichen Entscheidung oder § 239 FamFG – Abänderung von Vergleichen oder Urkunden (notariellen Urkunden).

Interessant: Wenn ein Unterhaltspflichtiger dem Kind nach Vollendung des 18. Lebensjahres noch Unterhalt zu gewähren hat, z.B. weil es sich in Ausbildung befindet, kann er sich gegen die Vollstreckung eines Unterhaltstitels nicht mit dem Argument wehren, dass die Minderjährigkeit nicht mehr besteht, § 244 FamFG.

Und: Unterhalt Minderjähriger kann auch formularmäßig im sog. vereinfachten Verfahren geltend gemacht werden, §§ 249 ff. FamFG; in der Praxis werden derartige Unterhaltsverfahren jedoch nur zurückhaltend betrieben. Häufig wird der Weg über ein normales gerichtliches Verfahren gewählt.

jj) Güterrechtssachen

Güterrechtssachen sind Verfahren, die Ansprüche aus dem ehelichen Güterrecht betreffen, auch wenn Dritte an dem Verfahren beteiligt sind.

Dritte? Ja, Dritte können z.B. auch die Eltern eines Ehegatten sein, die wegen Wegfalls der Geschäftsgrundlage Zuwendungen, wie z.B. ein Haus, zurückfordern (klingt unromantisch, ist aber so).

kk) Sonstige Familiensachen

Unter den Begriff »sonstige Familiensachen« fallen nach § 266 FamFG eine Reihe von Verfahren, die nicht zu den übrigen in § 111 FamFG aufgezählten Familiensachen gehören. Dies sind z.B. Ansprüche zwischen miteinander verlobten oder ehemals verlobten Personen im Zusammenhang mit der Beendigung des Verlöbnisses. Auch z.B. aus der Ehe herrührende Ansprüche könnten als sonstige Familiensache geltend gemacht werden, hier ist z.B. der Gesamtschuldnerausgleich zwischen Ehegatten gemeint (z.B. Ausgleich bei Auflösung eines gemeinschaftlichen Kontos). Aber auch Ansprüche zwischen miteinander verheirateten oder ehemals miteinander verheirateten Personen oder zwischen solchen und mit einem Elternteil im Zusammenhang mit Trennung oder Scheidung oder Aufhebung der Ehe bestehende Ansprüche können als sonstige Familiensache vor dem Familiengericht geltend gemacht werden. Dies können z.B. Verfahren auf Zustimmung einer gemeinsamen Steuerveranlagung oder die Rückgewähr von Geschenken usw. sein.

ll) Lebenspartnerschaftssachen

Ach so: Die meisten Verfahren, die sich zwischen Ehegatten auf Grund einer Scheidung ergeben können, können auch Gegenstand eines Verfahrens zwischen Lebenspartnern sein, die ihre Lebenspartnerschaft aufheben lassen möchten. Zu nennen sind hier z.B. die elterliche Sorge, das Umgangsrecht oder die Kindesherausgabe in Bezug auf ein gemeinschaftliches Kind, Wohnungszuweisungssachen, Haushaltssachen, Versorgungsausgleich, Unterhaltssachen, etc. Die Lebenspartnerschaftssachen sind in §§ 269 ff. FamFG geregelt.

b) Sachliche Zuständigkeit

Die sachliche Zuständigkeit in Familiensachen richtet sich nach dem Gerichtsverfassungsgesetz (GVG).

Familiensachen gehören zur ordentlichen Gerichtsbarkeit, § 13 GVG (Oberbegriff: Zivilsachen).

Nach § 23a Abs. 1 Satz 1 Nr. 1 GVG ist das Amtsgericht sachlich für Familiensachen in I. Instanz zuständig.

I

Achtung: Rechtsmittelverfahren (Beschwerde), vgl. dazu Kapitel 6. (Rechtsmittel) werden vom Oberlandesgericht entschieden, § 119 Abs. 1 Nr. 1 a) GVG! Eingelegt wird die Beschwerde aber beim Amtsgericht, § 64 Abs. 1 Satz 1 FamFG. Rechtsbeschwerdeverfahren (III. Instanz) werden nach § 133 GVG vom BGH entschieden. Hier ist zur Vertretung ein BGH-Anwalt nötig!

Übungsfall:

Anna Bach möchte sich von ihrem getrennt lebenden Ehemann Anton Bach scheiden lassen.

Welches Gericht ist sachlich für den Scheidungsantrag zuständig?

Lösungsvorschlag:

Die Scheidung einer Ehe ist eine Ehesache, § 121 Nr. 1 FamFG, die nach § 111 Nr. 1 FamFG eine Familiensache ist. Für Familiensachen ist nach § 23a Abs. 1 Satz 1 Nr. 1 GVG das Amtsgericht – Familiengericht – in 1. Instanz ausschließlich sachlich zuständig.

---

c) Örtliche Zuständigkeit

Prüfungstipp: *Die örtliche Zuständigkeit einer Familiensache ist im FamFG immer einen Paragrafen hinter der Begriffsdefinition geregelt. Gut ist es daher, wenn man sich in § 111 FamFG die Paragrafen, in denen die jeweiligen Familiensachen geregelt sind, dazu schreibt: Paragrafenverweise dürfen in den meisten Prüfungen als Hilfsmittel verwendet werden. Bitte fragen Sie hierzu auch Ihren Berufsschullehrer.*

§ 111 FamFG – Familiensachen sind:
1. Ehesachen – § 121 FamFG
2. Kindschaftssachen – § 151 FamFG
3. Abstammungssachen – § 169 FamFG
4. Adoptionssachen – § 186 FamFG
5. Ehewohnungssachen- und Haushaltssachen – § 200 FamFG
6. Gewaltschutzsachen – § 210 FamFG
7. Versorgungsausgleichssachen – § 217 FamFG
8. Unterhaltssachen – § 231 FamFG
9. Güterrechtssachen – § 261 FamFG
10. sonstige Familiensachen – § 266 FamFG
11. Lebenspartnerschaftssachen – § 269 FamFG

Die örtliche Zuständigkeit ist jeweils 1 Paragraf weiter geregelt:
1. Ehesachen – § 122 FamFG
2. Kindschaftssachen – § 152 FamFG
3. Abstammungssachen – § 170 FamFG
4. Adoptionssachen – § 187 FamFG
5. Ehewohnungssachen- und Haushaltssachen – § 201 FamFG
6. Gewaltschutzsachen – § 211 FamFG
7. Versorgungsausgleichssachen – § 218 FamFG
8. Unterhaltssachen – § 232 FamFG

9. Güterrechtssachen – § 262 FamFG
10. sonstige Familiensachen – § 267 FamFG
11. Lebenspartnerschaftssachen – § 270 FamFG

Prüfungstipp: *Bei einer Aufgabenstellung ist immer darauf zu achten, dass bei bestimmten örtlichen Zuständigkeiten, so z.B. bei der örtlichen Zuständigkeit in Ehesachen, eine **Rangfolge** einzuhalten ist. Das bedeutet, dass die 6 Ziffern, die in § 122 FamFG für die örtliche Zuständigkeit in Ehesachen aufgelistet sind, der Reihe nach abgeprüft werden müssen. In dem Moment, wo eine Nummer passt, muss man nicht weiter suchen.*

Beispiel 1:

Ehewohnung: Berlin

2 gemeinschaftliche minderjährige Kinder

Mutter zieht mit beiden Kindern nach München

Örtliche Zuständigkeit für den Scheidungsantrag? München, § 122 Nr. 1 FamFG

Beispiel 2:

Ehewohnung: Köln

1 gemeinschaftliches minderjähriges Kind, 1 volljähriges Kind

Mutter zieht mit gemeinschaftlichem minderjährigem Kind nach München

Örtliche Zuständigkeit für den Scheidungsantrag? München, § 122 Nr. 1 FamFG

Beispiel 3:

Ehewohnung: Köln

1 gemeinschaftliches minderjähriges Kind, Eltern haben jeweils 1Kind aus früherer Beziehung mit in die Ehe gebracht

Vater zieht mit dem Kind aus früherer Ehe nach Hamburg

Mutter bleibt in Köln mit den beiden anderen Kindern wohnen

Örtliche Zuständigkeit für den Scheidungsantrag? Köln, § 122 Nr. 1 FamFG

Beispiel 4:

Ehewohnung: Köln

2 gemeinschaftliche minderjährige Kinder

Mutter zieht mit einem Kind nach Leipzig

Örtliche Zuständigkeit für den Scheidungsantrag? Köln, § 122 Nr. 3 FamFG

Beispiel 5:

Ehewohnung: Dresden

keine gemeinschaftlichen Kinder

Ehefrau zieht nach Köln

Ehemann lebt als Aussteiger auf Mallorca

Örtliche Zuständigkeit für den Scheidungsantrag? Köln, § 122 Nr. 5 FamFG

Prüfungstipp: *Ist ein Scheidungsverfahren anhängig, so ergibt sich für andere Familiensachen, die nicht Ehesachen sind, häufig die Regelung, dass das Gericht örtlich zuständig ist, bei dem ein Scheidungsantrag anhängig ist oder war. Hierauf ist bei Aufgabenstellungen zu achten!*

Übungsfall:

Die Ehegatten leben gemeinsam in Berlin-Tiergarten. Das Trennungsjahr ist noch nicht abgelaufen. Ein Scheidungsantrag ist noch nicht anhängig. Die Mutter beantragt schließlich auf Grund schlimmer Vorfälle die Übertragung der elterlichen Sorge auf sich alleine.

Welches Gericht ist für diesen Antrag örtlich zuständig?

Lösungsvorschlag:

Nach § 152 Abs. 2 FamFG ist das Gericht zuständig, in dessen Bezirk das Kind seinen gewöhnlichen Aufenthalt hat, damit Amtsgericht – Familiengericht – Berlin-Tiergarten.

Abwandlung Übungsfall:

Angenommen, die Kindschaftssache ist nun beim zuständigen Amtsgericht – Familiengericht – in Berlin-Tiergarten anhängig, die Mutter zieht allerdings mit diesem einzigen gemeinschaftlichen minderjährigen Kind nach München und reicht dort nach Ablauf des Trennungsjahres einen Scheidungsantrag ein.

Bleibt das Amtsgericht – Familiengericht – Berlin-Tiergarten für das Sorgerechtsverfahren örtlich zuständig?

Lösungsvorschlag:

Da eine Ehesache rechtshängig wird, während ein Verfahren, das das gemeinschaftliche Kind der Ehegatten betrifft, bei einem anderen Gericht anhängig ist, wird die Kindschaftssache von Amts wegen an das Gericht der Ehesache abgegeben, § 153 Satz 1 FamFG. Somit hat das Amtsgericht – Familiengericht – München auch über das Sorgerecht zu entscheiden.

d) Verfahrensarten

> **Achtung:** Eine Besonderheit in den Familiensachen ist, dass es drei verschiedene Verfahrensarten gibt, die verfahrensrechtliche Besonderheiten aufweisen, aber auch häufig anders abzurechnen sind. Man spricht von sog. isolierten Verfahren, auch selbstständige Verfahren genannt, von Verbundverfahren und von einstweiligen Anordnungen. Diese Verfahren werden nachstehend erläutert.

aa) Isoliertes Verfahren

Ach so: Mit isoliertem Verfahren bezeichnet man ein Verfahren, das unabhängig von einer Ehesache (Scheidung) anhängig ist. Isolierte Verfahren werden z.B. dann angestrengt, wenn ein Verbundverfahren (s. später unter bb)) gesetzlich nicht möglich ist (z.B. Trennungsunterhaltsansprüche für die getrenntlebende Ehefrau) oder aber eine Ehesache noch nicht anhängig gemacht werden kann (weil z.B. das Trennungsjahr noch nicht abgelaufen ist, so z.B. bei einem Antrag auf Aufenthaltsbestimmung für ein gemeinschaftliches minderjähriges Kind) oder aber eine zwischen den Ehegatten bestandene Ehe schon längst geschieden ist.

bb) Verbundverfahren

Verbundverfahren sind Verfahren, bei denen Scheidungs- und Folgesachen miteinander verbunden werden, d.h. sie werden zusammen verhandelt und entschieden, § 137 Abs. 1 FamFG.

> **Achtung:** Bei den Verbundverfahren werden die Folgesachen nach § 137 Abs. 2 FamFG von den Folgesachen nach § 137 Abs. 3 FamFG **unterschieden!**

Folgesachen nach § 137 Abs. 2 FamFG sind

1. Versorgungsausgleichssachen,
2. Unterhaltssachen, sofern sie die Unterhaltspflicht gegenüber einem gemeinschaftlichen Kind oder die durch Ehe begründete gesetzliche Unterhaltspflicht betreffen mit Ausnahme des vereinfachten Verfahrens über den Unterhalt Minderjähriger,
3. Ehewohnungs- und Haushaltssachen und
4. Güterrechtssachen, **wenn** eine Entscheidung für den Fall der Scheidung zu treffen ist und die Familiensache spätestens **zwei Wochen** vor der mündlichen Verhandlung im ersten Rechtszug in der Scheidungssache von einem Ehegatten anhängig gemacht wird, § 137 Abs. 2 Satz 1 FamFG.

Für den Versorgungsausgleich in den Fällen der §§ 6 bis 19 und 28 des Versorgungsausgleichsgesetzes ist kein Antrag notwendig, § 137 Abs. 2 Satz 3 FamFG, das ist der sog. Zwangsverbund. Dies bedeutet, dass diese Versorgungsausgleichsverfahren automatisch im Verbund mit der Scheidungssache verhandelt und entschieden werden, ohne dass ein entsprechender Antrag von einem Ehegatten gestellt werden muss.

Vorsicht: Bei den Folgesachen nach § 137 Abs. 3 FamFG ist zur Einbeziehung in den Verbund keine Frist einzuhalten, d.h., diese Folgesachen können auch noch am Tag der mündlichen Verhandlung auf Antrag eines Ehegatten in den Verbund einbezogen werden.

Diese Folgesachen nach § 137 Abs. 3 FamFG sind
1. Übertragung oder Entziehung der elterlichen Sorge,
2. Umgangsrecht,
3. Herausgabe eines gemeinschaftlichen Kindes der Ehegatten und
4. Umgangsrecht eines Ehegatten mit dem Kind des anderen Ehegatten.

Aber: Hält das Gericht die Einbeziehung einer solchen Folgesache aus Gründen des Kindeswohls nicht für sachgerecht, erfolgt die Einbeziehung in den Verbund **nicht**. Diese Entscheidung liegt beim Richter.

Aha: Der Gesetzgeber hat hier zwischen den Folgesachen unterschieden und für die in § 137 Abs. 2 FamFG geregelten Folgesachen eine Einbeziehungsfrist von **zwei** Wochen bestimmt, damit nicht noch am Scheidungstag ein Folgesachenantrag die Scheidung unzumutbar verzögert. Sofern es allerdings um Kinder geht, wollte der Gesetzgeber **keine** Fristenregelung, dazu war ihm das Kindeswohl zu wichtig. Solche Folgesachen können also auch tatsächlich im Scheidungstermin selbst noch anhängig gemacht werden.

Achtung: Der Begriff »Folgesache« bedeutet also immer, dass gleichzeitig auch ein Scheidungsverfahren unter demselben Aktenzeichen anhängig ist. Ansonsten wird man zwar in der Umgangssprache auch häufig das Wort Folgesachen verwenden für alle Angelegenheiten, die auf Grund einer Scheidung »Folge« sein können, in Prüfungs- oder Schulaufgaben ist dieser Begriff jedoch immer nur rechtlich zu sehen. Was also Folgesache im Verbund sein kann, wird ausschließlich in § 137 FamFG geregelt.

Oh: Es kann natürlich vorkommen, dass ein Ehegatte die Einbeziehung einer Folgesache später bereut, weil sich die Scheidung dadurch sehr in die Länge zieht. Dann besteht unter bestimmten Voraussetzungen auch die Möglichkeit, dass eine Folgesache wieder vom Verbund **abgetrennt** wird. Auch das Gericht hat eine relativ weitgefasste Entscheidungsmöglichkeit nach dem neuen FamFG, Folgesachen wieder aus dem Verbund abzutrennen. Dabei unterscheidet man die Abtrennung kraft Gesetzes, von Amts wegen oder auf Antrag.

Und: Die Abtrennungsmöglichkeiten sind in § 140 FamFG geregelt.

Kraft Gesetzes ist eine Folgesache (d.h. man kann sich das nicht aussuchen, auch der Richter nicht) dann abzutrennen, wenn in einer Unterhaltsfolgesache oder Güterrechtsfolgesache außer den Ehegatten eine weitere Person Beteiligter des Verfahrens wird, § 140 Abs. 1 FamFG.

Beispiel:

In einem Scheidungsverfahren ist der Anspruch auf Zugewinnausgleichszahlung als Folgesache anhängig. Im Rahmen des Zugewinnverfahrens werden schließlich auch die Eltern eines Ehegatten beteiligt, da sie Ansprüche auf Rückgewähr von Zuwendungen geltend machen wollen. Da die Eltern des Ehegatten die sehr privaten Dinge betreffend deren Ehescheidung nichts angeht, ist die Folgesache abzutrennen.

Das Gericht **kann** nach § 140 Abs. 2 FamFG eine Folgesache vom Verbund abtrennen, wenn bestimmte Voraussetzungen vorliegen.

Übungsfall:

In einem Scheidungsverfahren, soll im Zwangsverbund auch über den Versorgungsausgleich entschieden werden. Allerdings wird das Versorgungsausgleichsverfahren schließlich ausgesetzt, weil ein Rechtsstreit über den Bestand oder die Höhe eines Anrechts vor einem anderen Gericht anhängig ist. Das Gericht hält allerdings ein weiteres Zuwarten nicht für erforderlich und hält die Ehe für scheidungsreif.

Welche Möglichkeiten hat das Gericht, dem Scheidungsverfahren Fortgang zu geben?

Lösungsvorschlag:

Das Gericht kann die Folgesache Versorgungsausgleich vom Verbund nach § 140 Abs. 2 Satz 1 FamFG abtrennen, da die Voraussetzung des § 140 Abs. 2 Satz 2 Nr. 2 FamFG gegeben ist. Weil hier über den Bestand oder die Höhe des Anrechts vor einem anderen Gericht ein Rechtsstreit anhängig ist und deswegen die Entscheidung über den Versorgungsausgleich ausgesetzt ist, kann der Richter die Abtrennung vornehmen.

Abtrennungsgründe sind außerdem (beispielhaft):
– Das Gericht hält die Abtrennung einer Kindschaftsfolgesache (z.B. Umgangsrecht) aus Gründen des Kindeswohls für sachgerecht, § 140 Abs. 2 Satz 2 Nr. 3 FamFG,
– seit der Rechtshängigkeit des Scheidungsantrags sind 3 Monate verstrichen, beide Ehegatten haben die erforderlichen Mitwirkungshandlungen in der Versorgungsausgleichsfolgesache vorgenommen (Auskünfte erteilt) und beide haben übereinstimmend die Abtrennung beantragt (§ 140 Abs. 2 Satz 2 Nr. 4 FamFG oder
– der Scheidungsausspruch verzögert sich so außergewöhnlich, dass ein weiterer Aufschub unter Berücksichtigung der Bedeutung der Folgesache eine unzumutbare Härte darstellen würde, und ein Ehegatte die Abtrennung beantragt, § 140 Abs. 2 Satz 2 Nr. 5 FamFG.

cc) Einstweilige Anordnungen

Manchmal muss über eine Sache sehr eilig entschieden werden und es besteht ein dringendes Bedürfnis für ein sofortiges Tätigwerden des Gerichts. Dann kann der Erlass einer einstweiligen Anordnung beantragt werden, § 49 Abs. 1 FamFG.

Die Maßnahme kann einen bestehenden Zustand sichern oder vorläufig regeln, § 49 Abs. 2 Satz 1 FamFG.

Einem Beteiligten kann eine Handlung geboten oder verboten, insbesondere die Verfügung über einen Gegenstand untersagt werden, wobei das Gericht mit der einstweiligen Anordnung auch die zu ihrer Durchführung erforderlichen Anordnungen treffen kann, § 49 Abs. 2 Satz 2 u. 3 FamFG.

> **Achtung:** Seit dem FamFG ist es nicht mehr erforderlich, dass neben einer einstweiligen Anordnung auch zwingend ein Hauptsacheverfahren anhängig ist. Das bedeutet: Eine einstweilige Anordnung kann über einen bestimmten Gegenstand ganz alleine beantragt werden. Die einstweilige Anordnung kann dann, z.B. beim Unterhalt, auch für viele Jahre als einziger Titel Gültigkeit haben und nicht nur für einen begrenzten Zeitraum.

Und wo wird die einstweilige Anordnung beantragt?

Zuständig ist das Gericht, dass für die Hauptsache im ersten Rechtszug zuständig wäre, § 50 Abs. 1 Satz 1 FamFG. Sofern eine Hauptsache schon anhängig ist, ist das Gericht des ersten Rechtszugs, während der Anhängigkeit beim Beschwerdegericht, das Beschwerdegericht zuständig, § 50 Abs. 1 Satz 2 FamFG.

Übungsfall:

In einem Beschwerdeverfahren vor dem Oberlandesgericht München auf Zahlung von Trennungsunterhalt ergibt sich plötzlich, dass die Antragstellerin keinerlei finanzielle Mittel mehr zu Verfügung hat, da ihr gesamtes Erspartes aufgebraucht ist. Sie benötigt für ihren Lebensunterhalt daher dringend Geld.

Welche verfahrensrechtliche Möglichkeit steht der Antragstellerin zu Verfügung?

Lösungsvorschlag:

Da ein dringendes Bedürfnis für ein sofortiges Tätigwerden besteht, § 49 Abs. 1 FamFG, kann die Antragstellerin den Erlass einer einstweiligen Anordnung beim Oberlandesgericht München beantragen, § 50 Abs. 1 Satz 2 FamFG.

In ganz besonders dringenden Fällen kann darüber hinaus das Amtsgericht entscheiden, in dessen Bezirk das Bedürfnis für ein gerichtliches Tätigwerden bekannt wird oder sich die Person oder die Sache befindet, auf die sich die einstweilige Anordnung bezieht, § 50 Abs. 2 Satz 1 FamFG. Allerdings ist das Verfahren dann unverzüglich von Amts wegen an das nach § 50 Abs. 1 FamFG zuständige Gericht abzugeben, § 50 Abs. 2 Satz 2 FamFG.

Verfahrensablauf im e.A.-Verfahren in Kürze

§ 51 FamFG

- Antrag erforderlich, sofern für Hauptsache auch ein Antrag erforderlich wäre, § 51 Abs. 1 Satz 1 FamFG
- Begründung des Antrags erforderlich, § 51 Abs. 1 Satz 2 FamFG
- Glaubhaftmachung erforderlich, § 51 Abs. 1 Satz 2 FamFG

– Anwendbarkeit der Verfahrensvorschriften für die Hauptsache, soweit nicht für die e.A. gesonderte Regelungen getroffen sind, § 51 Abs. 2 Satz 1 FamFG
– Entscheidung ohne mündliche Verhandlung möglich, § 51 Abs. 2 Satz 2 FamFG
– keine Säumnisentscheidung möglich, § 51 Abs. 2 Satz 3 FamFG
– e.A. = immer selbständiges Verfahren, auch bei anhängiger Hauptsache, § 51 Abs. 3 Satz 1 FamFG
– Verfahrenshandlungen aus dem e.A.-Verfahren können für die Hauptsache gelten
– Kosten in e.A.-Verfahren → siehe allgemeine Kostenvorschriften, § 51 Abs. 4 FamFG

Hoppla: Der Antragsgegner kann ein **Hauptsacheverfahren** nach § 52 FamFG **erzwingen**, wichtig hierbei:

– Hauptsacheverfahren nur auf Antrag, § 52 Abs. 1 Satz 1 FamFG,
– es kann durch das Gericht in der e.A. eine Fristbestimmung erfolgen, vor deren Ablauf Antrag auf Hauptsacheantrag unzulässig ist; Frist darf 3 Monate nicht überschreiten, § 52 Abs. 1 Satz 3 FamFG,
– ist eine Frist gesetzt und diese fruchtlos verstrichen? → Aufhebung der e.A., § 52 Abs. 2 Satz 3 FamFG.

Oh: Die einstweilige Anordnung kann unter bestimmten Voraussetzungen **aufgehoben** oder **abgeändert** werden, § 54 FamFG

– Entscheidung kann aufgehoben oder geändert werden,
– dann nur auf Antrag, wenn auch ein Hauptsacheverfahren nur auf Antrag eingeleitet werden kann; dies gilt nicht, wenn die Entscheidung ohne vorherige Durchführung einer nach dem Gesetz notwendigen Anhörung erlassen wurde,
– zuständig ist das Gericht, das die e.A. erlassen hat; wurde Sache abgegeben oder verwiesen, ist dieses Gericht zuständig,
– ist e.A. beim Beschwerdegericht anhängig, scheidet Abänderung durch das erstinstanzliche Gericht aus.

Merke:

Ist die Entscheidung in einer Familiensache ohne mündliche Verhandlung ergangen, ist auf Antrag aufgrund mündlicher Verhandlung erneut zu entscheiden, § 54 Abs. 2 FamFG.

Aha: Eine einstweilige Anordnung kann auch **außer Kraft treten**:

§ 56 FamFG

– Die einstweilige Anordnung tritt, sofern nicht das Gericht einen früheren Zeitpunkt bestimmt hat, bei Wirksamwerden einer anderweitigen Regelung außer Kraft.
– Ist dies eine Endentscheidung in einer Familienstreitsache, ist deren Rechtskraft maßgebend, soweit nicht die Wirksamkeit zu einem späteren Zeitpunkt eintritt.

Die einstweilige Anordnung tritt in Verfahren, die nur auf **Antrag eingeleitet** werden, auch dann **außer Kraft**, wenn

1. der Antrag in der Hauptsache zurückgenommen wird,
2. der Antrag in der Hauptsache rechtskräftig abgewiesen ist,
3. die Hauptsache übereinstimmend für erledigt erklärt wird oder
4. die Erledigung der Hauptsache anderweitig eingetreten ist.

Vorsicht: Es ist in jedem Fall ein Antrag erforderlich, damit diese Wirkungen durch Beschluss ausgesprochen werden können! Dieser ist zu richten an das Gericht, das in der einstweiligen Anordnungssache im ersten Rechtszug zuletzt entschieden hat. Gegen diesen Beschluss findet die Beschwerde statt, § 56 Abs. 3 Satz 2 FamFG.

Rechtsmittel möglich in e.A.-Verfahren?

§ 57 FamFG:

- **Grundsatz: <u>keine</u> Anfechtbarkeit**
- **Ausnahme**: Gericht des ersten Rechtszugs hat aufgrund **mündlicher Erörterung** entschieden
  1. über die elterliche Sorge für ein Kind,
  2. über die Herausgabe des Kindes an den anderen Elternteil,
  3. über einen Antrag auf Verbleiben eines Kindes bei einer Pflege- oder Bezugsperson,
  4. über einen Antrag nach den §§ 1 und 2 GewSchG oder
  5. in einer Wohnungszuweisungssache über einen Antrag auf Zuweisung der Wohnung.

e) Anwaltszwang

Grundsätzlich müssen sich die Ehegatte in Ehesachen und Folgesachen und die Beteiligten in selbstständigen Familienstreitsachen vor dem Familiengericht und dem Oberlandesgericht durch einen Rechtsanwalt vertreten lassen, § 114 Abs. 1 FamFG, obwohl üblicherweise vor dem Amtsgericht kein Anwaltszwang herrscht. Dies gilt aber nicht für die vorgenannten Verfahren nach § § 114 Abs. 4 FamFG.

Ach so: § 114 Abs. 4 FamFG sieht eine Ausnahme vom Anwaltszwang für bestimmte Verfahren vor, z.B.:
- einstweilige Anordnungsverfahren;
- Antrag auf Abtrennung einer Folgesache von der Scheidung;
- Verfahren über die Verfahrenskostenhilfe;
- Zustimmung zur Scheidung;
- Rücknahme des Scheidungsantrags;
- Widerruf der Zustimmung zur Scheidung;
- etc.

Hoppla: Vor dem Bundesgerichtshof **müssen** sich die Beteiligten durch einen bei dem Bundesgerichtshof zugelassenen Rechtsanwalt vertreten lassen, § 114 Abs. 2 FamFG. Damit gilt auch in Familiensachen das, was in den übrigen Zivilsachen gilt.

Übungsfall:

Herr und Frau Huber möchten sich gerne scheiden lassen, weil sie es nicht mehr miteinander aushalten. Allerdings sind sie sehr sparsam und möchten auf keinen Fall zwei Rechtsanwälte bezahlen müssen. Frau Huber vereinbart daher bei Rechtsanwältin Gründlich einen Besprechungstermin und fragt nach, ob es möglich ist, dass Rechtsanwältin Gründlich beide Ehegatten im Scheidungsverfahren vertritt.

Was wird Rechtsanwältin Gründlich antworten (ohne Angabe von gesetzlichen Bestimmungen)?

Lösungsvorschlag:

Rechtsanwältin Gründlich wird darauf hinweisen, dass sie lediglich einen Ehegatten gerichtlich vertreten kann, es ist ihr nicht erlaubt, widerstreitende Interessen zu vertreten. Dies ist nicht nur strafbar, sondern auch berufsrechtlich verboten. Es besteht allerdings die Möglichkeit, dass sie lediglich Frau Huber vertritt und für diese den Scheidungsantrag stellt. Sofern Herr Huber dem Scheidungsantrag lediglich zustimmt, könnte er dies selbst tun und müsste sich nicht durch einen Anwalt vertreten lassen. Allerdings ist hierbei zu beachten, dass ein Rechtsmittelverzicht, der vom Ehegatten gerne gewählt wird, damit die Scheidung noch am Scheidungstag rechtskräftig wird, dem Anwaltszwangs unterliegt.

Und noch was: Der Bevollmächtigte in Ehesachen bedarf einer besonderen, auf das Verfahren gerichteten Vollmacht, wobei sich die Vollmacht für die Scheidungssache auch auf die Folgesachen erstreckt, § 114 Abs. 5 FamFG.

f) Rechtsmittel

Neu: Alle Endentscheidungen des Familiengerichts ergehen durch Beschluss, § 38 FamFG; dies gilt auch für Familien- und Ehesachen u. Verbundverfahren, §§ 116, 142 FamFG.

Der **Beschluss enthält** nach § 38 FamFG:
- die Bezeichnung der Beteiligten, ihrer gesetzlichen Vertreter und der Bevollmächtigten,
- Bezeichnung des Gerichts und die Namen der Gerichtspersonen, die bei der Entscheidung mitgewirkt haben,
- die Beschlussformel.

Der Beschluss ist nach § 38 Abs. 3 FamFG vom Gericht zu **begründen und unterschreiben.**

Keine Begründung ist erforderlich, wenn
- es sich um ein Anerkenntnis, einen Verzicht oder eine Versäumnisentscheidung handelt, § 38 Abs. 4 Nr. 1 FamFG,
- gleichgerichteten Anträgen der Beteiligten stattgegeben wird, § 38 Abs. 4 Nr. 2 1. Alt. FamFG,
- oder der Beschluss nicht dem erklärten Willen eines Beteiligten widerspricht, § 38 Abs. 4 Nr. 2 2. Alt. FamFG,

– der Beschluss in Gegenwart aller Beteiligten mündlich bekannt gegeben wurde und alle Beteiligten auf Rechtsmittel verzichtet haben, § 38 Abs. 4 Nr. 3 FamFG.

Allerdings sind Beschlüsse **zwingend zu begründen**:

– in Ehesachen, wie z.B. Aufhebung der Ehe (Ausnahme: Scheidung), § 38 Abs. 5 Nr. 1 FamFG,
– in Abstammungssachen, § 38 Abs. 5 Nr. 2 FamFG,
– in Betreuungssachen, § 38 Abs. 5 Nr. 3 FamFG,
– wenn zu erwarten ist, dass der Beschluss im Ausland geltend zu machen ist, § 38 Abs. 5 Nr. 4 FamFG.

Neu: Für alle Endentscheidungen der Familiengerichte durch Beschluss gibt es nur noch ein einheitliches Rechtsmittel – die Beschwerde, § 58 Abs. 1 FamFG!

Hinweis: Einen Tatbestand wie ein Urteil (vgl. § 313 ZPO) muss der Beschluss nicht enthalten!

Achtung: Das Datum des Erlasses des Beschlusses ist ebenfalls auf dem Beschluss zu vermerken, § 38 Abs. 3 Satz 3 FamFG. Dieser Vermerk ist im Hinblick auf den Beginn der Beschwerdefrist nach § 63 Abs. 3 Satz 2 FamFG von besonderer Bedeutung! Bekannt gegeben ist ein Beschluss entweder durch Verlesen der Entscheidungsformel nach § 41 Abs. 2 oder – wenn der Beschluss den Beteiligten nur schriftlich nach § 41 Abs. 1 FamFG bekannt gegeben wird, ist die Übergabe des fertig abgefassten und unterschriebenen Beschlusses an die Geschäftsstelle zur Veranlassung der Bekanntgabe der für den Erlass maßgebliche Zeitpunkt!

Oh – wie praktisch: Nach § 39 FamFG hat jeder Beschluss eine Belehrung über das statthafte Rechtsmittel, den Einspruch, den Widerspruch oder die Erinnerung sowie das Gericht, bei dem diese Rechtsbehelfe einzulegen sind, dessen Sitz und die einzuhaltende Form und Frist zu enthalten.

Grundsätzliche Statthaftigkeit der **Beschwerde**, § 58 FamFG

– gegen die im ersten Rechtszug ergangenen Endentscheidungen der Amts- und Landgerichte in FamFG-Angelegenheiten; sofern nichts anderes bestimmt ist,
– auch gegen nicht selbständig anfechtbare Entscheidungen, die der Endentscheidung vorausgegangen sind.

Interessant: Gegen Beschlüsse des **Familiengerichts** steht die Beschwerde demjenigen zu, der durch den Beschluss in seinen Rechten beeinträchtigt ist, § 59 Abs. 1 FamFG.

Wenn ein Beschluss nur auf Antrag erlassen werden kann und der **Antrag zurückgewiesen** worden ist, steht die Beschwerde nur dem **Antragsteller** zu, § 59 Abs. 2 FamFG.

Die Beschwerdeberechtigung von **Behörden** bestimmt sich nach den besonderen Vorschriften dieses oder eines anderen Gesetzes, § 59 Abs. 3 FamFG. Zu nennen wären hier die Beschwerdeberechtigung des Jugendamtes in Kindschafts-, Abstammungs-, Adoptions- und Wohnungszuweisungssachen nach §§ 162 Abs. 3, 176 Abs. 2, 194 Abs. 2, 205 Abs. 2 FamFG.

Wow: Ein Beschwerderecht steht auch **Minderjährigen** zu, für die die elterliche Sorge besteht oder für einen unter Vormundschaft stehenden Mündel; diese können ihr Beschwerderecht in allen sie betreffenden Angelegenheiten ohne Mitwirkung ihrer gesetzlichen Vertreter ausüben, § 60 FamFG, wenn sie nicht geschäftsunfähig sind und das **14. Lebensjahr vollendet** haben; dies gilt auch, wenn das Kind oder der Mündel vor einer Entscheidung des Gerichts gehört werden soll.

Vorsicht: In **vermögensrechtlichen Angelegenheiten** ist die Beschwerde nur zulässig, wenn der Wert des Beschwerdegegenstandes **600 €** übersteigt, § 61 Abs. 1 FamFG. Dazu zählen z.B. Unterhaltsbeschlüsse oder auch eine Entscheidung des Gerichts im Zugewinnausgleichsverfahren.

Und: Übersteigt der Beschwerdegegenstand **600 €** nicht, ist die Beschwerde zulässig, wenn das Gericht des ersten Rechtszugs die Beschwerde **zugelassen** hat, § 61 Abs. 2 FamFG. Das Gericht des ersten Rechtszugs lässt die Beschwerde nach § 61 Abs. 3 FamFG zu, **wenn**

1. die Rechtssache grundsätzliche Bedeutung hat oder die Fortbildung des Rechts oder die Sicherung einer einheitlichen Rechtsprechung eine Entscheidung des Beschwerdegerichts erfordert und
2. der Beteiligte durch den Beschluss mit nicht mehr als 600 € beschwert ist.

Das Beschwerdegericht ist an die **Zulassung gebunden**.

Und die Frist?

Merke:

Die **Beschwerdefrist** beträgt, soweit nichts anderes geregelt ist **1** Monat, § 63 Abs. 1 FamFG!

Die Beschwerdefrist beträgt **2 Wochen**, wenn sie sich gegen eine Endentscheidung durch einstweilige Anordnung oder einen Beschluss, der die Genehmigung eines Rechtsgeschäfts zum Gegenstand hat, richtet, vgl. § 63 Abs. 2 FamFG. Zu beachten ist aber die Einschränkung des Beschwerderechts bei e.A.-Verfahren nach § 57 FamFG.

Die Frist beginnt jeweils mit der schriftlichen Bekanntgabe des Beschlusses an die Beteiligten, § 63 Abs. 3 Satz 1 FamFG. Kann die schriftliche Bekanntgabe an einen Beteiligten nicht bewirkt werden, beginnt die Frist spätestens mit Ablauf von fünf Monaten nach Erlass des Beschlusses, § 63 Abs. 3 Satz 2 FamFG.

Neu: Die Beschwerde wird bei dem Gericht eingelegt, dessen Beschluss angefochten wird! Keine Einlegung beim Beschwerdegericht, § 64 Abs. 1 Satz 1 FamFG.

Beschwerdeschrift

- Beschwerde wird durch Einreichung einer Beschwerdeschrift oder zur Niederschrift der Geschäftsstelle eingelegt, § 64 Abs. 2 Satz 1 FamFG; letzteres nicht in Ehe- und Familien**streit**sachen
- muss die Bezeichnung des angefochtenen Beschlusses enthalten, § 64 Abs. 2 Satz 3 FamFG
- muss die Erklärung enthalten, dass Beschwerde gegen diesen Beschluss eingelegt wird, § 64 Abs. 2 Satz 3 FamFG

– ist vom Beschwerdeführer oder seinem Bevollmächtigten zu unterzeichnen, § 64 Abs. 2 Satz 4 FamFG
– soll begründet werden, § 65 Abs. 1 FamFG
– das Beschwerdegericht kann vor der Entscheidung eine einstweilige Anordnung erlassen; es kann insbesondere anordnen, dass die Vollziehung des angefochtenen Beschlusses auszusetzen ist, § 64 Abs. 3 FamFG
– zuständig für die Entscheidung über die Beschwerde ist das OLG,
– § 119 Abs. 1 Nr. 1 a GVG.

Interessant: Beschwerdeverfahren als weitere Tatsacheninstanz! Die Beschwerde kann auf neue Tatsachen und Beweismittel gestützt werden, § 65 Abs. 3 FamFG. Sie kann jedoch nicht darauf gestützt werden, dass das Gericht des ersten Rechtszugs seine Zuständigkeit zu Unrecht angenommen hat, § 65 Abs. 4 FamFG.

Begründungspflicht: Nach § 117 FamFG hat der Beschwerdeführer in Ehesachen und Familienstreitsachen zur Begründung der Beschwerde einen **bestimmten Sachantrag** zu stellen und diesen zu **begründen**. Die Frist zur Begründung der Beschwerde beträgt **zwei Monate** und beginnt mit der schriftlichen Bekanntgabe des Beschlusses, spätestens mit Ablauf von fünf Monaten nach Erlass des Beschlusses, § 117 Abs. 1 Satz 3 FamFG.

Und dann? Ist man auch mit der Entscheidung des Beschwerdegerichts nicht einverstanden, kann die Rechtsbeschwerde eingelegt werden. Die Rechtsbeschwerde eines Beteiligten ist statthaft, wenn sie das Beschwerdegericht oder das Oberlandesgericht im ersten Rechtszug in dem Beschluss zugelassen hat, § 70 Abs. 1 FamFG. Die Rechtsbeschwerde ist binnen einer **Frist** von **einem Monat** nach der schriftlichen Bekanntgabe des Beschlusses durch Einreichen einer Beschwerdeschrift **bei dem Rechtsbeschwerdegericht** einzulegen, § 71 FamFG, d.h., beim Bundesgerichtshof (BGH)!

Die **Rechtsbeschwerdeschrift**

– muss die Bezeichnung des Beschlusses, gegen den die Rechtsbeschwerde gerichtet wird und
– die Erklärung, dass gegen diesen Beschluss Rechtsbeschwerde eingelegt werde enthalten,
– ist zu unterschreiben,
– ihr ist eine Ausfertigung oder beglaubigte Abschrift des angefochtenen Beschlusses beizulegen,
– ist binnen **eines Monats** (**nicht** 2 Monate!) zu begründen, Fristbeginn auch hier: Bekanntgabe des angefochtenen Beschlusses, § 71 Abs. 2 FamFG.

Die **Rechtsbeschwerdebegründung** muss enthalten, § 71 Abs. 3 FamFG:

– die Erklärung, inwieweit der Beschluss angefochten und dessen Aufhebung beantragt werde (Rechtsbeschwerdeanträge),
– die Angabe der Rechtsbeschwerdegründe, und zwar
 a) die bestimmte Bezeichnung der Umstände, aus denen sich die Rechtsverletzung ergibt,
 b) soweit die Rechtsbeschwerde darauf gestützt wird, dass das Gesetz in Bezug auf das Verfahren verletzt sei, die Bezeichnung der Tatsachen, die den Mangel ergeben.

Achtung: Die Rechtsbeschwerde kann nur darauf gestützt werden, dass die angefochtene Entscheidung auf einer **Verletzung des Rechts** beruht, § 72 Abs. 1 FamFG.

Die Rechtsbeschwerde kann nicht darauf gestützt werden, dass das Gericht des ersten Rechtszugs seine Zuständigkeit zu Unrecht angenommen hat, § 72 Abs. 2 FamFG.

Hinweis: Es gibt auch in Familiensachen Anschlussrechtsmittel (Anschlussbeschwerde und Anschlussrechtsbeschwerde) d.h., der Beschwerdegegner kann sich der Beschwerde oder Rechtsbeschwerde des Beschwerdeführers anschließen. Die Anschlussrechtsmittel sind unselbständig und werden nicht weiter verhandelt, wenn der Beschwerdeführer sein Rechtsmittel zurücknimmt. Sie kommen in der Praxis nur sehr selten vor, ebenso wie die Sprungrechtsbeschwerde, mit der die Beschwerde »übersprungen« wird.

Übersicht über die Rechtsmittel in Familiensachen

§§-Angaben beziehen sich, soweit nicht anders angegeben auf das FamFG.

Amtsgericht – Familiengericht, §§ 23, 23a, 23b, 23d GVG
Beschluss

Beschwerde – Entscheidung durch OLG, § 119 Abs. 1 Nr. 1 a GVG

1. Statthaftigkeit
   a) gegen die im ersten Rechtszug ergangenen Endentscheidungen der Amts- und Landgerichte, § 58 Abs. 1 FamFG
   b) Beschwerdegegenstand übersteigt 600 € in vermögensrechtlichen Angelegenheiten, § 61 Abs. 1 FamFG
   c) Zulassung, § 61 Abs. 2, 3 FamFG

2. **Frist**:
   a) 1 Monat, § 63 Abs. 1 FamFG
   b) 2 Wochen, § 63 Abs. 2 FamFG (e.A.-Verfahren; Genehmigung eines Rechtsgeschäfts)
   Fristbeginn, § 63 Abs. 3 FamFG:
   Mit schriftlicher Bekanntgabe des Beschlusses an die Beteiligten; ist dies nicht möglich, spätestens mit Ablauf von 5 Monaten nach Erlass
3. **Einzulegen**: beim Gericht, dessen Beschluss angefochten wird, § 64 Abs. 1 FamFG
4. **Begründung**:
   a) Sollvorschrift, § 65 Abs. 1 FamFG
   b) Fristsetzung zur Begründung durch Gericht möglich, § 65 Abs. 2 FamFG
   c) neue Tatsacheninstanz (!), § 65 Abs. 3 FamFG
   d) Frist in Ehe- und Familienstreitsachen: 2 Monate, § 117 Abs. 1 FamFG
5. Beschwerde**entscheidung**: Beschluss mit Begründungspflicht, § 69 FamFG

Rechtsbeschwerde zum BGH, § 133 GVG

1. **Statthaftigkeit:**
   a) Zulassung erforderlich, § 70 FamFG (ohne Zulassung in einigen Betreuungs-, Unterbringungs- und Freiheitsentziehungssachen)
   b) Sprungrechtsbeschwerde, § 75 FamFG
2. **Fristen:**
   Einlegung: 1 Monat, § 71 Abs. 1 FamFG
   Begründung: 1 Monat, § 71 Abs. 1 FamFG
3. **Fristbeginn:** jeweils ab schriftlicher Bekanntgabe
4. **Einlegung:** Beim Rechtsbeschwerdegericht (BGH), § 71 Abs. 1 FamFG
5. **Entscheidung:** Beschluss, §§ 74, 74a FamFG

Übungsfall:

Das Gericht erlässt einen Scheidungsbeschluss im Verbundverfahren. Im Scheidungsbeschluss hat das Gericht der Antragstellerin einen monatlich zu zahlenden nachehelichen Unterhalt in Höhe von 670,00 € zugesprochen. Der Beschluss wird dem Antragsgegner am 08.10.2013 zugestellt. Er möchte zwar die Scheidung nicht angreifen, wohl aber den Beschluss bezüglich des Unterhalts. Nach seiner Auffassung steht seiner geschiedenen Ehefrau kein Unterhaltsanspruch zu, da sie sich selbst versorgen kann.

a) Wie kann der Antragsgegner den Beschluss anfechten?
b) Bitte nehmen Sie die Fristberechnung vollständig vor.

Lösungsvorschlag:

a) Zulässiges Rechtsmittel
Gegen den Beschluss kann der Antragsgegner bezüglich des Unterhalts Beschwerde binnen einer Frist von einem Monat einlegen, §§ 58 Abs. 1, 61 Abs. 1, 63 Abs. 1 FamFG. Da es sich um eine vermögensrechtliche Streitigkeit handelt, ist der notwendige Wert des Beschwerdegegenstands erreicht, dieser muss 600,00 € übersteigen. Der Wert für die Zulässigkeit des Rechtsmittels berechnet sich über § 113 Abs. 1 FamFG nach § 9 ZPO (3,5-facher Jahresbetrag des angegriffenen Teils).

Hinweis: Der Wert für das Beschwerdeverfahren berechnet sich NICHT nach dem Gebührenwert (Jahreswert des angegriffenen Teils), da hier nach der Zulässigkeit der Beschwerde gefragt wird (also dem Zulässigkeitswert) und nicht nach dem Gebührenwert. Der Zulässigkeitswert berechnet sich ausschließlich nach Verfahrensrecht!

b) Fristberechnung
Fristbeginn:
09.10.2013, 00.00 Uhr, §§ 16 Abs. 2 FamFG, 222 Abs. 1 ZPO, 187 Abs. 1 BGB

Fristablauf:
08.11.2013, 24.00 Uhr, §§ 16 Abs. 2 FamFG, 222 Abs. 1 ZPO, 188 Abs. 2 BGB

10.2 Betreuungssachen

Die Betreuungssachen sind in den §§ 271 ff. FamFG geregelt. Bei den Betreuungs-sachen geht es um Verfahren zur Bestellung eines Betreuers und zur Aufhebung der Betreuung, Verfahren zur Anordnung eines Einwilligungsvorbehaltes, sowie sonstige Verfahren, die die rechtliche Betreuung eines Volljährigen betreffen, soweit es sich nicht um eine Unterbringungssache handelt.

Wichtig: Ein Vormundschaftsgericht gibt es für Verfahren, die seit dem 01.09.2009 eingeleitet werden, nicht mehr. Die besondere Abteilung beim Amtsgericht für Be-treuungs- und Unterbringungssachen heißt Betreuungsgericht.

Ach so: In Betreuungssachen ist der Betroffene ohne Rücksicht auf seine Geschäfts-fähigkeit verfahrensfähig, § 275 FamFG.

Ist dies zur Wahrnehmung der Interessen des Betroffenen erforderlich, bestellt das Gericht dem Betroffenen einen Verfahrenspfleger, § 276 FamFG. Eine solche Bestel-lung ist in der Regel dann erforderlich, wenn von der persönlichen Anhörung eines Betroffenen abgesehen werden soll oder Gegenstand des Verfahrens die Bestellung eines Betreuers zur Besorgung aller Angelegenheiten des Betroffenen oder die Erwei-terung des Aufgabenkreises hierauf ist, und zwar auch dann, wenn der Gegenstand des Verfahrens die in § 1896 Abs. 4 und § 1905 BGB bezeichneten Angelegenheiten nicht erfasst.

§ 278 FamFG regelt die erforderliche persönliche Anhörung eines Betroffenen, wenn für ihn ein Betreuer bestellt oder ein Einwilligungsvorbehalt angeordnet werden soll.

Interessant: Wichtige Regelungen in Betreuungssachen sind z.B.:

- Unterrichtung des Betroffenen über den möglichen Verfahrensablauf durch das Ge-richt, § 278 Abs. 2 Satz 1 FamFG;
- Hinweis des Gerichts an den Betroffenen auf die Möglichkeit der Vorsorgevoll-macht, deren Inhalt, sowie die Möglichkeit ihrer Registrierung beim Zentralen Vor-sorgeregister, § 278 Abs. 2 Satz 2 FamFG;
- Erörterung des Umfangs des Aufgabenkreises und die Frage, welche Person oder Stelle als Betreuer in Betracht kommt mit dem Betroffenen, § 278 Abs. 2 Satz 3 FamFG;
- Anhörungspflicht der sonstigen Beteiligten, Betreuungsbehörde und des gesetzli-chen Vertreters, § 279 FamFG;
- Pflicht zur Einholung eines Gutachtens vor Anordnung der Betreuung, § 280 FamFG;
- Fälle der Entbehrlichkeit eines Gutachtens, § 281 FamFG, bzw. Verwertung vor-handener Gutachten des medizinischen Dienstes der Krankenversicherung, § 282 FamFG;
- Beschluss der Betreuung und dessen Inhalt, § 286 FamFG;
- Erlass einer einstweiligen Anordnung bei gesteigerter Dringlichkeit, § 301 FamFG

Die Unterbringungssachen sind in den §§ 312 bis 341 FamFG geregelt. Unterbrin-gungssachen sind z.B. Verfahren, die die Genehmigung einer freiheitsentziehenden Unterbringung eines Betreuten, oder z.B. auch die freiheitsentziehende Unterbrin-gung eines Volljährigen nach den Landesgesetzen über die Unterbringung psychisch Kranker betreffen.

10.3 Nachlass- und Teilungssachen

Nachlasssachen sind Verfahren, die nach § 342 Abs. 1 Nr. 1 bis 9 FamFG z.B. die besondere amtliche Verwahrung von Verfügung von Todes wegen, die Sicherung des Nachlasses einschließlich Nachlasspflegschaften, die Eröffnung von Verfügungen von Todes wegen, die Ermittlung der Erben, die Entgegennahme von Erklärungen, die nach gesetzlicher Vorschrift dem Nachlassgericht gegenüber abzugeben sind, Erbscheine, Testamentsvollstreckerzeugnisse und sonstige vom Nachlassgericht zu erteilende Zeugnisse, die Testamentsvollstreckung, die Nachlassverwaltung sowie sonstige den Nachlassgerichten durch gesetzlich zugewiesene Aufgaben betreffen.

Teilungssachen sind z.B. die Auseinandersetzung eines Nachlasses und des Gesamtguts, nachdem eine eheliche, lebenspartnerschaftliche oder fortgesetzte Gütergemeinschaft beendet wurde und Verfahren betreffend Zeugnisse über die Auseinandersetzung des Gesamtgutes einer ehelichen, lebenspartnerschaftlichen oder fortgesetzten Gütergemeinschaft beendet wurden, § 342 Abs. 2 FamFG.

Aha: Die örtliche Zuständigkeit bestimmt sich nach dem Wohnsitz, den der Erblasser zur Zeit des Erbfalls hatte, fehlt ein inländischer Wohnsitz, ist das Gericht zuständig, in dessen Bezirk der Erblasser zur Zeit des Erbfalls seinen Aufenthalt hatte, § 343 Abs. 1 FamFG. Bei einem deutschen Erblasser, der zur Zeit des Erbfalls im Inland keinen Wohnsitz oder Aufenthalt hatte, ist das Amtsgericht Schöneberg in Berlin örtlich zuständig, das die Sache aus wichtigen Gründen an ein anderes Gericht verweisen kann, § 343 Abs. 2 FamFG.

Bei den Amtsgericht sind besondere Abteilungen für Nachlasssachen eingerichtet (Nachlassgericht).

§ 344 FamFG regelt die besondere örtliche Zuständigkeit, soweit es um die amtliche Verwahrung von Testamenten geht.

Hinweis: Ein Testament kann zur Verwahrung dem Nachlassgericht übergeben werden, dass einen entsprechenden Hinterlegungsschein ausfüllt, vgl. dazu § 346 FamFG. Sofern das Gericht ein eigenhändiges Testament oder Nottestament in die besondere amtliche Verwahrung nimmt, übermittelt es unverzüglich die Verwahrangaben elektronisch an die das Zentrale Testamentsregister führende Registerbehörde, § 347 Abs. 1 FamFG.

Insbesondere in diesen Nachlasssachen findet also der sog. Amtsermittlungsgrundsatz eine sehr starke Grundlage.

Oh: Hat das Gericht vom Tod des Erblassers Kenntnis erlangt, hat es eine in seiner Verwahrung befindliche Verfügung von Todes wegen zu eröffnen, § 348 Abs. 1 Satz 1 FamFG. Über die Eröffnung eines Testaments wird eine Niederschrift aufgenommen; es wird auch festgestellt, ob ein ggf. verschlossener Umschlag unversehrt war. Das Gericht muss nicht, kann jedoch zur Eröffnung der Verfügung von Todes wegen einen Termin bestimmen und die gesetzlichen Erben, sowie die sonstigen Beteiligten zum Termin laden, § 348 Abs. 2 Satz 1 FamFG.

Sind Beteiligte von dem Testament betroffen, im Termin aber nicht anwesend, so ist ihnen der sie betreffende Inhalt der Verfügung von Todes wegen schriftlich bekannt zu geben, § 348 Abs. 3 FamFG.

> **Achtung:** Beantragt ein Erbe die Erteilung eines Erbscheins, trifft das Gericht zunächst eine Entscheidung, dass die zur Erteilung eines Erbscheins erforderlichen Tatsachen festgestellt worden sind durch Beschluss, § 352 Abs. 1 Satz 1 FamFG. Sofern ein Erbschein bereits erteilt worden ist, ist die Beschwerde gegen den Beschluss nach § 352 Abs. 1 FamFG nur noch insoweit zulässig, als die Einziehung des Erbscheins beantragt wird, § 352 Abs. 3 FamFG.

Ein Erbschein kann damit wieder eingezogen oder für kraftlos erklärt werden, § 353 Abs. 1 FamFG.

Hinweis: Ist der Erbschein bereits eingezogen, ist die Beschwerde gegen den Einziehungsbeschluss nur insoweit zulässig, als die Erteilung eines neuen gleichlautenden Erbscheins beantragt wird; die Beschwerde gilt im Zweifel als Antrag auf Erteilung eines neuen gleichlautenden Erbscheins, § 353 Abs. 2 FamFG.

> **Vorsicht:** Ein Beschluss, durch den ein Erbschein für kraftlos erklärt wird, ist nicht mehr anfechtbar, nach dem der Beschluss öffentlich bekannt worden ist, § 353 Abs. 3 FamFG.

10.4 Verfahren in Registersachen, unternehmensrechtliche Verfahren

§ 374 FamFG regelt, dass Registersachen sind:

1. Handelsregistersachen,
2. Genossenschaftsregistersachen,
3. Partnerschaftsregistersachen,
4. Vereinsregistersachen und
5. Güterrechtsregistersachen.

Die unternehmensrechtlichen Verfahren nach § 375 FamFG sind zahlreiche Verfahren, die sich nach bestimmten Vorschriften des HGB, AktG, SE-Ausführungsgesetzes, Umwandlungsgesetzes, GmbHG, GenG, Publizitätsgesetzes, Pfandbriefgesetzes, Börsengesetzes, etc. richten.

Der Verfahrensablauf für diese Verfahren ist in den §§ 378 ff. FamFG geregelt.

Hier finden sich u.a. Vorschriften über Veröffentlichungspflichten, die Vorgaben, unter welchen Voraussetzungen die Löschung einer Firma eingetragen wird, ebenso die Löschung bei Vermögenslosigkeit oder auch die Löschung unzulässiger Eintragungen in den Registern, Mitteilungspflichten sowie Rechtsmittel gegen Entscheidungen in derartigen Verfahren.

11. Arbeitsgerichtsverfahren

Welches Gesetz regelt die Angelegenheiten im Arbeitsgerichtsverfahren?

Hierbei gibt es keine einheitliche Regelung, vielmehr kommen je nach Sachlage mehrere Gesetze zum Tragen. Diese können z.B. sein:

- Arbeitszeitgesetz,
- Berufsbildungsgesetz,
- Bundesurlaubsgesetz,
- Kündigungsschutzgesetz,
- Mutterschutzgesetz,
- Tarifvertragsgesetz,
- Lohnfortzahlungsgesetz,

etc.

Wann gelten im Arbeitsgerichtsverfahren die Vorschriften der ZPO?

Soweit nichts anderes bestimmt ist gelten gemäß § 46 Abs. 2 ArbGG in Urteilsverfahren des ersten Rechtszuges die Vorschriften der ZPO, die das Verfahren vor den Amtsgerichten regeln.

11.1 Zuständigkeit

Die *sachliche Zuständigkeit* in Arbeitsgerichtssachen ist eine ausschließliche Zuständigkeit. Gemäß §§ 2, 3 ArbGG sind die Arbeitsgerichte sachlich zuständig.

Die *örtliche Zuständigkeit* richtet sich nach § 46 Abs. 2 Satz 1 ArbGG. Hiernach gelten die gleichen Grundsätze wie nach der ZPO (siehe **Kapitel 1, örtliche Zuständigkeit**).

11.2 Urteilsverfahren/Beschlussverfahren

a) Urteilsverfahren

Das Urteilsverfahren beginnt genau wie der normale Zivilprozess mit der Einreichung *der Klage,* jedoch mit einem Unterschied. Im Arbeitsgerichtsverfahren wird die Klage dem Beklagten zugestellt, jedoch nicht wie im normalen Zivilprozess mit der Aufforderung, auf die Klage zu erwidern, sondern hier wird **sofort der Termin zur Güteverhandlung anberaumt** und der Beklagte hierzu geladen. Sollte er anwaltlich vertreten sein, wird die Ladung seinem Prozessbevollmächtigten zugestellt.

Beachte: Die Parteien im Urteilsverfahren werden *Kläger* und *Beklagter* genannt.

Ab hier geht der Prozess genau wie der normale Zivilprozess weiter und endet in der Regel mit einem Urteil.

Aber auch andere Beendigungsmöglichkeiten des Verfahrens sind denkbar, z.B.
- Abschluss eines Vergleiches oder
- Erlass eines Versäumnisurteils.

aa) Welche Rechtsmittel bzw. Rechtsbehelfe sind im Urteilsverfahren zulässig?

(1) Gegen die Endurteile der Arbeitsgerichte ist das Rechtsmittel der **Berufung** gem. § 66 Abs. 1 ArbGG binnen einer Frist von einem Monat zulässig.

Die Frist beginnt mit Zustellung des in vollständiger Form abgefassten Urteils (d.h. mit Tatbestand und Entscheidungsgründen); spätestens aber mit Ablauf von fünf Monaten nach Verkündung.

Beachte: Die Begründung der Berufung muss innerhalb von zwei Monaten nach Zustellung des in vollständiger Form abgefassten Urteils; spätestens aber mit Ablauf von fünf Monaten nach Verkündung erfolgen.

(2) Gegen die Endurteile der Landesarbeitsgerichte ist gem. § 74 Abs. 1 ArbGG das Rechtsmittel der **Revision** binnen einer Notfrist von einem Monat nach Zustellung des vollständig abgefassten Urteils; spätestens mit Ablauf von fünf Monaten nach Verkündung, zulässig.

Beachte: Die Begründung der Revision muss innerhalb von zwei Monaten nach Zustellung des in vollständiger Form abgefassten Urteils; spätestens aber mit Ablauf von fünf Monaten nach Verkündung erfolgen. Diese Frist kann einmal bis zu einem weiteren Monat verlängert werden.

(3) Wird die Revision im Berufungsurteil nicht zugelassen, kann dagegen gem. § 72a Abs. 1 ArbGG mit dem Rechtsmittel der **Nichtzulassungsbeschwerde** vorgegangen werden.

Die Frist zur Einlegung der Nichtzulassungsbeschwerde ist eine Notfrist und beträgt gem. § 72a Abs. 2 ArbGG einen Monat ab Zustellung des in vollständiger Form abgefassten Urteils.

Achtung: Die Frist zur Begründung der Nichtzulassungsbeschwerde ist gem. § 72a Abs. 3 ArbGG **ebenfalls** eine Notfrist und beträgt zwei Monate ab Zustellung des in vollständiger Form abgefassten Urteils.

(4) Gemäß § 59 Satz 1 ArbGG kann gegen ein **erstes Versäumnisurteil Einspruch** binnen einer Notfrist von einer Woche eingelegt werden. Die Frist beginnt mit der Zustellung des in vollständiger Form abgefassten Urteils.

(5) Gegen Entscheidungen der Arbeitsgerichte, die keine Urteile sind, kann gem. § 78 Abs. 1 ArbGG **(sofortige) Beschwerde** binnen einer Notfrist von zwei Wochen eingelegt werden. Die Frist beginnt mit der Zustellung der Entscheidung.

Achtung: Bei Kostenentscheidungen muss der Beschwerdewert gem. § 567 Abs. 1 Nr. 1 und 2 ZPO mehr als 200,00 € betragen.

bb) Wann findet das Urteilsverfahren überhaupt Anwendung?

Das Urteilsverfahren wird gem. § 2 Abs. 1 ArbGG angewandt in, z.B.:

– bürgerlichen Rechtsstreitigkeiten zwischen Arbeitgeber und Arbeitnehmer, z.B.

(1) aus dem Arbeitsverhältnis,
(2) Bestehen oder Nichtbestehen eines Arbeitsverhältnisses,
(3) aus Verhandlungen über die Eingehung eines Arbeitsverhältnisses und aus dessen Nachwirkungen,
(4) aus unerlaubten Handlungen, soweit diese mit dem Arbeitsverhältnis im Zusammenhang stehen,
(5) über Arbeitspapiere,

etc.

Beispiel:

Kündigung des Arbeitsverhältnisses, Aushändigung der Arbeitspapiere, Zahlung von rückständigem Lohn

und

Beispiel:

Auslegung des Tarifvertrages

– bürgerlichen Rechtsstreitigkeiten zwischen Tarifvertragsparteien aus Tarifverträgen, etc.

Übungsfälle zum Thema Urteilsverfahren

Übungsfall 1:

Welches Gericht ist im Arbeitsgerichtsverfahren sachlich und örtlich zuständig? Bitte nennen Sie die einschlägigen Paragraphen!

Lösungsvorschlag:

Gemäß §§ 2, 3 ArbGG ist für Arbeitsgerichtssachen das Arbeitsgericht ausschließlich sachlich zuständig. Die örtliche Zuständigkeit richtet sich gem. § 46 Abs. 2 Satz 1 ArbGG nach den Vorschriften der ZPO.

Übungsfall 2:

Was ist nach Zustellung der Klage an den Beklagten anders als im normalen Zivilverfahren?

Lösungsvorschlag:

Mit der Zustellung der Klage wird der Beklagte nicht zur Klageerwiderung aufgefordert, sondern es wird sofort ein Termin zur Güteverhandlung anberaumt und der Beklagte hierzu geladen.

Übungsfall 3:

Welches Rechtsmittel ist gegen ein Endurteil des Arbeitsgerichts zulässig? Welche Frist ist dabei zu beachten?

Lösungsvorschlag:

Gegen ein Endurteil des Arbeitsgerichts ist gem. § 66 ArbGG das Rechtsmittel der Berufung zulässig. Die Frist beträgt einen Monat und beginnt mit Zustellung des in vollständiger Form abgefassten Urteils zu laufen; spätestens jedoch mit Ablauf von fünf Monaten nach der Verkündung.

Übungsfall 4:

Wann findet das Urteilsverfahren Anwendung?

Lösungsvorschlag:

Das Urteilsverfahren findet u.a. Anwendung in bürgerlichen Rechtsstreitigkeiten zwischen Arbeitgeber und Arbeitnehmer sowie in bürgerlichen Rechtsstreitigkeiten zwischen Tarifvertragsparteien aus Tarifverträgen.

b) Beschlussverfahren

Das Beschlussverfahren wird gem. § 81 Abs. 1 ArbGG durch *einen Antrag* eingeleitet, der beim Arbeitsgericht schriftlich einzureichen oder zu Protokoll der Geschäftsstelle zu erklären ist.

Beachte: Die Parteien im Beschlussverfahren werden *Beteiligte* genannt.

Wichtig: Da die Beteiligten im Beschlussverfahren **gleichberechtigt** sind, gibt es keinen »Antragsgegner«.

Das Beschlussverfahren wird grundsätzlich – wie der Name schon sagt – durch Beschluss entschieden und beendet.

aa) Welche Rechtsmittel bzw. Rechtsbehelfe sind im Beschlussverfahren zulässig?

(1) Gemäß § 87 Abs. 1 ArbGG findet gegen das Verfahren beendende Beschlüsse der Arbeitsgerichte die **Beschwerde** statt. Die Frist zur Einlegung der Beschwerde ist gem. § 87 Abs. 2 ArbGG eine Notfrist und beträgt einen Monat ab Zustellung des Beschlusses.

Die Begründung der Beschwerde muss innerhalb von zwei Monaten ab Zustellung des Beschlusses erfolgen.

(2) Die **Rechtsbeschwerde** ist gem. § 92 Abs. 1 ArbGG gegen die das Verfahren vor dem LArbG beendenden Beschlüsse zulässig. Diese Frist ist gem. § 92 Abs. 2 ArbGG eine Notfrist und beträgt einen Monat ab Zustellung des Beschlusses.

Die Begründung der Rechtsbeschwerde hat innerhalb von zwei Monaten ab Zustellung des Beschlusses zu erfolgen.

bb) Wann findet das Beschlussverfahren überhaupt Anwendung?

Das Beschlussverfahren wird gem. § 2a Abs. 1 ArbGG ausschließlich in Rechtsstreitigkeiten aus dem kollektiven Arbeitsrecht angewandt.

Dies können z.B. sein:
- Streitigkeiten aus dem Betriebsverfassungsrecht,
- Streitigkeiten aus dem Mitbestimmungsgesetz.

11.3 Instanzenzug

Im Arbeitsgerichtsverfahren ist das *Eingangsgericht* (**erste Instanz**) immer das *Arbeitsgericht* (ArbG). Die Gerichte für Arbeitssachen sind mit Berufsrichtern und mit ehrenamtlichen Richtern aus den Kreisen der Arbeitnehmer und Arbeitgeber besetzt.

Die **zweite Instanz** wird vor dem *Landesarbeitsgericht* (LArbG) geführt. Das Landesarbeitsgericht entscheidet über:
- die Berufung gem. § 66 Abs. 1 ArbGG und
- die Beschwerde gem. § 87 Abs. 1 ArbGG.

Die **dritte Instanz** bildet das Bundesarbeitsgericht. Dieses hat seinen **Sitz in Erfurt.** Hier wird entschieden über:
- die Revision gem. § 74 Abs. 1 ArbGG,
- die Rechtsbeschwerde gem. § 78, 92 Abs. 1 ArbGG und
- die Nichtzulassungsbeschwerde gem. §§ 72a Abs. 1, 92a ArbGG.

11.4 Besonderheiten

Im Arbeitsgerichtsverfahren gibt es einige Besonderheiten:

– es besteht gem. § 11 Abs. 1 Satz 1 ArbGG in der ersten Instanz **kein** Anwaltszwang, d.h. jeder kann sich selbst vertreten,
– es besteht gem. § 9 Abs. 1 ArbGG ein Beschleunigungsgrundsatz, d.h.:
  • kürzere Fristen,
  • es gibt keinen frühen ersten Termin,
  • es ist kein schriftliches Verfahren zulässig,
  • eine Kündigungsschutzklage kann **nur** innerhalb von drei Wochen ab Zugang der Kündigung erhoben werden

Beachte: Gemäß § 57 Abs. 2 ArbGG soll in jedem Stadium des Prozesses darauf hingewirkt werden, dass es zu einer gütlichen Einigung der Angelegenheit kommt.

Weitere Besonderheit ist, dass zwischen dem *Gütetermin* und dem *Kammertermin* unterschieden wird.

Bei einem *Gütetermin* oder auch Güteverhandlung findet der Termin gem. § 54 Abs. 1 ArbGG ausschließlich vor dem Vorsitzenden statt mit dem Ziel, den Streit gütlich beizulegen, d.h. es soll darauf hingewirkt werden, den Streit durch einen Vergleich zu beenden.

Der *Kammertermin* bedeutet, dass die »ganze Kammer«, d.h. der Berufsrichter mit den vorgesehenen ehrenamtlichen Richtern zum Termin erscheinen (§§ 56, 57 ArbGG). Für den Kammertermin gelten die Verfahrensvorschriften der ZPO.

Beachte: Bezüglich der Gerichtskosten ist das Beschlussverfahren **kostenfrei**. Im Urteilsverfahren können die Gebühren des GKG in gleichem Maße anfallen wie im normalen Zivilprozess.

Übungsfälle zum Thema Beschlussverfahren

Übungsfall 1:

Wie werden die Parteien im Beschlussverfahren genannt und warum?

Lösungsvorschlag:

Die Parteien im Beschlussverfahren werden Beteiligte genannt. Da im Beschlussverfahren die Beteiligten gleichberechtigt sind, gibt es keinen »Antragsgegner oder Beklagten«.

Übungsfall 2:

Welches Rechtsmittel kann gegen das Verfahren beendende Beschlüsse des Arbeitsgerichts eingelegt werden und innerhalb welcher Frist muss das Rechtsmittel begründet werden? Bitte nennen Sie die einschlägigen Paragraphen!

Lösungsvorschlag:

Gegen die das Verfahren beendende Beschlüsse ist gemäß § 87 ArbGG die Beschwerde gegeben. Die Frist zur Einlegung der Beschwerde ist gem. § 87 Abs. 2 ArbGG eine Notfrist und beträgt einen Monat ab Zustellung des Beschlusses.

Die Begründung der Beschwerde muss innerhalb von zwei Monaten ab Zustellung des Beschlusses erfolgen.

Übungsfall 3:

Wann findet das Beschlussverfahren Anwendung? Nennen Sie ein Beispiel!

Lösungsvorschlag:

Das Beschlussverfahren wird gem. § 2a Abs. 1 ArbGG ausschließlich in Rechtsstreitigkeiten aus dem kollektiven Arbeitsrecht angewandt. Dies können z.B. Streitigkeiten aus dem Betriebsverfassungsrecht sein.

Übungsfall 4:

Wo ist der Sitz des Bundesarbeitsgerichts?

Lösungsvorschlag:

Der Sitz des Bundesarbeitsgerichts ist Erfurt.

Übungsfall 5:

Was bedeutet im Beschlussverfahren der Ausdruck »es herrscht der Beschleunigungsgrundsatz«?

Lösungsvorschlag:

Gemäß § 9 Abs. 1 ArbGG gibt es einen Beschleunigungsgrundsatz, d.h.:

- es gelten kürzere Fristen,
- es gibt keinen frühen ersten Termin,
- es ist kein schriftliches Verfahren zulässig,
- eine Kündigungsschutzklage kann **nur** innerhalb von drei Wochen ab Zugang der Kündigung erhoben werden.

II. Zwangsvollstreckung

Die Zwangsvollstreckung ist die Durchsetzung
von Ansprüchen mittels staatlicher Hoheitsgewalt.

Das Erkenntnisverfahren dient der Schaffung eines Titels,
das Zwangsvollstreckungsverfahren der Durchsetzung desselben.

1. Arten der Zwangsvollstreckung

Unterschieden werden im Rahmen der Zwangsvollstreckung die Verfahrensarten: einstweiliger Rechtsschutz, Insolvenzverfahren und Einzelzwangsvollstreckung.

1.1 Einstweiliger Rechtsschutz

Im Rahmen des einstweiligen Rechtsschutzes hat der Gläubiger – bei besonders eilbedürftigen Angelegenheiten – die Möglichkeit, seine Rechte schon vor dem Hauptsacheverfahren zu sichern. Hier kommen der Arrest (§§ 916 ff. ZPO), die einstweilige Verfügung (§§ 935 ff. ZPO) sowie die einstweilige Anordnung (§§ 49 FamFG, 769 ZPO) in Betracht.

Voraussetzung für ein solches Eilverfahren ist, dass ein Rechtsverlust aufgrund des zu erwartenden Zeitablaufs droht. Der Arrest dient hierbei der Sicherung gefährdeter Geldforderungen oder Forderungen, die in eine Geldforderung übergehen können (Arrestanspruch), während die einstweilige Verfügung alle übrigen, nicht auf Zahlung gerichteten, Ansprüche (z.B. Unterlassungsansprüche) sichert.

a) Einstweilige Verfügung

Im Rahmen der einstweiligen Verfügung entscheidet das Gericht innerhalb weniger Tage. Das Gericht kann (ohne mündliche Verhandlung) durch Beschuss oder (nach mündlicher Verhandlung) durch Urteil entscheiden (§§ 936, 922 Abs. 1 Satz 1 ZPO). Es handelt sich hierbei jedoch nur um eine vorläufige Regelung, die bis zur Klärung der Hauptsache gilt. Der Antragsteller muss seinen behaupteten Anspruch nicht unter Beweis stellen, sondern lediglich glaubhaft machen.

Die Glaubhaftmachung ist ein herabgesetztes Beweismaß im Zivilprozess. Tatsachen sind dann glaubhaft gemacht, wenn diese dem Richter wahrscheinlich erscheinen. Als Mittel der Glaubhaftmachung kommen z.B. die Vorlage von Urkunden, die Vernehmung mitgebrachter Zeugen und Sachverständiger aber auch die eidesstattliche Versicherung in Betracht.

> **Übungsfall:**
>
> Ein Arbeitgeber erfährt, dass ein Mitarbeiter Firmeneigentum über ebay verkaufen will. Was kann der Arbeitgeber tun, um möglichst schnell eine gerichtliche Entscheidung herbeizuführen?

Lösungsvorschlag:

Er kann einen Antrag auf Erlass einer einstweiligen Verfügung stellen. Der Antrag richtet sich nach den §§ 46 ArbGG, 935 ff. ZPO, da es sich um Ansprüche aus einem Arbeitsverhältnis handelt.

Wir halten fest:

Im Rahmen der einstweiligen Verfügung kann durch Urteil oder Beschluss – vorläufig bis zur Klärung der Hauptsache – entschieden werden.

---

b) Arrest

Beim Arrest wird zwischen dem dinglichen und dem persönlichen Arrest unterschieden. Dem dinglichen Arrest unterliegt das Vermögen, dem persönlichen Arrest die Freiheit des Schuldners. Neben dem Arrestanspruch, also einer Geldforderung oder einer Forderung, die in eine Geldforderung übergehen kann, muss auch ein Arrestgrund gegeben sein.

Dieser liegt vor, wenn nach objektiver Betrachtung ohne Arrest die künftige Vollstreckung eines Urteils vereitelt oder wesentlich erschwert werden würde. Dies ist dann der Fall, wenn der Schuldner sein Vermögen verschleudert, Vermögensgegenstände beiseite schafft oder Vorbereitungen für seinen »Umzug« ins Ausland trifft. Hingegen liegt kein Arrestgrund vor, wenn sich ein Gläubiger Vorrang vor anderen Gläubigern verschaffen will oder der Gläubiger durch Eigentumsvorbehalt, Sicherungseigentum oder -abtretung oder Vollstreckungstitel bereits hinreichend gesichert ist.

Beispiel:

Der Gläubiger Feldmeier sieht bei einem Spaziergang, dass sein Schuldner, Herr Borat, der ihm aus einer Darlehensforderung noch 3.000,00 € schuldet, einen Möbelwagen vor seiner Türe stehen hat, in den zwei Männer das Hab und Gut von Borat einladen. Vom Spediteur erfährt er, dass Borat nach Kasachstan zurückgehen will. Der Gläubiger kann in diesem Fall nicht auf den Ausgang eines gerichtlichen Verfahrens warten, weil Borat in diesem Fall längst mit seinem Hab und Gut »über alle Berge« ist. Er wird daher einen Arrestbefehl gem. § 917 ZPO gegen den Schuldner erwirken.

Die Parteien des Arrestverfahrens heißen Antragsteller und Antragsgegner. Im Arrestverfahren muss der Antragsteller seinen behaupteten Anspruch nicht unter Beweis stellen, sondern lediglich glaubhaft machen, wobei als Mittel der Glaubhaftmachung z.B. die Vorlage von Urkunden, die Vernehmung mitgebrachter Zeugen und Sachverständiger aber auch die eidesstattliche Versicherung in Betracht kommen.

Das Gericht entscheidet über das Arrestgesuch durch Beschluss (Arrestbefehl), wenn keine mündliche Verhandlung stattgefunden hat oder durch Urteil nach durchgeführter mündlicher Verhandlung. In der Praxis erfolgt die Entscheidung in der Regel ohne mündliche Verhandlung, damit der Schuldner nicht gewarnt wird und die mit dem Arrest bezweckte Sicherung des Anspruchs vereiteln kann.

Bei Erlass des Arrestbefehls wird vom Gericht gleichzeitig ein Geldbetrag festgesetzt den der Schuldner hinterlegen und damit den Vollzug des Arrestbefehls hemmen kann (§ 923 ZPO). Der vom Gericht festzusetzende Betrag wird Lösungssumme genannt. Aus einem Arrestbefehl kann sofort vollstreckt werden, einer Vollstreckungsklausel bedarf es hierzu grundsätzlich nicht (§ 929 Abs. 1 ZPO). Gegen den Arrestbefehl kann der Antragsgegner Widerspruch erheben, wenn durch Urteil entschieden wurde, findet die Berufung nach den allgemeinen Voraussetzungen statt.

> **Achtung:** Der Arrestbefehl muss innerhalb einer Frist von einem Monat ab Verkündung bzw. Zustellung vollzogen (also vollstreckt) werden. Einer vorherigen Zustellung an den Schuldner bedarf es jedoch nicht, weil der Schuldner ja vom Arrest überrascht werden soll, damit er nicht noch schnell sein Vermögen beiseite schafft.

Der Vollziehung (Vollstreckung) unterliegt das gesamte Vermögen des Schuldners, es kommen alle Maßnahmen der Zwangsvollstreckung in Betracht, allerdings mit der Maßgabe, dass lediglich die Pfändung, nicht aber die Verwertung erfolgt. Die Verwertung erfolgt erst mit Vorlage des Hauptsachtitels.

> **Vorsicht:** Die durchgeführten Maßnahmen verlieren jedoch ihre Wirkung, wenn die Zustellung des Arrestbefehls nicht innerhalb einer Woche nach der Vollziehung und vor Ablauf der für die Vollziehung bestimmten Frist erfolgt. Auf die Einhaltung dieser Frist ist unbedingt zu achten, damit die Wirksamkeit der Vollstreckungsmaßnahmen aufrecht erhalten bleibt

---

Wir halten fest:

Bei Vollziehung eines Arrestes können alle regulären Zwangsvollstreckungsmaßnahmen eingeleitet werden, allerdings erfolgt die Verwertung erst mit Vorlage des Hauptsachetitels.

---

c) Einstweilige Anordnungen

Einstweilige Anordnungen stellen vorläufige Entscheidungen des Gerichts in einem laufenden Rechtsstreit – überwiegend in ehe- und familienrechtlichen Angelegenheiten, Betreuungs- oder Unterbringungssachen – dar.

In Zwangsvollstreckungsverfahren kann bei einigen Rechtsbehelfen der Vollzug der angefochtenen Entscheidung im Rahmen der einstweiligen Anordnung ausgesetzt werden (§§ 707, 719, 732 Abs. 2, 766 Abs. 1 Satz 2 ZPO). Mit der einstweiligen Anordnung soll erreicht werden, dass wesentlich schneller eine vorläufige Regelung getroffen wird, wenn hierfür das Bedürfnis besteht. In dem Verfahren auf einstweilige Anordnung wird –wie auch beim Arrest und der einstweiligen Verfügung – in der Regel auf eine sonst erforderliche mündliche Verhandlung verzichtet und Tatsachen nicht unter Beweis gestellt, sondern lediglich glaubhaft gemacht.

Das Gericht kann mit der einstweiligen Anordnung die Rechtsverhältnisse zwischen den Parteien während der Dauer des Rechtsstreits vorläufig regeln. Die einstweilige Anordnung kann aber auch unabhängig von einem Hauptsacheverfahren oder eines Antrags auf Verfahrenskostenhilfe erlassen werden.

Wir halten fest:

Mit der einstweiligen Anordnung werden dringend zu regelnde Sachverhalte vorläufig geregelt.

1.2   Insolvenzverfahren

Insolvenz bedeutet, dass eine natürliche oder juristische Person dauerhaft nicht mehr in der Lage ist, ihre Verbindlichkeiten gegenüber ihren Gläubigern zu erfüllen. Bei natürlichen Personen spricht man von der Verbraucherinsolvenz. Bei juristischen Personen liegt Insolvenz auch dann vor, wenn das Unternehmen überschuldet ist. Die Regelungen zum Insolvenzverfahren finden sich in der Insolvenzordnung (InsO).

Im Gegensatz zur Einzelzwangsvollstreckung werden im Insolvenzverfahren die Forderungen aller Gläubiger gegen einen Schuldner zusammengefasst und das vorhandene Vermögen gemeinsam verteilt. In diesem Zusammenhang spricht man auch von der »Gesamtvollstreckung«. Hier setzt also nicht der schnellste Gläubiger seinen Anspruch durch, sondern es wird die vorhandene Vermögensmasse gleichmäßig nach einer ermittelten Quote (Insolvenzquote) an alle Gläubiger verteilt. Ziel des Verfahrens ist es, die Forderungen der Gläubiger zu befriedigen und den Schuldner von seinen Verbindlichkeiten zu befreien.

Beispiel:

Die Schuldnerin Vicky Raabe hat Verbindlichkeiten bei insgesamt 12 Gläubigern in Höhe von mehr als 45.000,00 €, denen monatliche Einkünfte von 843,00 € entgegenstehen. Sie ist nicht mehr in der Lage, ihre Schulden zurückzuzahlen. Frau Raabe könnte (und sollte) einen Antrag auf Verbraucherinsolvenz stellen.

Nach Eröffnung eines Insolvenzverfahrens sind Einzelzwangsvollstreckungsmaßnahmen im Regelfall nicht mehr möglich. Erst nach Abschluss des Insolvenzverfahrens sind Einzelzwangsvollstreckungsmaßnahmen wieder zulässig.

Übrigens: Eingeleitete Insolvenzverfahren werden unter »www.insolvenzbekanntmachungen.de« veröffentlicht.

Wir halten fest:

Im Insolvenzverfahren erfolgt die Verteilung des Schuldnervermögens gleichmäßig an alle Gläubiger nach einer ermittelten Quote.

1.3 Einzelzwangsvollstreckung

Von Einzelzwangsvollstreckung spricht man, wenn der titulierte Anspruch eines einzelnen Gläubigers gegen einen Schuldner durch Vollstreckungsmaßnahmen durchgesetzt wird. Zulässig ist die Einzelzwangsvollstreckung, solange ein Insolvenzverfahren nicht eröffnet wurde. Es herrscht das Prioritätsprinzip (§ 804 Abs. 3 ZPO), d.h. »wer zuerst kommt, mahlt zuerst«.

Unterschieden wird im Rahmen der Einzelzwangsvollstreckung zwischen der Zwangsvollstreckung wegen Geldforderungen (§§ 802a–882h ZPO) und derjenigen wegen sonstiger Ansprüche (§§ 883–898 ZPO). Der Zwangsvollstreckung wegen Geldforderungen unterliegt das bewegliche und unbewegliche Vermögen des Schuldners. Zum beweglichen Vermögen gehören sowohl die körperlichen Sachen als auch Forderungen oder sonstige Rechte. Zum unbeweglichen Vermögen gehören Grundstücke, grundstücksgleiche Rechte oder Schiffe und Luftfahrzeuge.

Die wichtigsten Regelungen zur Einzelzwangsvollstreckung finden sich im 8. Buch der ZPO, dort §§ 704 ff.

Wir halten fest:

In der Einzelzwangsvollstreckung herrscht der Grundsatz:
»Wer zuerst kommt, mahlt zuerst.«

---

2. Organe der Zwangsvollstreckung

2.1 Der Gerichtsvollzieher

Der Gerichtsvollzieher ist Beamter und unterliegt der Dienstaufsicht seines Dienstherrn. Er arbeitet selbständig und unabhängig, allerdings hat er bei der Ausübung seiner Tätigkeit die GVGA (Geschäftsanweisung für Gerichtsvollzieher) zu beachten. Er ist dem Amtsgericht zugeordnet und hat einen örtlich begrenzten Zuständigkeitsbereich.

Der Gerichtsvollzieher kann entweder über die Gerichtsvollzieherverteilungsstelle oder direkt beauftragt werden. Er ist für die Zwangsvollstreckungsmaßnahmen zuständig, die nicht in den Zuständigkeitsbereich der Gerichte fallen (§ 753 ZPO). Der Gerichtsvollzieher ist daher insbesondere zuständig für die Zwangsvollstreckung

- in das bewegliche Vermögen des Schuldners (§ 808 ZPO)
- zum Zwecke der Herausgabe von Gegenständen (§ 883 ZPO)
- wegen der Räumung und Herausgabe von unbeweglichem Vermögen (Immobilien) (§ 885 ZPO)
- von Zwangsgeld- oder Zwangshaftbeschlüssen (§§ 887, 888 Abs. 1 Satz 3 i.V.m. § 802g ZPO)

sowie für die Abnahme der eidesstattlichen Versicherung nach

- § 802c ZPO (»Vermögensauskunft«),
- § 836 Abs. 3 Satz 2 ZPO (»Auskunftsversicherung bei Pfändung«),
- § 883 Abs. 2 ZPO (»Auskunftsversicherung bei Herausgabe«) sowie für
- die Verhaftung des Schuldners zur Abgabe der eidesstattlichen Versicherung (§ 802g Abs. 2 ZPO),
- die Durchsuchung der Wohnung des Schuldners im Rahmen der Zwangsvollstreckung oder Vollstreckung zur Nachtzeit sowie an Sonn- und Feiertagen (§ 758 ZPO, § 758a Abs. 4 ZPO),
- Zustellungen an den Schuldner oder Dritte (z.B. Zustellung des Vollstreckungstitels, Zustellung vorläufiger Zahlungsverbote oder Pfändungs- und Überweisungsbeschlüsse, § 192 ZPO),
- die Entscheidung über den Vollstreckungsaufschub (§ 802b ZPO),
- die Entscheidung über Anträge auf anderweitige Verwertung (§ 825 ZPO).

Wir halten fest:

Der Gerichtsvollzieher ist für alle Zwangsvollstreckungsmaßnahmen zuständig, die nicht den Gerichten zugewiesen sind.

2.2 Das Vollstreckungsgericht

Das Vollstreckungsgericht ist eine Abteilung des Amtsgerichts, die sich speziell mit vollstreckungsrechtlichen Aufgaben befasst. Die örtliche Zuständigkeit des Vollstreckungsgerichts bestimmt sich gemäß § 764 Abs. 2 ZPO ausschließlich durch den Ort, an dem das Vollstreckungsverfahren stattfinden soll oder stattgefunden hat (außer: § 930 Abs. 1 Satz 3 ZPO).

Übrigens: Über Anträge an das Vollstreckungsgericht entscheidet weitestgehend der Rechtspfleger. Sind Grundrechte betroffen, wie z.B. bei der Wohnungsdurchsuchung oder der Verhaftung, muss allerdings der Richter entscheiden.

Das Vollstreckungsgericht entscheidet insbesondere über:

- den Erlass von Pfändungs- und Überweisungsbeschlüssen (§§ 829, 835 ZPO),
- den Erlass von Haftanordnungen im Verfahren zur Abgabe der eidesstattlichen Offenbarungsversicherung (§ 802g ZPO),
- den Erlass von Durchsuchungsanordnungen (§ 758a ZPO),
- Zwangsvollstreckung in das unbewegliche Vermögen (Zwangsverwaltung, Zwangsversteigerung, § 869 ZPO i.V.m. § 1 ZVG),
- Entscheidungen über Anträge auf Einstellung der Zwangsvollstreckung (sofern nicht das Prozessgericht zuständig ist).

Wir halten fest:

Das Vollstreckungsgericht entscheidet insbesondere über die Forderungspfändung, Durchsuchungen, Haftanordnungen und Schuldnerschutzanträge. Außerdem ist es für die Zwangsversteigerung und Zwangsverwaltung von Immobilien zuständig.

2.3 Das Prozessgericht

Das Prozessgericht ist immer dann zuständig, wenn vor der Zwangsvollstreckung noch rechtliche Fragen zu klären sind. Es entscheidet im Rahmen der Zwangsvollstreckung über Anträge auf

- Duldung (§ 890 Abs. 1 ZPO),
- Unterlassung (§ 890 Abs. 1 ZPO),
- Vornahme von vertretbaren Handlungen (§ 887 ZPO),
- Vornahme von unvertretbaren Handlungen (§ 888 ZPO).

2.4 Das Grundbuchamt

Das Grundbuchamt ist eine Abteilung des Amtsgerichts, das die Grundbücher und Grundakten für alle im Amtsgerichtsbezirk befindlichen Grundstücke führt (außer: Baden-Württemberg; hier führen zum Teil die Gemeinden die Grundbücher). Es entscheidet gem. § 867 ZPO als Vollstreckungsorgan über Anträge auf Eintragung der Zwangshypothek.

> **Beispiel:**
>
> Die Vollstreckung in das bewegliche Vermögen des Schuldners ist erfolglos ausgefallen. Der Gläubiger erfährt, dass der Schuldner Miteigentümer des von ihm bewohnten Einfamilienhauses ist. Der Gläubiger kann – sofern seine Forderung 750,00 € übersteigt (Zinsen, nicht aber Kosten bleiben bei der Wertberechnung unberücksichtigt) – eine Zwangssicherungshypothek auf dem Miteigentumsanteil des Schuldners eintragen lassen, §§ 866 Abs. 3, 867 ZPO.

2.5 Die Schiffsregisterbehörde/Register für Pfandrechte an Luftfahrzeugen

Das Schiffsregister stellt das »Grundbuchamt der Schiffe« dar, das unterteilt ist in das Seeschiffsregister, das Binnenschiffsregister und das Schiffsbauwerksregister. Es wird beim Amtsgericht geführt. Das Schiffsregister wird in drei Abteilungen unterteilt. In Abteilung I werden die tatsächlichen Angaben zum Schiff eingetragen, in Abteilung II der Eigentümer und in Abteilung III die Belastungen des Schiffes.

Die Schiffsregisterbehörde ist als Vollstreckungsorgan ist dann zuständig, wenn Schiffshypotheken auf einem Schiff eingetragen oder Schiffshypothekenforderungen gepfändet werden sollen. Des Weiteren ist es zuständig für die Zwangsvollstreckung (Pfändung) der Schiffspart.

> **Beispiel:**
>
> Eine Bank lässt sich ihr Darlehen durch Eintragung einer Schiffshypothek sichern.

Was das Schiffsregister für Schiffe ist, ist das Register für Pfandrechte an Luftfahrzeugen (Luftfahrtregister) für Flugzeuge. In das Luftfahrtregister werden Flugzeuge, Hubschrauber, Ballone, Motorsegler oder Segelflugzeuge in die Luftfahrzeugrolle eingetragen. Es wird beim Amtsgericht Braunschweig (Sitz des Luftfahrt-Bundesamtes) geführt und in zwei Abteilungen eingeteilt. Abteilung I enthält Angaben zum Luftfahrzeug (Nr. der Luftfahrzeugrolle, Staatszugehörigkeit, Art und Muster sowie Werk-Nummer des Luftfahrzeugs) sowie den Namen und Wohnsitz oder Sitz des Eigentümers nach Eintragung. In Abteilung II werden die Registerpfandrechte eingetragen.

Das Luftfahrtregister ist als Vollstreckungsorgan für die Eintragung von Registerpfandrechten zuständig.

Übungsfall:

Orden Sie folgende Zwangsvollstreckungsmaßnahmen den hierfür zuständigen Vollstreckungsorganen zu:

a) **Pfändung eines antiken Möbelstücks beim Schuldner**
b) **Erlass des Haftbefehls zur Abgabe der eidesstattlichen Versicherung**
c) **Durchsuchung der Wohnung des Schuldners**
d) **Eintragung einer Zwangssicherungshypothek**
e) **Antrag auf Festsetzung eines Zwangsgeldes gem. § 888 ZPO**

Lösungsvorschlag:

a) Gerichtsvollzieher, § 808 ZPO
b) Vollstreckungsgericht, § 802g ZPO
c) Gerichtsvollzieher, §§ 758, § 758a Abs. 4 ZPO
d) Grundbuchamt, § 867 ZPO
e) Prozessgericht, § 888 ZPO

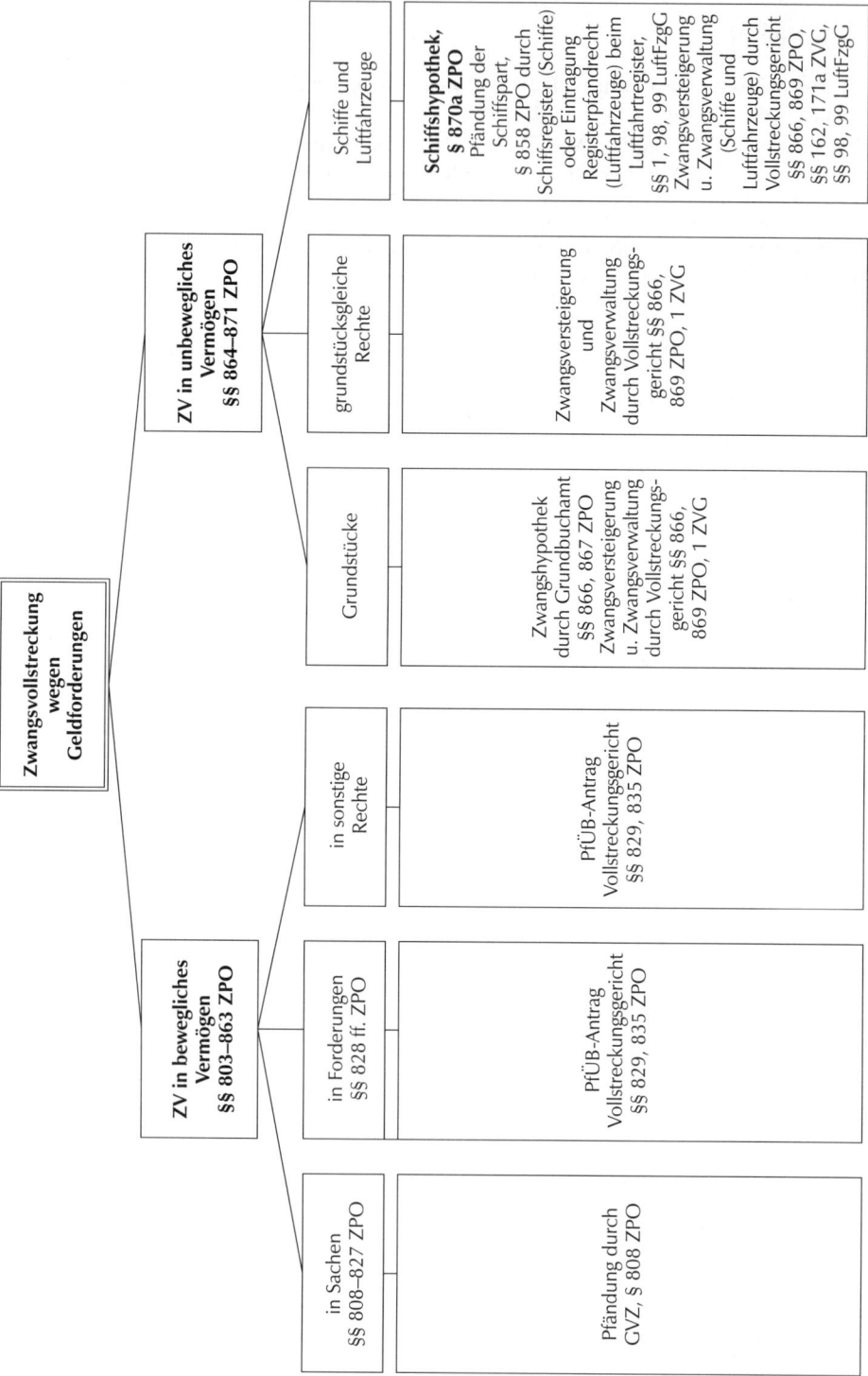

3. Informationsbeschaffung

3.1 Informationsbeschaffung bei Privatpersonen

Der Erfolg der Zwangsvollstreckung wird von zwei Faktoren entscheidend beeinflusst: von der Geschwindigkeit und von den Informationen, die der Gläubiger über den Schuldner erworben hat.

Es gibt für den Gläubiger zahlreiche Möglichkeiten, Recherchen über den Schuldner einzuleiten. Ist der Schuldner eine Privatperson, können u.a. folgende Möglichkeiten ausgeschöpft werden:

- Einwohnermeldeamtsanfrage
- Telefonbuch
- Postanschriftenprüfung
- Anfrage über »www.umzugsdatenbank.de«
- Elektronische Telefonbücher mit Inverssuche (z.B. Klicktel)
- Auskunfteien
- Detekteien/Schuldnerrecherchedienste
- Schufa-Auskunft
- Anfrage beim Schuldnerregister
- »Schuldnerbriefkopf«
- Internet
- Telefonat mit zuständigem Gerichtsvollzieher
- Anruf bei ehemaligem Vermieter
- Anruf bei ehemaliger c/o-Adresse
- Soziale Netzwerke, z.B. Facebook, Xing, Twitter, Stayfriends, etc.

Übungsfall:

Vom Amtsgericht erhalten Sie als Gläubigervertreter die Mitteilung, dass der von Ihnen beantragte Mahnbescheid dem Schuldner (Privatperson) nicht zugestellt werden konnte, da laut Zustellungsurkunde der Empfänger unter der angegebenen Anschrift nicht zu ermitteln ist. Nennen Sie fünf Möglichkeiten, wie Sie die Anschrift des Schuldners ermitteln können (ohne Angabe von gesetzlichen Bestimmungen).

Lösungsvorschlag:

Durch folgende Maßnahmen könnte die neue Anschrift des Schuldners ermittelt werden:

- Einwohnermeldeamtsanfrage
- Postanschriftenprüfung
- Beauftragung eines Schuldnerrecherchedienstes
- Schufa-Auskunft
- Anruf bei ehemaligem Vermieter

3.2 Informationsbeschaffung bei gewerblichen Schuldnern

- Gewerbeamtsanfrage
- Ermittlung der Vertretungsverhältnisse (Geschäftsführer, Gesellschafter, Komplementäre, etc.) durch: Einsicht in das Handelsregister
- Auswertung der vom Mandanten übergebenen Unterlagen (insbes. »Schuldnerbriefkopf«)
- Internet (»Homepage«)
- Telefonat mit zuständigem Gerichtsvollzieher
- Anruf beim Schuldner
- Telefonbuch
- Postanschriftenprüfung
- Auskunfteien
- Detekteien/Schuldnerrecherchedienste
- Auskunft über IHK oder Berufsverbände
- Internet-Insolvenzveröffentlichung (www.insolvenzbekanntmachungen.de)
- Soziale Netzwerke wie Facebook, Xing o.ä.

4. Allgemeine Voraussetzungen der Zwangsvollstreckung

Die Voraussetzungen der Zwangsvollstreckung lauten (neben den formellen Voraussetzungen der ZPO wie Deutsche Gerichtsbarkeit, Parteifähigkeit, Prozessfähigkeit): Titel, Klausel, Zustellung und Fehlen von Vollstreckungshindernissen.

4.1 Vollstreckungstitel

Der Vollstreckungstitel (»Titel«) bildet die Grundlage für die Zwangsvollstreckung. In ihm müssen sowohl die Parteien, als auch der zu vollstreckende Anspruch nach Art und Umfang genau bezeichnet sein. Außerdem muss der Inhalt des Titels vollstreckbar sein. Es gibt diverse Arten von Vollstreckungstiteln. Zu den wichtigsten Titeln zählen:

- Urteile, §§ 300–307, 331, 345 ZPO
- Kostenfestsetzungsbeschlüsse, § 104 Abs. 1 ZPO
- Vollstreckungsbescheide, § 699 ZPO
- Notarielle Urkunden, § 794 Abs. 1 Nr. 5 ZPO
- Prozessvergleiche, § 794 Abs. 1 Nr. 1 ZPO
- Beschlussvergleiche, § 278 Abs. 6 ZPO
- Anwaltsvergleiche, § 796a ZPO
- Arresturteile und Arrestbefehle, § 922 ZPO
- einstweilige Verfügungen, §§ 935, 936 ZPO

a) Vollstreckung aus Urteilen

Die Zwangsvollstreckung aus Urteilen findet nur statt, wenn sie rechtskräftig oder für vorläufig vollstreckbar erklärt worden sind, § 704 Abs. 1 ZPO.

Prüfungstipp: *Die Frage »Wann ist ein Urteil rechtskräftig« wird gerne gestellt. Die Rechtskraft des Urteils tritt ein, wenn ein Rechtsmittel nicht eingelegt wurde oder nicht (mehr) eingelegt werden kann, oder die Parteien auf die Einlegung des Rechtsmittels verzichtet haben.*

Dem Vollstreckungsorgan wird die Rechtskraft durch das Rechtskraftzeugnis nachgewiesen. Das Rechtskraftzeugnis wird vom erstinstanzlichen Gericht erteilt, wenn ein Rechtsmittel nicht eingelegt wurde und nach Ablauf der Rechtsmittelfrist nicht mehr eingelegt werden kann. Zuvor wird vom Rechtsmittelgericht durch das sog. Notfristzeugnis (auch Notfristattest) bescheinigt, dass eine Rechtsmittelschrift dort nicht eingegangen ist.

Der Nachweis der Rechtskraft erfolgt durch das Rechtskraftzeugnis. Es trägt folgenden Wortlaut: »Vorstehendes Urteil ist rechtskräftig«. Das Rechtskraftzeugnis wird von der Geschäftsstelle des Prozessgerichts erster Instanz erteilt (§ 706 Abs. 1 ZPO).

Achtung: Befinden sich die Prozessakten bereits beim Rechtsmittelgericht, erteilt der Urkundsbeamte dieses Gerichts das Rechtskraftzeugnis (§ 706 Abs. 1 ZPO).

b) Vorläufige Vollstreckbarkeit

Vorläufige Vollstreckbarkeit bedeutet, dass aus einem Urteil bereits vor Eintritt der Rechtskraft die Zwangsvollstreckung betrieben werden kann.

> **Beispiel:**
>
> »Das Urteil ist vorläufig vollstreckbar«.

So soll verhindert werden, dass der Schuldner sein Vermögen der Zwangsvollstreckung dadurch entzieht, dass er nur aus verzögerungstaktischen Gründen Rechtsmittel einlegt.

Vorsicht: Vollstreckt der Gläubiger aus einem vorläufig vollstreckbaren Urteil, haftet er dem Schuldner für den durch die Zwangsvollstreckung entstandenen Schaden, wenn das Urteil in nächst höherer Instanz aufgehoben wird, § 717 Abs. 2 ZPO.

c) Vorläufige Vollstreckbarkeit ohne Sicherheitsleistung

Folgende Urteile sind gem. § 708 ZPO Nr. 1 bis 3 ohne Sicherheitsleistung für vorläufig vollstreckbar zu erklären:
- Anerkenntnis- oder Verzichtsurteile
- Versäumnisurteile
- Urteile nach Lage der Akten gegen die säumige Partei
- Urteile mit denen ein Einspruch gegen ein Versäumnisurteil als unzulässig verworfen wird

Aus diesen Urteilen kann die Zwangsvollstreckung wie aus einem rechtskräftigen Urteil betrieben werden. Die Formel lautet in diesen Fällen wie im vorigen Beispiel.

Gem. § 708 ZPO Nr. 4–11 sind außerdem folgende Urteile ohne Sicherheitsleistung für vorläufig vollstreckbar zu erklären:
- Urteile im Urkunden-, Scheck- oder Wechselverfahren
- Urteile im Nachverfahren
- Urteile im Arrest- und einstweiligen Verfügungsverfahren
- Urteile in (Wohnraum-)Mietstreitigkeiten
- Unterhaltsurteile
- Urteile in Besitzsachen
- Berufungsurteile in vermögensrechtlichen Streitigkeiten
- andere Urteile in vermögensrechtlichen Streitigkeiten (Wertgrenzen beachten)

Übungsfall:

Bei welchen vollstreckbaren Urteilen muss vor Beginn der Zwangsvollstreckung keine Sicherheit geleistet werden?

Lösungsvorschlag:

Bei rechtskräftigen Urteilen und bei Urteilen, die kraft Gesetzes ohne Sicherheitsleistung für vorläufig vollstreckbar zu erklären sind, §§ 704 Abs. 1 ZPO, 708 Nr. 1–11 ZPO.

Das Gericht hat bei den in § 708 Nr. 4–11 ZPO genannten Urteilen gem. § 711 ZPO von Amts wegen auszusprechen, dass der Schuldner die Vollstreckung durch Leistung einer Sicherheit abwenden darf. Hierzu ist kein Antrag des Schuldners erforderlich.

Beispiel:

»Das Urteil ist vorläufig vollstreckbar. Der Beklagte kann die Vollstreckung durch Sicherheitsleistung in Höhe von € ... /(...% des zu vollstreckenden Betrags) abwenden, wenn nicht der Kläger vor der Vollstreckung Sicherheit in gleicher Höhe leistet.«

Wir halten fest:

Die in § 708 ZPO genannten Urteile sind ohne Sicherheitsleistung für vorläufig vollstreckbar zu erklären. In den Fällen des § 708 Nr. 4 bis 11 ZPO hat das Gericht jedoch eine Abwendungsbefugnis des Schuldners auszusprechen.

Beispiel:

Der Kläger hat folgendes Vorbehaltsurteil im Urkundenprozess erstritten:

I. Der Beklagte wird verurteilt, an den Kläger 15.000,00 € nebst Zinsen in Höhe von 5 Prozentpunkten über dem Basiszins seit 02.01.2013 zu bezahlen. Ihm bleibt die Ausführung seiner Rechte im Nachverfahren vorbehalten.

II. Der Beklagte trägt die Kosten des Rechtsstreits.

III. Das Urteil ist vorläufig vollstreckbar. Der Beklagte kann die Vollstreckung durch Sicherheitsleistung in Höhe von 120 % des zu vollstreckenden Betrages abwenden, wenn nicht der Kläger vor der Vollstreckung Sicherheit in gleicher Höhe leistet.

Erläuterungen:

Will der Kläger (Gläubiger) aus dem Vorbehaltsurteil vollstrecken, muss er dies dem Beklagten (Schuldner) kurzfristig mitteilen, damit dieser Gelegenheit zur Sicherheitsleistung hat. Gemäß § 711 Satz 1 ZPO hat der Schuldner die Möglichkeit, die Zwangsvollstreckung durch Leistung einer Sicherheit abzuwenden, d.h. zu verhindern. Man spricht in diesem Fall von der Abwendungsbefugnis. Macht der Schuldner hiervon Gebrauch, stellt dies ein Zwangsvollstreckungshindernis gem. § 775 Nr. 3 ZPO dar, mit der Folge, dass die Zwangsvollstreckung gem. § 776 ZPO aufzuheben ist.

Will der Gläubiger die Zwangsvollstreckung fortführen, muss er seinerseits Sicherheit leisten. Wird durch den Gläubiger die Sicherheit ebenfalls geleistet, kann der Schuldner in diesem Fall die von ihm geleistete Sicherheit zurückverlangen.

Macht der Schuldner von der Abwendungsbefugnis keinen Gebrauch, kann der Gläubiger ohne Sicherheitsleistung vollstrecken, allerdings wird ein Vollstreckungserlös dann gem. § 720 ZPO hinterlegt.

Übrigens: Leistet der Gläubiger Sicherheit, der Schuldner trotz Abwendungsbefugnis des § 711 ZPO nicht, erfolgt die Vollstreckung wie aus einem rechtskräftigen Urteil.

Wir halten fest:

Leistet zunächst der Schuldner Sicherheit und will der Gläubiger die Zwangsvollstreckung durchführen, muss er seinerseits Sicherheit leisten. In diesem Fall kann der Schuldner seine Sicherheit zurückverlangen.

---

d) Sicherheitsleistung

Die Sicherheitsleistung hat den Zweck, den Anspruch der im Prozess unterlegenen Partei für den Fall der Aufhebung der Entscheidung in der Rechtsmittelinstanz durch Hinterlegung eines Pfandes zu sichern.

Alle Schäden, die dem Schuldner durch die Vollstreckung oder die freiwillige Leistung bei drohender Vollstreckung entstehen können, müssen von der Sicherheitsleistung abgedeckt werden

Als Vollstreckungsschaden kommen in Betracht:
- Hauptforderung
- Nebenforderungen
- Zinsen
- Kosten

Wir halten fest:

Grundsätzlich sind Urteile wegen der Schadenersatzpflicht des § 717 Abs. 2 ZPO nur gegen Sicherheitsleistung vorläufig vollstreckbar. Ausnahmen regelt § 708 ZPO.

Beispiel:

Rechtsanwalt Müller wird ein obsiegendes Urteil seines Mandanten zugestellt, das folgenden Zusatz enthält:

»*Das Urteil ist gegen Sicherheitsleistung in Höhe von 5.000,00 € vorläufig vollstreckbar*«

Das Gericht bestimmt im Urteilstenor, wie und in welcher Höhe die Sicherheit zu leisten ist. Parteianträge zur Art der Sicherheit werden lediglich als Anregung gewertet.

Gem. § 709 Satz 2 ZPO genügt die Angabe eines bestimmten Verhältnisses zur Höhe der zu vollstreckenden Forderung, wenn eine Geldforderung vollstreckt wird.

Prüfungstipp: Die Prüfungsfrage: »Wie kann die Sicherheit geleistet werden, wenn das Gericht nichts bestimmt und die Parteien nichts vereinbart haben?« ist mit § 108 Abs. 1 Satz 2 ZPO zu beantworten. Hiernach kann die Leistung der Sicherheit durch schriftliche, unwiderrufliche, unbedingte und unbefristete Bürgschaft eines im Inland zum Geschäftsbetrieb befugten Kreditinstituts oder durch Hinterlegung von Geld oder geeigneten Wertpapieren erfolgen.

e) Rückgabe der Sicherheit

- Anordnung der Rückgabe der Sicherheit an den Gläubiger erfolgt auf Antrag des Gläubigers, wenn dieser die Rechtskraft des vorläufig vollstreckbaren Urteils nachweisen kann, § 715 Abs. 1 ZPO,

- der Schuldner kann die Rückgabe verlangen, wenn er zur Abwendung der Zwangsvollstreckung Sicherheit gem. § 711 ZPO geleistet und der Gläubiger ebenfalls die Sicherheitsleistung erbracht hat,

- zuständig für Antrag gem. § 715 ZPO ist das Gericht, das die Sicherheitsleistung angeordnet oder zugelassen hat,

- bei Sicherheitsleistung durch Bürgschaft ordnet das Gericht ggf. das Erlöschen der Bürgschaft gem. § 715 Abs. 1 Satz 2 ZPO an.

f) Vollstreckung von vorläufig gegen Sicherheitsleistung vollstreckbaren Urteilen

Grundsätzlich erfolgt die Vollstreckung von vorläufig gegen Sicherheitsleistung vollstreckbaren Urteilen nur, wenn der Nachweis der Sicherheitsleistung durch öffentliche oder öffentlich beglaubigte Urkunden nachgewiesen wird, § 751 Abs. 2 ZPO.

Wird der Nachweis vom Gläubiger nicht erbracht, kann die Vollstreckung nur nach Maßgabe des § 720a ZPO (»Sicherungsvollstreckung«) erfolgen. Will der Schuldner nicht, dass Sicherungsvollstreckungsmaßnahmen eingeleitet werden, muss er von der in § 720a Abs. 3 ZPO geregelten Abwendungsbefugnis Gebrauch machen und Sicherheit leisten, mit der Folge, dass die Zwangsvollstreckung gem. § 775 Nr. 3 ZPO eingestellt wird und eingeleitete Vollstreckungsmaßregeln gem. § 776 Satz 1 aufzuheben sind.

Zur Sicherungsvollstreckung vgl. Kap. 12.

4.2 Vollstreckungsklausel

Die Vollstreckungsklausel (»Klausel«) ist grundsätzlich ebenfalls Voraussetzung für die Zwangsvollstreckung. Denn gem. § 724 ZPO darf die Zwangsvollstreckung nur aufgrund einer mit der Vollstreckungsklausel versehenen Ausfertigung des Urteils (vollstreckbare Ausfertigung) durchgeführt werden.

Übersicht vorläufige Vollstreckbarkeit gem. §§ 708, 709 ZPO

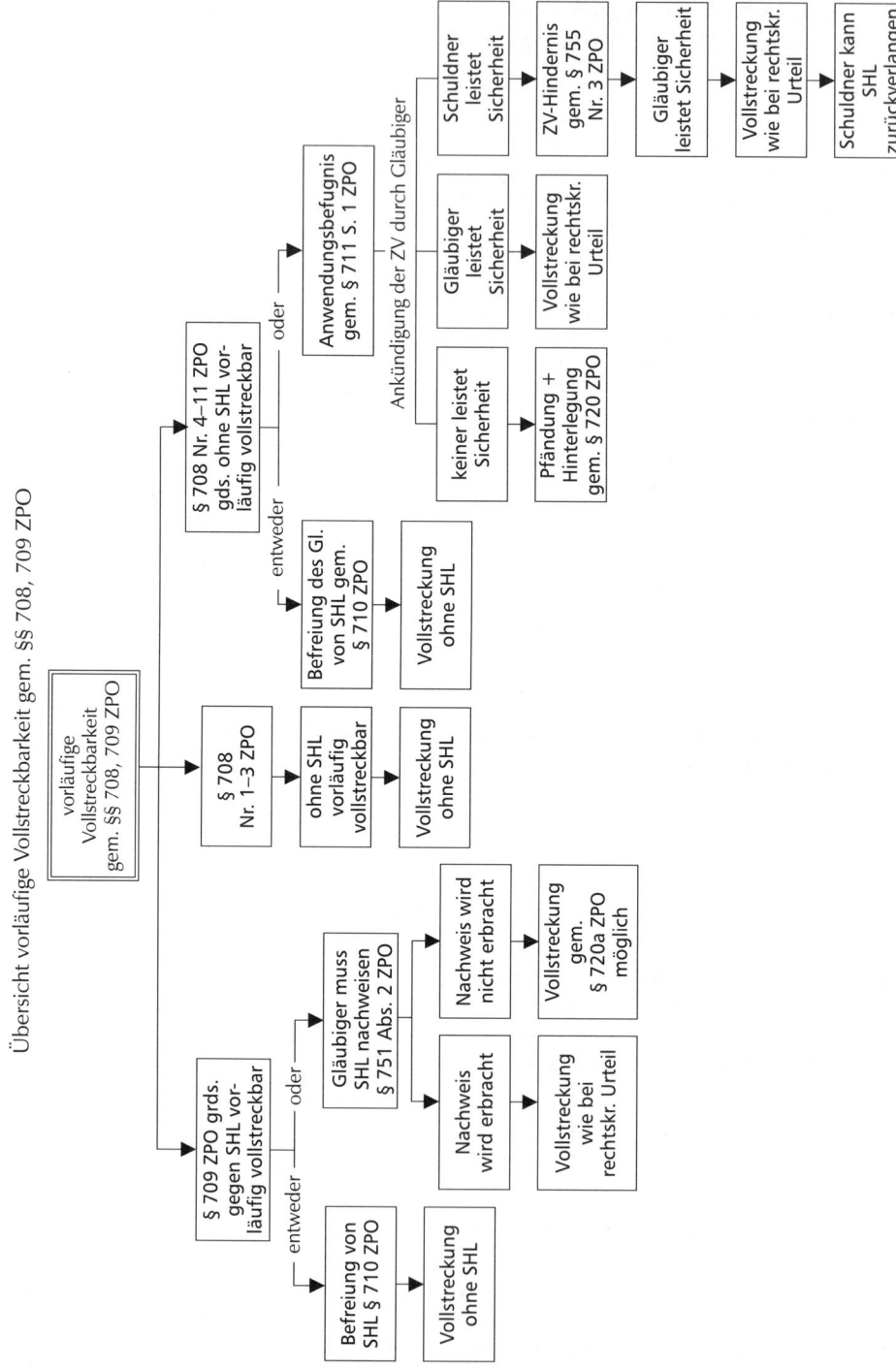

Es wird zwischen der einfachen und der qualifizierten Vollstreckungsklausel unterschieden.

a) Einfache Vollstreckungsklausel

Die einfache Vollstreckungsklausel lautet:

»Vorstehende Ausfertigung wird dem usw. (Bezeichnung der Partei) zum Zwecke der Zwangsvollstreckung erteilt.« (§ 725 ZPO)

Aber: Es gibt Titel, bei denen die Klausel nicht erforderlich ist, zum Beispiel beim Vollstreckungsbescheid, beim Arrest oder der einstweiligen Verfügung. Auch bei unselbständigen Kostenfestsetzungsbeschlüssen (also denjenigen, die auf ein Urteil gesetzt sind), wird keine Klausel benötigt.

Prüfungstipp: *Werden Sie danach gefragt, wo sich auf dem Vollstreckungsbescheid die einfache Vollstreckungsklausel befindet, handelt es sich hierbei um einen Scherz, denn der Vollstreckungsbescheid muss gem. § 796 Abs. 1 ZPO keine Klausel enthalten.*

b) Qualifizierte Vollstreckungsklausel

Bei der qualifizierten Klausel wird zwischen titelergänzenden, titelumschreibenden oder titelübertragenden Klauseln unterschieden.

Die titelergänzende Klausel wird nötig, wenn der titulierte Anspruch oder seine Vollstreckbarkeit von einer unbestimmten Befristung abhängt oder aufschiebend bedingt ist.

Die titelumschreibende oder titelübertragende Klausel ist erforderlich, wenn die Zwangsvollstreckung für oder gegen eine andere, als die im Titel genannte Person beginnen soll. Sie wird auch »Rechtsnachfolgeklausel« genannt, die dann erteilt wird, wenn der zu vollstreckende Anspruch nicht mehr gegen den Schuldner, sondern z.B. gegen dessen Erben oder den Testamentsvollstrecker vollstreckt werden soll.

4.3 Zustellung

Die Zustellung soll dem Schuldner einer Forderung im Rahmen der Zwangsvollstreckung vor Augen führen, dass nunmehr ein Vollstreckungstitel gegen ihn vorliegt. Er erhält mit der Zustellung letztmalig Gelegenheit, die Angelegenheit durch freiwillige Zahlung zu erledigen.

Unterschieden werden zwei Zustellungsarten:

a) Die Zustellung von Amts wegen

Die Zustellung von Amts wegen erfolgt in der Regel durch Aufgabe einer beglaubigten Ausfertigung des Titels bei der Post (oder durch Zustellung durch einen Justizbediensteten).

Über die erfolgte Zustellung wird die Postzustellungsurkunde ausgefertigt. Das Gericht versieht den Titel mit dem Vermerk über die erfolgte Zustellung.

b) Die Zustellung im Parteibetrieb

Diese erfolgt durch Zustellung durch den Gerichtsvollzieher, entweder dadurch, dass der Gerichtsvollzieher persönlich zustellt und die Zustellung vermerkt oder durch Aufgabe zur Post, bei der der Zustellungsbeamte der Post auf der »Postzustellungsurkunde« die Zustellung vermerkt und an den Gerichtsvollzieher zurückschickt.

Achtung: Sind beide Parteien anwaltlich vertreten, kann die Zustellung auch gem. § 195 ZPO von Anwalt zu Anwalt erfolgen.

Wir halten fest:

Die allgemeinen Voraussetzungen der Zwangsvollstreckung lauten: Titel, Klausel, Zustellung und Fehlen von Vollstreckungshindernissen.

---

5. Besondere Voraussetzungen der Zwangsvollstreckung

Neben den allgemeinen Voraussetzungen der Zwangsvollstreckung bestimmen unter Umständen besondere Faktoren über deren Zulässigkeit:

5.1 Eintritt des Kalendertages

Ist die Geltendmachung des Anspruchs von dem Eintritt eines Kalendertages abhängig, so darf die Zwangsvollstreckung nur beginnen, wenn der Kalendertag abgelaufen ist, § 751 Abs. 1 ZPO.

5.2 Erbringung der Sicherheitsleistung

Hängt die Vollstreckung von einer dem Gläubiger obliegenden Sicherheitsleistung ab, so darf mit der Zwangsvollstreckung nur begonnen oder sie nur fortgesetzt werden, wenn die Sicherheitsleistung durch eine öffentliche oder öffentlich beglaubigte Urkunde nachgewiesen und eine Abschrift dieser Urkunde bereits zugestellt ist oder gleichzeitig zugestellt wird, § 751 Abs. 2 ZPO.

5.3 Gegenleistung bei einer Zug-um-Zug-Leistung

Bevor eine Zug-um-Zug-Leistung vollstreckt werden kann, muss das Vollstreckungsorgan prüfen, ob die vom Vollstreckungsgläubiger zu erbringende Gegenleistung erbracht ist oder dem Schuldner verzugsbegründend angeboten wurde.

Aber: Der Gerichtsvollzieher kann damit beauftragt werden, dem Schuldner die Gegenleistung anzubieten. Lehnt der Schuldner das Angebot des Gerichtsvollziehers ab, darf dieser mit der Vollstreckung beginnen.

Sofern der Schuldner hinsichtlich der Gegenleistung bereits vor Beginn der Zwangsvollstreckung befriedigt wurde oder in Annahmeverzug gesetzt wurde, ist der Nachweis hierüber durch öffentliche oder öffentlich beglaubigte Urkunden zu führen. Diese Urkunden müssen dem Schuldner ebenfalls – spätestens mit der Zwangsvollstreckung – zugestellt werden, vgl. § 756 ZPO.

5.4 Wartefristen

Bei einigen Titeln darf die Vollstreckung erst beginnen, wenn seit der Zustellung an den Schuldner mindestens zwei Wochen vergangen sind, § 798 ZPO. Es handelt sich z.B. um:

- selbständige Kostenfestsetzungsbeschlüsse, § 104 ZPO
- für vollstreckbar erklärte Anwaltsvergleiche, §§ 796b, 796c ZPO
- notarielle Urkunden, § 794 Abs. 1 Nr. 5 ZPO

Achtung: Eine weitere Wartefrist ist bei der Sicherungsvollstreckung (vgl. Kapitel 12) gem. § 720a ZPO zu beachten. Hier müssen der Titel (und ggf. die qualifizierte Klausel) gem. § 750 Abs. 3 ZPO mindestens zwei Wochen vor Beginn der Zwangsvollstreckung zugestellt werden.

Wir halten fest:

Neben den allgemeinen Voraussetzungen zur Zwangsvollstreckung können besondere Zulässigkeitsvoraussetzungen, wie z.B. die Sicherheitsleistung, der Ablauf des Kalendertages, die Gegenleistung bei einer Zug-um-Zug-Verurteilung oder der Ablauf von Wartefristen gegeben sein.

Übungsfall:

Nennen Sie drei Beispiele für Vollstreckungstitel, die erst nach Ablauf einer Wartefrist vollstreckt werden dürfen.

Lösungsvorschlag:

Aus selbständigen Kostenfestsetzungsbeschlüssen, aus für vollstreckbar erklärten Anwaltsvergleichen und aus notariellen Urkunden darf die Vollstreckung erst nach einer Wartefrist von zwei Wochen beginnen, § 798 ZPO. Bei der Sicherungsvollstreckung (vgl. Kapitel 12) gem. § 720a ZPO muss der Titel (und ggf. die qualifizierte Klausel) mindestens zwei Wochen vor Beginn der Zwangsvollstreckung zugestellt werden, § 750 Abs. 3 ZPO.

6. Vollstreckung durch den Gerichtsvollzieher

6.1 Allgemeines

Der Gerichtsvollzieher ist ein selbständiges und unabhängiges Organ der Rechtspflege. Er ist weisungsgebundener Beamter der Justizverwaltung und unterliegt der Dienstaufsicht seines Dienstherrn. Er handelt weisungsfrei und eigenverantwortlich im Rahmen eines erteilten Auftrages. Er ist gem. § 154 GVG der Beamte, der für Zustellungen, Ladungen und Vollstreckungen zuständig ist. Vollstreckungshandlungen, die nicht den Gerichten zugewiesen sind, nimmt der Gerichtsvollzieher vor (§ 753 ZPO). Bei der Ausführung von Vollstreckungsaufträgen hat der Gerichtsvollzieher unnötiges Aufsehen, unverhältnismäßige Härte und unnötige Kosten zu vermeiden, § 58 Abs. 1 GVGA.

a) GVO und GVGA

Der Gerichtsvollzieher hat die GVO (Gerichtsvollzieherordnung) und die GVGA (Geschäftsanweisung für Gerichtsvollzieher) zu beachten. Während die GVO die Befugnisse und Aufgaben der Gerichtsvollzieher bundeseinheitlich regelt, handelt es sich bei der GVGA um eine Verwaltungsanweisung, die der Gerichtsvollzieher dienstrechtlich zu beachten hat und die ihm Verständnis der gesetzlichen Vorschriften erleichtern soll.

b) Örtliche Zuständigkeit

Die örtliche Zuständigkeit ergibt sich aus § 14 Abs. 1 GVO. Der Gerichtsvollzieher ist für seinen Teilbezirk des Amtsgerichts zuständig und kann unmittelbar oder durch die Gerichtsvollzieher-Verteilerstelle beim Amtsgericht beauftragt werden (§ 753 Abs. 2 ZPO). Er kann Vollstreckungshandlungen in der Wohnung oder den Geschäftsräumen des Schuldners oder auch auf der Straße (z.B. Taschenpfändung, Verhaftung) vornehmen. Verstöße des Gerichtsvollziehers gegen die örtliche Zuständigkeit führen nicht zur Nichtigkeit des Vollstreckungsaktes, sondern lediglich zu dessen Anfechtbarkeit.

Tipp: Der zuständige Gerichtsvollzieher kann telefonisch bei der Gerichtsvollzieher-Verteilerstelle erfragt werden. Von dort werden – neben der Anschrift – auch die Sprechzeiten des Gerichtsvollziehers mitgeteilt.

c) Behandlung des Auftrags/Prüfungspflicht

Neben den allgemeinen Voraussetzungen (Deutsche Gerichtsbarkeit, §§ 18–20 GVG; Parteifähigkeit, § 50 ZPO und der Zulässigkeit des Auftrages § 704 ZPO) prüft der Gerichtsvollzieher bei Übernahme des Auftrages zunächst

- seine Zuständigkeit
- das Vorliegen von Ausschlussgründen
- das Vorliegen eines Titels
- die Antragsberechtigung

- die vom Gläubiger übersandte Forderungsaufstellung
- bei Erteilung des Auftrages durch den Prozessbevollmächtigten ggf. dessen Vollmacht
- ob eine Vollstreckungsklausel erforderlich und diese vorhanden ist
- ggf. die Zustellung sämtlicher für die Vollstreckung notwendiger Urkunden
- ob der Vollstreckungsschuldner des Titels mit dem Vollstreckungsschuldners des Auftrages identisch ist
- ob begründete Anhaltspunkte für die Vermögenslosigkeit des Schuldners vorliegen
- ob die eidesstattliche Versicherung/Vermögensauskunft bereits geleistet wurde
- ob etwaige Vollstreckungsbeschränkungen vorliegen.

Der Gerichtsvollzieher nimmt vor der Pfändung eine Berechnung der Forderung vor oder prüft die vom Gläubiger übersandte Forderungsaufstellung. Sind Absetzungen vorzunehmen, muss er dies dem Gläubiger gem. § 80 Abs. 1 Satz 1 GVGA mitteilen.

d) Hinzuziehung von Zeugen

Leistet der Schuldner Widerstand bei der Zwangsvollstreckung durch den Gerichtsvollzieher, ist letzterer gem. § 758 Abs. 3 ZPO befugt, Gewalt anzuwenden und sich hierbei polizeilicher Hilfe zu bedienen. Wird seitens des Schuldners anlässlich der Vollstreckung Widerstand geleistet oder ist er bei einer in seiner Wohnung stattfindenden Zwangsvollstreckungsmaßnahme nicht anwesend, muss der Gerichtsvollzieher zwei erwachsene Personen oder einen Gemeinde- oder Polizeibeamten als Zeugen hinzuziehen, § 759 ZPO. Dies schützt zum einen den Gerichtsvollzieher vor möglichen Verdächtigungen und zum anderen den Schuldner vor einem unkontrollierten Einsatz der staatlichen Gewalt.

6.2   Beauftragung des Gerichtsvollziehers

In den Fällen, in denen Forderungen des Schuldners gegenüber Dritten nicht bekannt sind, ist der Auftrag an den Gerichtsvollzieher oft die erste Vollstreckungshandlung. Vor Beauftragung an den Gerichtsvollzieher sollte sich der Gläubiger (oder dessen anwaltlicher Vertreter) auf jeden Fall darüber Gedanken machen, womit er den Gerichtsvollzieher beauftragen will, denn hier bestehen zahlreiche Möglichkeiten.

Die Regelungsbefugnisse des Gerichtsvollziehers ergeben sich aus § 802a Abs. 2 ZPO, wonach der Gerichtsvollzieher aufgrund eines Vollstreckungsauftrages und der Übergabe einer vollstreckbaren Ausfertigung befugt ist,

1. eine gütliche Erledigung der Sache zu versuchen
2. eine Vermögensauskunft des Schuldners einzuholen
3. Auskünfte Dritter über das Vermögen des Schuldners einzuholen
4. die Pfändung und Verwertung körperlicher Sachen zu betreiben
5. eine Vorpfändung durchzuführen.

Bei der Durchführung des Zwangsvollstreckungsauftrages können sich Wahlmöglichkeiten für den Gläubiger ergeben, wie beispielsweise:

– Sollen dem Schuldner Ratenzahlungen bewilligt werden?
– Soll die Sofortabnahme der Vermögensauskunft durchgeführt werden?
– Was soll passieren, wenn der Schuldner der Durchsuchung widerspricht?

– Sollen bereits für andere Gläubiger gepfändete Gegenstände erneut gepfändet werden?

– Wie soll weiter verfahren werden, wenn der Schuldner unbekannt verzogen ist?

Wir halten fest:

Der Gläubiger bestimmt den Gang des Vollstreckungsverfahrens. Daher muss er sich vor Erteilung eines Auftrages an den Gerichtsvollzieher Gedanken um den weiteren Verlauf und eventuelle Wahlmöglichkeiten machen.

6.3 Entgegennahme von Leistungen

Mit dem Auftrag an den Gerichtsvollzieher wird dieser gem. § 754 Abs. 1 ZPO ermächtigt, vorbehaltlose freiwillige Leistungen (auch Teilleistungen) des Schuldners entgegenzunehmen und an den Gläubiger abzuliefern. Er darf Schecks des Schuldners entgegennehmen.

Die Zustimmung des Gläubigers zur Entgegennahme vorbehaltloser Zahlungen ist nicht erforderlich. Hat der Schuldner die Forderung an den Gerichtsvollzieher bezahlt, wird ihm der quittierte Originaltitel als Zahlungsbeleg vom Gerichtsvollzieher ausgehändigt. Teilzahlungen vermerkt der Gerichtsvollzieher auf dem Titel, händigt diesen dann natürlich nicht an den Schuldner aus, wenn die Forderung nicht vollständig beglichen wurde.

6.4 Ermittlung des Aufenthaltsortes des Schuldners

Der Gerichtsvollzieher ist gem. § 755 ZPO befugt, nach einem Auftrag des Gläubigers und Übersendung der vollstreckbaren Ausfertigung des Titels folgende Auskünfte einzuholen:

1. Einwohnermeldeamt
2. Ausländer-Zentralregister (falls 1. negativ)
3. gesetzliche Rentenversicherung (falls 1. und 2. negativ und HF mindestens 500,00 €)
4. Kfz-Bundesamt (falls 1. und 2. negativ und HF mindestens 500,00 €)

Voraussetzung für die Einholung dieser Auskünfte ist, dass Zwangsvollstreckungsauftrag durch den Gläubiger erteilt und die vollstreckbare Ausfertigung übergeben wird, außerdem, dass der Wohnsitz oder gewöhnliche Aufenthaltsort des Schuldners nicht bekannt ist.

Der Gläubiger kann den Auftrag so gestalten, dass der Gerichtsvollzieher zunächst einen Pfändungsversuch (oder auch den Versuch einer gütlichen Einigung) unternehmen soll und bei unbekanntem Aufenthaltsort des Schuldners auch mit der Anschriftenermittlung beauftragt wird.

Beispiel:

Es wird beantragt, Ermittlungen über den Aufenthaltsort des Schuldners gem. § 755 ZPO vorzunehmen.

Der Gerichtsvollzieher kann durch eine Anfrage beim Einwohnermeldeamt die Adresse des Schuldners ermitteln. Falls die Auskunft des Einwohnermeldeamts negativ ausfällt, kann er – sofern es sich beim Schuldner um einen Ausländer handelt – beim Ausländerzentralregister anfragen. Von dort werden ggf. die aktenführende Ausländerbehörde und Angaben zum Zuzug/Wegzug des Schuldners mitgeteilt. Über die aktenführende Ausländerbehörde wird dann wiederum der Aufenthaltsort des Schuldners mitgeteilt.

Die Anfragen beim Einwohnermeldeamt oder beim Ausländerzentralregister können aus Kostengründen natürlich auch von der Rechtsanwaltskanzlei selbst eingeholt werden.

Handelt es sich bei dem Schuldner um einen Ausländer, kann zunächst eine Anfrage beim Ausländerzentralregister gestellt werden, mit der Bitte, mitzuteilen, welche Ausländerbehörde in diesem Fall zuständig ist. Die zuständige Behörde ist das Bundesamt für Migration und Flüchtlinge, die Daten werden vom Bundesverwaltungsamt im Auftrag und nach Weisung des Bundesamts für Migration und Flüchtlinge verarbeitet und genutzt. Beim Ausländerzentralregister werden im allgemeinen Datenbestand die Daten der Ausländer gespeichert, die nicht nur vorübergehend im Inland leben oder gelebt haben. Des weiteren wird dort eine separate Visadatei geführt, in der die Daten derjenigen Ausländer gespeichert sind, die ein Visum beantragt haben.

Lässt sich die Anschrift über das Einwohnermeldeamt nicht ermitteln und ist die Anfrage beim Ausländerzentralregister erfolglos geblieben, kann der Gerichtsvollzieher auch bei den gesetzlichen Rentenversicherungsträgern oder beim Kraftfahrt-Bundesamt die Anschrift des Schuldners bzw. die Halterdaten erfragen. Weitere Voraussetzung für diese Abfragen ist, dass die Hauptforderung mindestens 500,00 € beträgt.

Die Reihenfolge der Auskünfte ist durch den Gesetzgeber festgelegt worden. Der Gerichtsvollzieher muss demnach – wenn er mit der Aufenthaltsermittlung beauftragt wurde – erst beim Einwohnermeldeamt, anschließend beim Ausländerzentralregister und danach bei der gemäß der Auskunft aus dem Ausländerzentralregister aktenführenden Ausländerbehörde den Aufenthaltsort des Schuldners ermitteln. Fallen diese Auskünfte allesamt negativ aus und beträgt die Hauptforderung mindestens 500,00 €, kann er zunächst beim Kraftfahrt-Bundesamt und – falls diese Abfrage erfolglos verlaufen ist – bei den Rentenversicherungsträgern anfragen.

Für die Auskünfte bei den gesetzlichen Rentenversicherungsträgern ist das Geburtsdatum des Schuldners wesentlich. Es ist daher im Rahmen der Mandantenbetreuung den Auftraggebern künftig dringend anzuraten, sich bei der Geschäftsverbindung alle Namen, das Geburtsdatum und den Geburtsnamen ihrer Kunden mitteilen zu lassen. Auch ist unbedingt auf die richtige Schreibweise des Namens zu achten (insbesondere auf die korrekte Schreibweise der Namen ausländischer Mitbürger), da die Informationsbeschaffung durch den Gerichtsvollzieher ansonsten erschwert würde, bzw. unmöglich wäre.

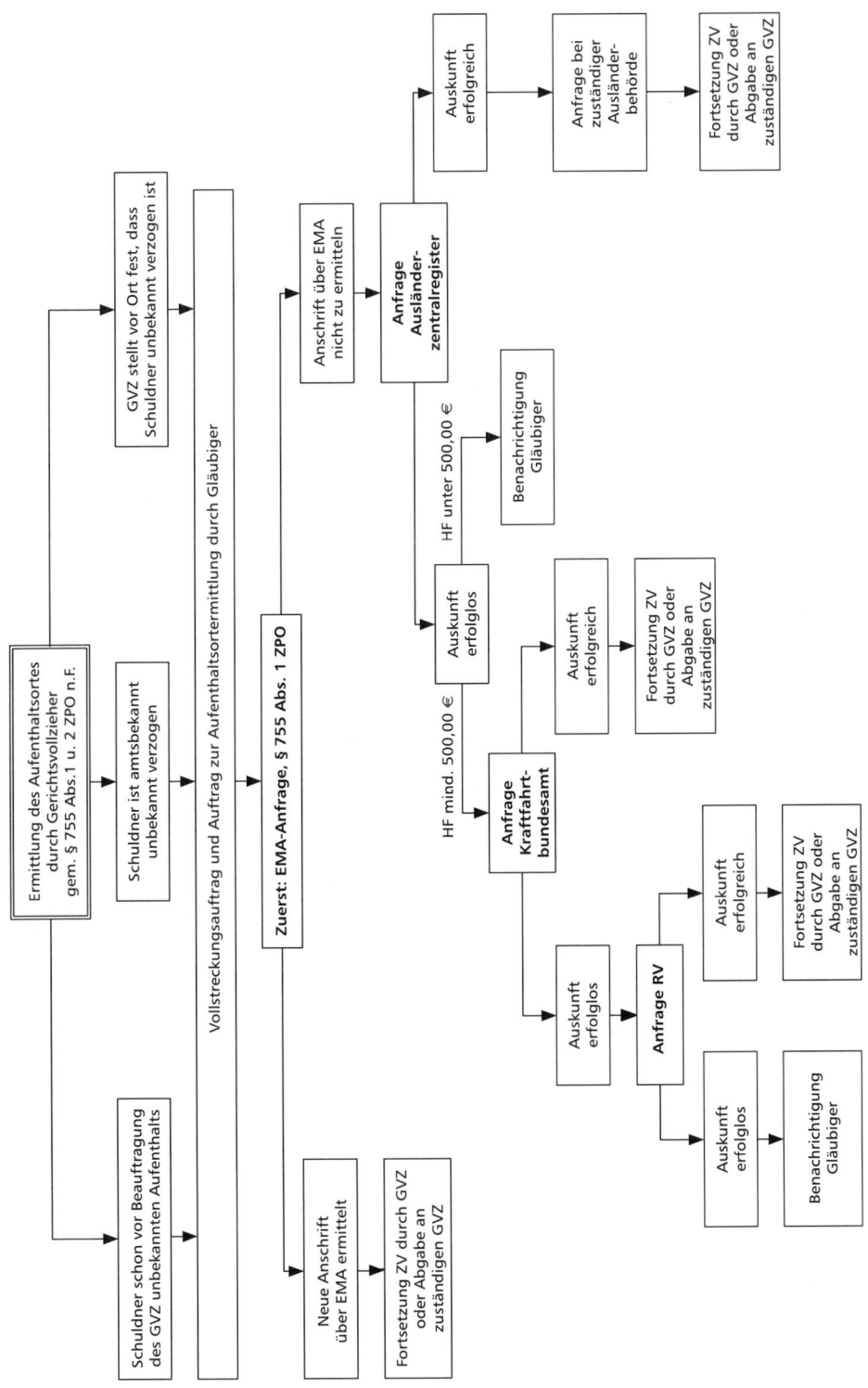

6.5 Herbeiführung einer gütlichen Erledigung

Der Gerichtsvollzieher soll gem. § 802b Abs. 1 ZPO in jeder Lage des Verfahrens auf eine gütliche Erledigung der Angelegenheit hinwirken. Durch diese Regelung bieten sich für den Gläubiger bei der Beauftragung des Gerichtsvollziehers verschiedene Möglichkeiten:

1. Der Gläubiger beauftragt den Gerichtsvollzieher isoliert mit der gütlichen Erledigung der Angelegenheit, § 802a Abs. 2 Nr. 1 i.V.m. § 802b Abs. 1 ZPO. Der Gerichtsvollzieher wird nach Vorgabe des Gläubigers versuchen, eine Vollzahlung des Schuldners zu einem absehbaren Zeitpunkt (Zahlungsaufschub) oder eine Ratenzahlung zu vereinbaren. Hierzu wird vom Gerichtsvollzieher ein Zahlungsplan erstellt, der die Begleichung der Forderung innerhalb von 12 Monaten vorsieht (Abweichungen sind grundsätzlich jedoch möglich). Der Gläubiger kann hierbei Vorgaben zur Höhe der Raten oder zur Laufzeit von Ratenzahlungen machen. Der Zahlungsplan bewirkt einen Zwangsvollstreckungsaufschub gem. § 802b Abs. 2 Satz 2 ZPO. Der Gerichtsvollzieher hat insoweit den Anweisungen des Gläubigers zu beachten.

2. Der Gerichtsvollzieher wird vor Beginn der Zwangsvollstreckung mit der Herbeiführung einer gütlichen Einigung und – falls diese scheitert – mit Vollstreckungshandlungen gem. § 802a Abs. 2 Satz 1 Nr. 2 bis 5 ZPO, ggf. auch bedingt beauftragt. Das im Vollstreckungsauftrag erklärte Einverständnis des Gläubigers mit der gütlichen Erledigung wird dazu führen, dass der Gerichtsvollzieher versuchen wird, eine Vollzahlung innerhalb eines absehbaren Zeitpunktes oder eine Ratenzahlungsvereinbarung mit dem Schuldner zu erreichen. Der Gerichtsvollzieher hat insoweit die Vorgaben des Gläubigers zu berücksichtigen. Sofern eine Vereinbarung mit dem Schuldner getroffen werden konnte, wird damit wiederum ein Zwangsvollstreckungsaufschub gem. § 802b Abs. 2 Satz 2 ZPO erreicht. Ein Termin zur Abgabe der Vermögensauskunft oder die Verwertung gepfändeter Sachen werden vom Gerichtsvollzieher auf einen Zeitpunkt nach dem festgesetzten Zahlungstermin verlegt. Es liegt ein Vollstreckungshindernis vor, solange der Vollstreckungsaufschub wirksam ist. Der Gerichtsvollzieher prüft den Eingang der Zahlungen gemäß Zahlungsplan, die Vollstreckungsunterlagen bleiben bei ihm.

Voraussetzung für eine gütliche Erledigung und die Festsetzung eines Zahlungsplans ist,

– dass der Schuldner glaubhaft macht, dass er die nach Höhe und Zeitpunkt festzusetzenden Zahlungen erbringen kann und

– dass die Forderung innerhalb von 12 Monaten vollständig befriedigt wird (Sollvorschrift).

Die Angaben des Schuldners zur Glaubhaftmachung hat der Gerichtsvollzieher zu Protokoll zu nehmen. Dies bezieht sich gem. § 802b Abs. 2 Satz 1 ZPO auf die Angaben zur Leistungsfähigkeit, insbesondere den Zeitpunkt und die Höhe der Zahlungen. Die Angaben zur Glaubhaftmachung sind vom Schuldner zu belegen oder, sofern dies nicht möglich ist, an Eides statt zu versichern. Gerät der Schuldner mit einer festgesetzten Zahlung länger als zwei Wochen in Rückstand, wir der Zahlungsplan hinfällig und der Vollstreckungsaufschub endet. Maßgeblich ist der Eingang der festgesetzten Zahlung beim Gerichtsvollzieher (bar oder Eingang auf dem Konto des Gerichtsvollziehers).

Grundsätzlich soll die Forderung des Gläubigers innerhalb von 12 Monaten getilgt werden. Der Gläubiger kann jedoch auch Teilzahlungen bewilligen, die zu längeren Laufzeiten führen.

3. Der Gerichtsvollzieher wird vom Gläubiger zunächst mit einer Zwangsvollstreckungsmaßnahme (oder Aufenthaltsermittlung) und anschließend mit der gütlichen Erledigung und – falls diese scheitert – mit weiteren bedingten Vollstreckungsmaßnahmen (z.B. vorläufige Zahlungsverbote, Vermögensauskunft, etc.) beauftragt. Die Reihenfolge ist dabei variabel, das heißt der Gläubiger kann die Reihenfolge der durchzuführenden Maßnahmen und der gütlichen Erledigung festlegen. Der Gerichtsvollzieher hat die Vorgaben des Gläubigers zu berücksichtigen.

4. Der Gläubiger erteilt dem Gerichtsvollzieher einen Vollstreckungsauftrag und macht keine Angaben zu einer gütlichen Einigung. In diesem Fall kann der Gerichtsvollzieher das Einverständnis des Gläubigers zu einer gütlichen Erledigung zunächst unterstellen und einen Zahlungstermin festsetzen oder einen Zahlungsplan erstellen. Im Einzelfall darf er die Laufzeit von 12 Monaten, innerhalb die Forderung grundsätzlich getilgt werden soll, auch überschreiten. Er hat den Gläubiger anschließend vom Zahlungsplan unverzüglich in Kenntnis zu setzen. Der Gläubiger hat sodann wiederum die Möglichkeit, dem Zahlungsplan unverzüglich zu widersprechen. Auch in diesem Fall wird der Zahlungsplan hinfällig und der Vollstreckungsaufschub endet. Auch ohne Widerspruch des Gläubigers wird der Zahlungsplan hinfällig, wenn der Schuldner mit einer festgesetzten Zahlung länger als zwei Wochen in Rückstand gerät. Außerdem endet der Vollstreckungsaufschub.
   In allen Fällen ist – falls die gütliche Erledigung nicht erreicht werden kann – vom Gerichtsvollzieher zu protokollieren, woran diese gescheitert ist.

5. Der Gläubiger widerspricht bereits im Vollstreckungsauftrag ausdrücklich der gütlichen Erledigung. An die Weisung des Gläubigers ist der Gerichtsvollzieher gebunden, so dass gegen den Willen des Gläubigers eine gütliche Erledigung nicht möglich ist. Der Gerichtsvollzieher darf in diesem Fall keinen Zahlungsplan mit dem Schuldner vereinbaren oder Vollstreckungsaufschub bewilligen.

Im Falle der gleichzeitigen Vollstreckung (für mehrere Gläubiger) scheidet ein Vollstreckungsaufschub aus, wenn ein Gläubiger eine gütliche Erledigung ausgeschlossen hat.[2] Da der Verwertungsaufschub bereits mit der Festsetzung des Zahlungsplans eintritt, ist der Anspruch der Gläubiger zunächst zu sichern (Pfändung bzw. Pfändungsbeschluss) und dann ggf. ein Zahlungsplan zu erstellen, bei dessen Nichteinhaltung die Verwertung (Versteigerung, Überweisungsbeschluss) erfolgen könnte.

Übungsfall:

Der Gerichtsvollzieher trifft den Schuldner beim Vollstreckungsversuch in seiner Wohnung an. Er erklärt dem Gerichtsvollzieher, dass er momentan arbeitslos sei und nicht zahlen könne, aber schon einen Arbeitsvertrag bei einem neuen Arbeitgeber unterschrieben habe. Zur Glaubhaftmachung legt er dem Gerichtsvollzieher den Arbeitsvertrag vor, aus dem sich ergibt, dass er ab dem kommenden Monat wieder Arbeitseinkünfte erzielen wird. Der Schuldner bittet um Ratenzahlungen. Was wird

---

2 *Sturm* JurBüro 2012, S. 626.

der Gerichtsvollzieher veranlassen und wie wirkt sich dies auf den Vollstreckungs-auftrag aus?

Lösungsvorschlag:

Der Gerichtsvollzieher wird dem – sofern der Gläubiger dies in seinem Auftrag nicht ausdrücklich ausgeschlossen hat – die Tilgung durch Teilleistungen bewilligen. Die Festsetzung des Zahlungsplans bewirkt einen Vollstreckungsaufschub, § 802b Abs. 2 Satz 2 ZPO.

6.6 Übersicht gütliche Erledigung

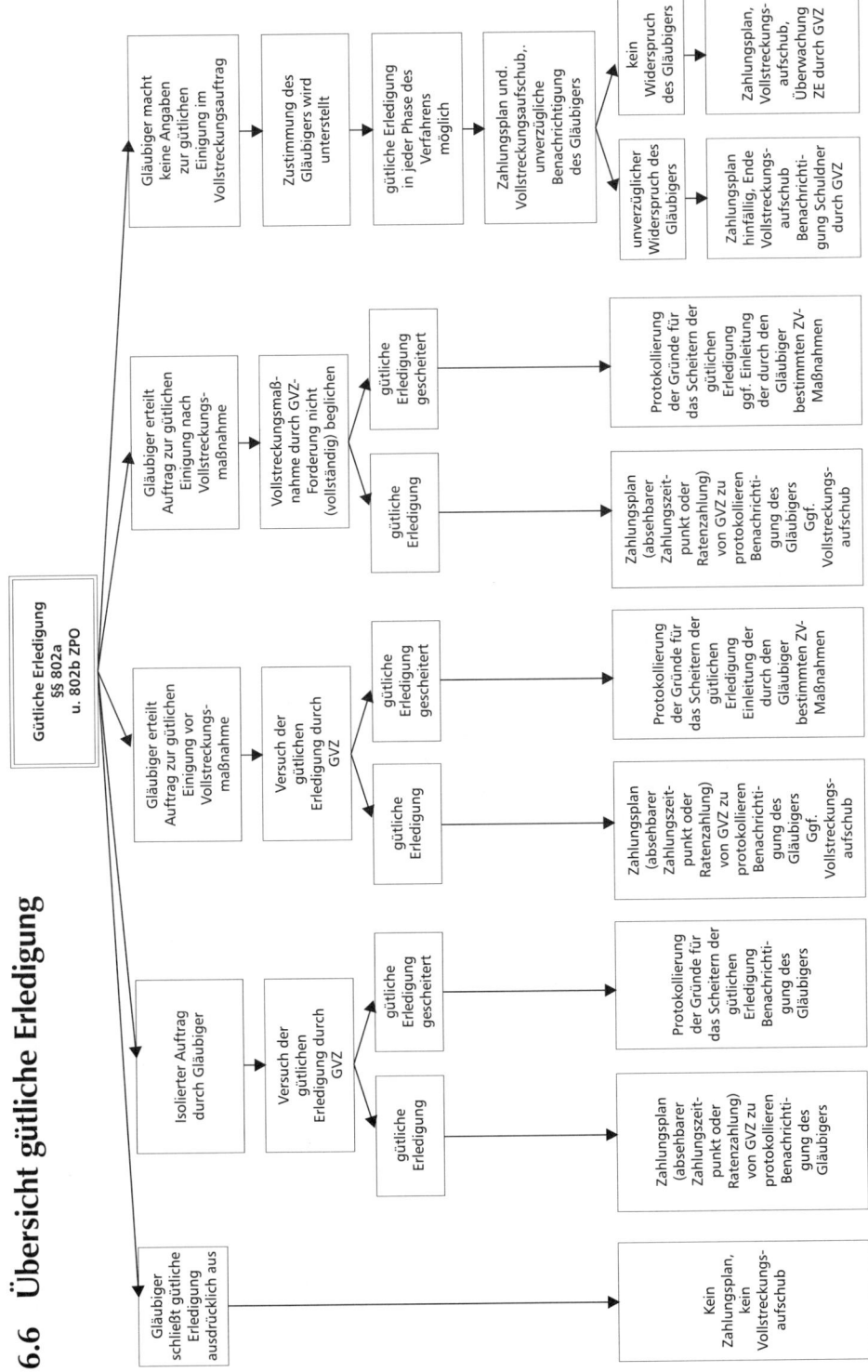

6.7 Vermögensauskunft ohne Sachpfändungsauftrag

Die Vermögensauskunft des Schuldners hat die bisherige eidesstattliche Versicherung abgelöst. Der Gerichtsvollzieher kann nach der Neuregelung nunmehr schon vor dem Vollstreckungsversuch mit der Vermögensauskunft des Schuldners beauftragt werden. Dies ergibt sich aus § 802c ZPO und gilt nur für die Vollstreckung von Geldforderungen.

Erforderlich ist es hierzu, dass der Gläubiger unter Vorlage der vollstreckbaren Ausfertigung des Titels einen entsprechenden Antrag stellt. Diese Vorgehensweise bietet für den Gläubiger den Vorteil, dass er sich bereits vor einem Pfändungsversuch über die Vermögensverhältnisse des Schuldners informieren und ggf. gezielt auf Vermögenswerte zugreifen kann.

Bezüglich der Zuständigkeit und des Verfahrensablaufs vgl. Kapitel 10.

6.8 Ziele der Beauftragung des Gerichtsvollziehers

Mit der Beauftragung des Gerichtsvollziehers werden unterschiedliche Ziele verfolgt:

– Zustellung des Vollstreckungstitels (bei Zustellung im Parteibetrieb)
– Ermittlung des Aufenthaltsortes des Schuldners
– Herbeiführung einer gütlichen Einigung mit dem Schuldner
– Entgegennahme und Überwachung von Zahlungen des Schuldners
– Pfändung und Verwertung von pfändbaren Vermögensgegenständen des Schuldners
– ggf. Benachrichtigung des Gläubigers, wenn eine Durchsuchungsanordnung oder ein Nachtbeschluss zur Fortsetzung der Zwangsvollstreckung erforderlich ist
– Abnahme der Vermögensauskunft
– Einholung von Auskünften Dritter
– Bei unentschuldigtem Ausbleiben zum Termin zur Abgabe der Vermögensauskunft: Weiterleitung der Unterlagen an das Vollstreckungsgericht zur Erwirkung eines Haftbefehls
– Verhaftung des Schuldners und Abnahme der Vermögensauskunft nach Vorlage des Haftbefehls durch das Vollstreckungsgericht
– Informationsbeschaffung über mögliche Forderungen des Schuldners (beispielsweise Arbeitgeber, Lebensversicherungen oder Bankverbindung)
– Zustellung von vorläufigen Zahlungsverboten an die in Erfahrung gebrachten Drittschuldner
– Vornahme von Hilfspfändungen (Sparbücher, Versicherungsscheine, etc.)
– Vornahme von (vorläufigen) Austauschpfändungen
– Vornahme von Anschlusspfändungen
– Vornahme von Vorwegpfändungen
– Einziehung bewilligter Ratenzahlungen

Aha: Es ist unbedingt erforderlich, sich mit dem Ablauf des Zwangsvollstreckungsverfahrens vertraut zu machen, um die richtige Entscheidung treffen zu können. Diese sollte immer im Einzelfall bestimmt werden und konkreten Bezug zur Situation des Schuldners haben.

Übungsfall:

Nennen Sie 5 Vollstreckungshandlungen, mit denen der Gerichtsvollzieher beauftragt werden kann (ohne Angaben von gesetzlichen Bestimmungen).

Lösungsvorschlag:

z.B.:
- Zustellung des Titels,
- Ermittlung des Aufenthaltsortes des Schuldners,
- Entgegennahme von Zahlungen – auch Teil- und Ratenzahlungen – des Schuldners,
- Pfändungsversuch beim Schuldner,
- Herbeiführung einer gütlichen Einigung,
- Erstellung eines Zahlungsplans,
- Überwachung der Ratenzahlungen,
- vorläufige Austauschpfändung,
- Hilfspfändung,
- Abnahme der Vermögensauskunft,
- Einholung von Auskünften Dritter,
- Zustellung von vorläufigen Zahlungsverboten an bekannt gewordene Drittschuldner,
- Vollziehung eines richterlichen Haftbefehls,
- anderweitige Verwertung.

6.9 Schutz des Schuldners

a) Verbot der Überpfändung

Der Gerichtsvollzieher darf nicht mehr Gegenstände pfänden, als zur Befriedigung des Gläubigers und zur Deckung der Kosten der Zwangsvollstreckung erforderlich ist (§ 803 Abs. 1 Satz 2 ZPO).

b) Verbot der nutzlosen Pfändung (»Unterpfändung«)

Der Gerichtsvollzieher soll die Pfändung eines Gegenstandes unterlassen, wenn über die Kosten der Zwangsvollstreckung hinaus nur ein geringer Erlös zu erzielen wäre. (§ 803 Abs. 2 ZPO).

c) Unpfändbare Gegenstände gem. § 811 ZPO

Gegenstände, die der Schuldner und seine Familie zum persönlichen Gebrauch im Rahmen bescheidener und angemessener Lebensführung oder im Haushalt benötigen, sind unpfändbar. Hierzu gehören z.B.

- Haushaltsgeräte,
- Kleidung,
- persönliche Dinge, wie: Trauringe, Orden, Ehrenzeichen, etc.,

- Nahrungsmittel,
- Haustiere (Ausnahme: Tiere mit hohem Wert),
- Arbeitsmittel, die der Schuldner zur Berufsausübung benötigt, (z.B. Dienstkleidung, Geräte, Vieh und Erzeugnisse des Landwirts),
- Computer (unterschiedliche Rechtsprechung),
- Fernseher (unterschiedliche Rechtsprechung),
- KFZ (unterschiedliche Rechtsprechung),
- Kühlschrank,
- Waschmaschine (unterschiedliche Rechtsprechung).

d) Pfändung von Hausrat

Für Hausrat gilt, dass wenn Haushaltsgegenstände im Haushalt des Schuldners gebraucht werden und ersichtlich ist, dass nur ein geringer Erlös durch deren Verwertung erzielt wird, der außer Verhältnis zu dem Wert steht, den der Gegenstand für den Schuldner hat, die Pfändung unterbleiben soll (§ 812 ZPO).

Wir halten fest:

Der Gerichtsvollzieher hat bei der Vollstreckung das Verbot der Überpfändung, der Unterpfändung, die Unpfändbarkeit der in § 811 ZPO genannten Gegenstände und den Pfändungsschutz für Hausrat zu berücksichtigen.

---

7. Pfändung

Die Zwangsvollstreckung beweglicher Sachen erfolgt durch die Pfändung, § 803 Abs. 1 Satz 1 ZPO.

7.1 Die Bewirkung der Pfändung

Die Zwangsvollstreckung von beweglichen Sachen, die sich in Gewahrsam des Schuldners befinden, wird durch Pfändung in der Form bewirkt, dass der Gerichtsvollzieher die Sachen in Besitz nimmt oder ein Pfandsiegel oder eine anderweitige Kenntlichmachung (z.B. Pfandanzeige, Pfandzeichen, Dienstsiegel) an den gepfändeten Gegenständen anbringt, wenn er sie im Gewahrsam des Schuldners belässt.

Wichtig: Durch das Pfandsiegel (im Volksmund auch »Kuckuck« genannt) wird die Pfändung für jedermann kenntlich gemacht.

7.2 Wegnahme

Geld, Kostbarkeiten und Wertpapiere nimmt der Gerichtsvollzieher sofort mit. Wenn der Vollstreckungserfolg gefährdet zu sein scheint, wird er auch andere Sachen mitnehmen. Die Entscheidung hierüber trifft der Gerichtsvollzieher.

7.3 Wirkung der Pfändung

Wird eine Sache durch den Gerichtsvollzieher gepfändet, wird damit die Verstrickung bewirkt. Verstrickung bedeutet, dass der Staat die Verfügungsmacht über den beschlagnahmten Gegenstand erlangt. Dies ist Voraussetzung für die weitere Vollstreckung, insbesondere die Verwertung.

Mit der Pfändung erwirbt der Gläubiger ein Pfandrecht an den gepfändeten Sachen, das sog. Pfändungspfandrecht, welches ihm die Möglichkeit gibt, sich aus der gepfändeten Sache zu befriedigen. Die Verstrickung endet erst mit Aufhebung durch das Vollstreckungsorgan oder den Abschluss der Verwertung (Ablieferung des Geldes an den Gläubiger).

Achtung: Das vom Gerichtsvollzieher angebrachte Pfandsiegel darf nicht entfernt, beschädigt oder unkenntlich gemacht werden. Gemäß § 136 Abs. 2 StGB ist das Entfernen oder die Beschädigung von Pfandsiegeln strafbar (»Siegelbruch«).

7.4 Unterbringung gepfändeter Sachen

Gepfändetes Geld muss der Gerichtsvollzieher unverzüglich beim Gläubiger abliefern, es sei denn, dass die Hinterlegung erfolgen muss (z.B. bei Sicherungsvollstreckung, bei Abwendungsbefugnis durch Sicherheitsleistung oder bei durch das Gericht angeordneter Hinterlegung).

Bis zur Auszahlung oder Hinterlegung verwahrt er es sicher und getrennt von seinem eigenen Geld bzw. seinen Vermögensgegenständen. Gleiches gilt für gepfändete Kostbarkeiten und Wertpapiere. Ggf. muss er eine sichere Bank mit der Verwahrung beauftragen.

Gepfändete Gegenstände, die der Gerichtsvollzieher wegschafft, müssen sicher untergebracht werden. Außerdem sind die zu ihrer Erhaltung erforderlichen Vorkehrungen zu treffen. Der Gerichtsvollzieher haftet für die Unterbringung.

7.5 Gewahrsamsvermutung

Grundsätzlich darf der Gerichtsvollzieher alle Gegenstände pfänden, die er in Gewahrsam des Schuldners vorfindet; § 808 Abs. 1 ZPO. Mit Gewahrsam ist die tatsächliche Sachherrschaft über einen Gegenstand gemeint.

Der Pfändung unterliegen damit (grundsätzlich) alle beweglichen Sachen, die beim Schuldner in dessen Räumen und Behältnissen vorgefunden werden, da hier nach der allgemeinen Lebenserfahrung davon ausgegangen wird, dass der Schuldner auch Eigentümer dieser Sachen ist (Gewahrsamsvermutung).

Nur bei Gegenständen, die offensichtlich nicht zum Schuldnervermögen gehören und der Gerichtsvollzieher hieran keinen Zweifel hat, wird er die Pfändung unterlassen.

Aha: Gegenstände, die im Eigentum eines Dritten stehen, können vom Gerichtsvollzieher gepfändet werden. Der Eigentümer kann sich mit der Drittwiderspruchsklage gegen die erfolgte Pfändung wehren.

Der Gerichtsvollzieher darf auch Sachen pfänden, die im Eigentum des Schuldners stehen, sich jedoch im Gewahrsam des Gläubigers oder eines zur Herausgabe bereiten Dritten befinden. Ist der Dritte allerdings nicht zur Herausgabe bereit, muss der Gläubiger gem. § 846 ZPO einen Pfändungs- und Überweisungsbeschluss bezüglich des Herausgabeanspruchs beantragen.

Wir halten fest:

Der Gerichtsvollzieher kann und wird grundsätzlich alles (Wertvolle) pfänden, was sich in Gewahrsam des Schuldners befindet.

7.6 Austauschpfändung

Ein gem. § 811 ZPO unpfändbarer Gegenstand kann ausnahmsweise gepfändet werden, wenn er einen sehr hohen Wert hat (z.B. Plasma-Fernseher, Rolex-Armbanduhr). In diesem Fall muss der Gläubiger allerdings dem Schuldner ein entsprechendes Ersatzstück oder den für das Ersatzstück erforderlichen Geldbetrag zur Verfügung stellen.

Grundsätzlich benötigt der Gläubiger die Zustimmung des Vollstreckungsgerichts (Beschluss), § 811a ZPO. Diese kann ausnahmsweise nachträglich eingeholt werden, wenn der vollstreckende Gerichtsvollzieher mit der Zustimmung durch das Vollstreckungsgericht rechnen kann (vorläufige Austauschpfändung, § 811b ZPO).

Beispiel:

Bei seinem ansonsten erfolglos ausgefallenen Vollstreckungsversuch wegen einer Forderung in Höhe von 2.500,00 € findet der Gerichtsvollzieher in der Wohnung des Schuldners ein altes aber intaktes Batterie-Röhrenradio Brandt D3 von 1929, das einen geschätzten Wert von 1.500,00 € hat. Weitere Elektrogeräte finden sich in der Wohnung des Schuldners nicht. Ein Radio gehört zu den unpfändbaren Gegenständen, in diesem Fall wird der Gerichtsvollzieher jedoch das Radio vorläufig pfänden, den Gläubiger hierüber informieren und mitteilen, dass ein entsprechender Beschluss über die Zulassung der Austauschpfändung innerhalb von zwei Wochen vorzulegen ist. Außerdem muss der Gläubiger ein Ersatzradio beschaffen oder dem Schuldner einen entsprechenden Geldbetrag zur Beschaffung des Ersatzradios zur Verfügung stellen.

Die Austauschpfändung ist lediglich dann sinnvoll, wenn ein zu erwartender Versteigerungserlös nach Abzug der Kosten für das Versteigerungsverfahren in einem vernünftigen Verhältnis zur Höhe der Kosten des Ersatzstücks steht.

Voraussetzungen für die Austauschpfändung sind – neben den allgemeinen und ggf. besonderen Voraussetzungen zur Zwangsvollstreckung:

- es wurde ein nach § 811 Abs. 1 Nr. 1, 5 oder 6 unpfändbarer Gegenstand mit hohem Wert vorgefunden
- das Vollstreckungsgericht hat die Austauschpfändung zugelassen
- die Zulassung der Austauschpfändung durch das Vollstreckungsgericht konnte vom Gerichtsvollzieher angenommen werden (vorläufige Austauschpfändung gem. § 811b ZPO)
- der Beschluss des Vollstreckungsgerichts wurde innerhalb von zwei Wochen nach vorgenommener vorläufiger Austauschpfändung beantragt
- der Gläubiger hat ein Ersatzstück oder den zur Beschaffung eines solchen erforderlichen Geldbetrag zur Verfügung gestellt oder die Genehmigung des Vollstreckungsgerichts, den Geldbetrag aus dem Erlös zur Verfügung zu stellen

In Falle der vorläufigen Austauschpfändung pfändet der Gerichtsvollzieher den Gegenstand, benachrichtigt den Gläubiger unter Hinweis darauf, dass dieser innerhalb einer Frist von zwei Wochen ab Mitteilung über die erfolgte Pfändung die Zustimmung des Vollstreckungsgerichts zur beabsichtigten Austauschpfändung beantragen muss.

Unterlässt der Gläubiger dies oder wird sein Antrag auf Austauschpfändung zurückgewiesen, ist die Pfändung wieder aufzuheben. Legt der Gläubiger den Beschluss des Gerichts vor, so wird die Zwangsvollstreckung fortgesetzt, d.h. dem Schuldner wird das Ersatzstück, bzw. der entsprechende Geldbetrag zur Verfügung gestellt, der gepfändete Gegenstand wird verwertet.

Achtung: Die Vorlage des Beschlusses ist zur Fortsetzung der Zwangsvollstreckung, d.h. Verwertung des vorläufig gepfändeten Gegenstandes erforderlich. Achten Sie daher unbedingt auf die Einhaltung der Frist!

> **Wir halten fest:**
>
> *Ein grundsätzlich unpfändbarer Gegenstand kann ausnahmsweise pfändbar sein, wenn er einen besonderen Wert hat. Der Gläubiger kann in diesem Fall die Austauschpfändung beantragen.*

7.7 Pfändung bei Eigentumsvorbehalt

Grundsätzlich schützt § 811 Abs. 1 ZPO alle dort genannten Gegenstände, unabhängig davon, wem sie gehören. Eine Ausnahmeregelung findet sich jedoch in § 811 Abs. 2 ZPO, wonach Gegenstände, die unter § 811 Nr. 1, 4, 5–7 genannt werden, dann pfändbar sind, wenn sie unter Eigentumsvorbehalt gekauft und geliefert wurden.

Dem Gläubiger, der unter Eigentumsvorbehalt Gegenstände an den Schuldner verkauft hat, die

* dem Schuldner und seiner Familie zum persönlichen Gebrauch dienen, wie z.B. Kleidung, Wäsche, Betten, Haus- und Küchengeräte,
* im Rahmen bescheidener und angemessener Lebensführung
* oder zur Berufsausübung

dienen, sind – nur für diesen Gläubiger – pfändbar. Allerdings nur dann, wenn nicht noch weitere Pfändungsbeschränkungen (z.B. § 812 ZPO) entgegenstehen. Der Gläubiger muss den Nachweis des Eigentumsvorbehaltes durch Urkunden gem. § 811 Abs. 1 Satz 2 ZPO erbringen.

Aha: Durch Vorlage des entsprechenden Kaufvertrages, der dem Vollstreckungsauftrag an den Gerichtsvollzieher in Kopie beigefügt werden sollte, kann der Nachweis des Eigentumsvorbehalts geführt werden, so dass der Gegenstand für den Gläubiger, der unter Eigentumsvorbehalt geliefert hat und den Kaufpreis des unter Eigentumsvorbehalt gelieferten Gegenstands vollstreckt, pfändbar ist.

7.8 Vorwegpfändung

Ist eine Sache unpfändbar und ist zu erwarten, dass sie demnächst pfändbar wird, kann diese vom Gerichtsvollzieher bereits gepfändet werden. In diesem Fall spricht man von der Vorwergpfändung gem. § 811d Abs. 1 ZPO.

Beispiel:

Der Schuldner betreibt seinen Gewerbebetrieb, den er aus Altersgründen demnächst aufgeben wird. Die im Zeitpunkt des Vollstreckungsversuches demnach gem. § 811 ZPO unpfändbaren Gegenstände würden dann pfändbar werden. Der Gerichtsvollzieher wird die Pfändung an diesen Gegenständen zwar kenntlich machen, die Gegenstände aber im Gewahrsam des Schuldners belassen.

Der Gläubiger wird so davor geschützt, dass der Schuldner im Falle des Eintritts der Pfändbarkeit die Gegenstände veräußert.

Achtung: Die Vorwegpfändung ist gem. § 811d Abs. 2 ZPO aufzuheben, wenn die Pfändbarkeit nicht innerhalb eines Jahres ab erfolgter Pfändung eingetreten ist. Ein Antrag des Schuldners ist hierzu nicht erforderlich.

7.9 Anschlusspfändung

Eine Forderung, die bereits gepfändet ist, kann im Rahmen der »Anschlusspfändung« für einen weiteren Gläubiger gepfändet werden. Diese Pfändung erfolgt nachrangig. Im Falle einer Pfändung und Versteigerung durch den Gerichtsvollzieher wäre ein Versteigerungserlös der Reihe nach zu verteilen, §§ 826, 827 ZPO.

Im Gegensatz hierzu wird bei gleichzeitiger Pfändung durch den Gerichtsvollzieher (d.h. die gleichzeitige Pfändung von Vermögensgegenständen für mehrere Gläubiger) ein eventueller Versteigerungserlös quotenmäßig verteilt.

Übungsfall:

Der Gerichtsvollzieher findet in der Wohnung des Schuldners eine wertvolle Uhr, die jedoch bereits für einen anderen Gläubiger gepfändet ist. Der Wert der Uhr übersteigt bei weitem den Betrag der ersten Pfändung. Kann der Gerichtsvollzieher die Uhr erneut pfänden?

Lösungsvorschlag:

Ja, der Gerichtsvollzieher kann die Uhr im Rahmen der Anschlusspfändung gem. §§ 826, 827 ZPO erneut pfänden. Bei der Verwertung der Uhr wird zunächst Gläubiger 1 befriedigt, der übrige Erlös fließt dann an den im Rang nachfolgenden Gläubiger.

7.10 Gleichzeitige Pfändung

Im Gegensatz zur Anschlusspfändung wird bei gleichzeitiger Pfändung durch den Gerichtsvollzieher die Pfändung von Vermögensgegenständen gleichzeitig für mehrere Gläubiger vorgenommen. Die Pfändungsgläubiger erhalten denselben Rang, ein eventueller Versteigerungserlös quotenmäßig verteilt.

7.11 Hilfspfändung

Wenn der Gerichtsvollzieher anlässlich seines Vollstreckungsversuches beim Schuldner Urkunden vorfindet, die den Schuldner als Inhaber einer Forderung legitimieren (z.B.: Sparbuch, Versicherungsschein, etc), so stellen diese Urkunden keine Wertpapiere dar und dürfen deshalb auch nicht wie körperliche Sachen gepfändet werden.

Allerdings darf der Gerichtsvollzieher diese Papiere im Rahmen der sog. Hilfspfändung vorläufig in Besitz nehmen. Hierüber unterrichtet der Gerichtsvollzieher den Gläubiger und teilt ihm die den Papieren zugrunde liegende Forderung mit.

Der Gläubiger muss dann mittels Pfändungs- und Überweisungsbeschluss innerhalb einer Frist von einem Monat ab Benachrichtigung über die Hilfspfändung die Forderung pfänden, § 829 Abs. 3 ZPO. Wird der Beschluss vom Gläubiger innerhalb der Frist vorgelegt, übergibt der Gerichtsvollzieher die Dokumente und Urkunden dem Gläubiger.

> **Vorsicht:** Legt der Gläubiger den Beschluss nicht innerhalb der Monatsfrist vor, muss der Gerichtsvollzieher die Dokumente und Urkunden dem Schuldner aushändigen. Die Frist ist daher unbedingt zu beachten.

7.12 Aufhebung der Pfändung

Selbst wenn der Gerichtsvollzieher von der Unrechtmäßigkeit einer von ihm durchgeführten Pfändung überzeugt ist, darf er sie nicht eigenmächtig aufheben. Hierzu bedarf es eines gesonderten Beschlusses des Vollstreckungsgerichts.

7.13 Vollstreckungserinnerung

Gegen die Art und Weise der Zwangsvollstreckung, das vom Gerichtsvollzieher bei ihr zu beobachtende Verfahren und gegen die vom Gerichtsvollzieher in Ansatz gebrachten Kosten ist der Rechtsbehelf der Vollstreckungserinnerung gem. § 766 ZPO gegeben.

Richtet sich die Vollstreckungserinnerung gegen die vom Gerichtsvollzieher in Ansatz gebrachten Kosten, spricht man auch von der »Kostenerinnerung«. Die Vollstreckungserinnerung kann auch für den Fall eingelegt werden, dass der Gerichtsvollzieher sich weigert, einen Vollstreckungsauftrag zu übernehmen oder eine Vollstreckungshandlung auftragsgemäß auszuführen (§ 766 Abs. 2 ZPO). Die Erinnerung ist nicht fristgebunden.

Es bedarf eines Antrags an das Vollstreckungsgericht. Ausschließlich zuständig ist das Amtsgericht, Vollstreckungsgericht, in dessen Bezirk die Zwangsvollstreckung stattfinden soll oder stattgefunden hat. Die Erinnerung kann nur von dem, der durch die angefochtene Maßnahme oder durch die Weigerung der auftragsgemäßen Durchführung einer Maßnahme betroffen ist, und nur dann eingelegt werden, wenn die Zwangsvollstreckung bereits begonnen hat oder unmittelbar bevorsteht und noch nicht beendet ist.

Das Vollstreckungsgericht – dort der Richter – entscheidet über den Antrag durch Beschluss nach Anhörung der Beteiligten.

7.14 Dienstaufsichtsbeschwerde

Da die Dienstaufsichtsbeschwerde lediglich dienstrechtliche bzw. disziplinarische Wirkung für den Gerichtsvollzieher entfaltet, wird ein konkretes Tätigwerden durch die Dienstaufsichtsbeschwerde nicht erreicht. Die Dienstaufsichtsbeschwerde führt nicht zu einer Korrektur der Vollstreckungsmaßnahme. Diese ist ausschließlich über den Rechtsbehelf der Vollstreckungserinnerung zu erreichen.

Achtung: Es kann nur eindringlich davor gewarnt werden, die Dienstaufsichtsbeschwerde wider besseres Wissen gegen den Gerichtsvollzieher zu erheben. Die Folge könnte sein, dass sich der Gerichtsvollzieher – zu Recht – mit der Erstattung einer Strafanzeige gem. § 164 StGB (falsche Verdächtigung) wehrt.

Wir halten fest:

Der Rechtsbehelf, der zur Korrektur einer Vollstreckungshandlung oder des Kostenansatzes des Gerichtsvollziehers führt, ist die Vollstreckungserinnerung gem. § 766 ZPO.

Übungsfall:

Welcher Rechtsbehelf ist gegen die Art und Weise der Zwangsvollstreckung, das vom Gerichtsvollzieher bei ihr zu beobachtende Verfahren und gegen die vom Gerichtsvollzieher in Ansatz gebrachten Kosten gegeben und wer ist für diesen Rechtsbehelf zuständig?

Lösungsvorschlag:

Der Rechtsbehelf der Vollstreckungserinnerung gem. § 766 ZPO ist gegen die Art und Weise der Zwangsvollstreckung, das vom Gerichtsvollzieher bei ihr zu beobachtende Verfahren und gegen die vom Gerichtsvollzieher in Ansatz gebrachten Kosten gegeben. Das Vollstreckungsgericht, in dessen Bezirk die Zwangsvollstreckung stattfinden soll oder stattgefunden hat ist ausschließlich zuständig, §§ 764, 802 ZPO.

8. Verwertung

8.1 Ablieferung von Geld/Hinterlegung

Hat der Gerichtsvollzieher Geld beim Schuldner gepfändet, liefert er es unverzüglich beim Gläubiger ab, § 815 Abs. 1 ZPO.

Der Gerichtsvollzieher wird gepfändetes Geld bzw. einen Versteigerungserlös hinterlegen, wenn

- das Gericht die Hinterlegung angeordnet hat,
- dem Schuldner nachgelassen ist, die Zwangsvollstreckung durch Sicherheitsleistung oder Hinterlegung abzuwenden,
- die Zwangsvollstreckung gem. § 720a ZPO erfolgt (vgl. Sicherungsvollstreckung, Kapitel 12),
- ein gerichtliches Verteilungsverfahren erforderlich wird,
- dem Gerichtsvollzieher ein die Veräußerung hinderndes oder zur vorzugsweisen Befriedigung berechtigendes Recht glaubhaft gemacht wird,
- aufgrund eines Arrestbefehls Geld vom Gerichtsvollzieher gepfändet oder als Lösungssumme an ihn geleistet wird,
- in einem anhängig gewordenen Verteilungsverfahren auf den Arrestgläubiger ein Betrag von dem Erlös der Pfandstücke entfallen ist,
- die Auszahlung aufgrund von Gründen, die in der Person des Empfangsberechtigten liegen, nicht erfolgen kann,
- wenn anlässlich einer Grundstücksversteigerung eine Forderung oder eine bewegliche Sache besonders versteigert oder anderweitig verwertet worden ist,
- Ersatzteile eines Luftfahrzeugs verwertet sind, auf die sich ein Sicherungsrecht erstreckt.

Der Betrag wird bei der zuständigen Hinterlegungsstelle des Amtsgerichts hinterlegt.

8.2 Öffentliche Versteigerung

Die Verwertung der vom Gerichtsvollzieher gepfändeten beweglichen Sachen erfolgt regelmäßig durch öffentliche Versteigerung, § 814 ZPO. Hierzu ist kein gesonderter Antrag erforderlich. Mit dem Versteigerungserlös sollen zum einen die Kosten des Versteigerungsverfahrens gedeckt, zum anderen die Befriedigung des Gläubigers erreicht werden.

Im Protokoll vermerkt der Gerichtsvollzieher neben den gepfändeten Sachen und deren voraussichtlichen Versteigerungserlös auch bereits Ort und Zeitpunkt des Versteigerungstermins.

a) Zeitpunkt der Versteigerung

Die Versteigerung darf gem. § 816 Abs. 1 ZPO nicht vor Ablauf von einer Woche seit der Pfändung erfolgen. Der Gerichtsvollzieher kann die Versteigerung dann früher vornehmen, wenn die gepfändeten Gegenstände innerhalb der Wochenfrist erheblich an Wert verlieren würden. Dies gilt insbesondere für verderbliche Waren. Auch wenn die Kosten der Aufbewahrung unverhältnismäßig hoch sind, kann die Versteigerung früher erfolgen. Der Versteigerungstermin soll nicht später als einen Monat nach der Pfändung stattfinden.

b) Ort der Versteigerung

Als Ort der Versteigerung kommen gem. § 816 Abs. 2 ZPO in Betracht:
* die Gemeinde, in der die Pfändung erfolgt ist,
* ein anderer Ort im Bezirk des Vollstreckungsgerichts nach Ermessen des Gerichtsvollziehers,
* an einem dritten Ort, über den sich Gläubiger und Schuldner geeinigt haben (auch Internet),
* in der Wohnung des Schuldners nur mit dessen Einverständnis.

Gläubiger und Schuldner werden über die Versteigerung vom Gerichtsvollzieher benachrichtigt.

c) Öffentliche Bekanntmachung

Die Versteigerung wird grundsätzlich bis spätestens einen Tag vor dem Versteigerungstermin unter allgemeiner Bezeichnung der zu versteigernden Sachen bekannt gemacht. Der Gerichtsvollzieher soll auch Zeit und Ort angeben, an dem die Besichtigung der zu versteigernden Pfandgegenstände (»Pfandstücke«) erfolgen kann. Über die Art der Veröffentlichung (Ausruf, Aushang oder Veröffentlichung. in Zeitungen) entscheidet der Gerichtsvollzieher nach pflichtgemäßem Ermessen. Ziel der Veröffentlichung ist es, so viele Kaufinteressenten wie möglich anzuziehen, um einen guten Versteigerungserlös zu erzielen.

d) Mindestgebot

Das Mindestgebot errechnet sich gem. § 817a ZPO aus der Hälfte des geschätzten Verkaufswerts (Schätzwerts). Ein Zuschlag darf nicht erteilt werden, wenn das Mindestgebot nicht erreicht wurde.

> **Achtung:** Das Mindestgebot darf ausnahmsweise dann unterschritten werden, wenn sich Gläubiger und Schuldner hierüber einig sind oder die sofortige Versteigerung erforderlich ist, um die Gefahr einer beträchtlichen Wertminderung oder die unverhältnismäßigen Kosten einer längeren Aufbewahrung zu vermeiden.

e) Versteigerungstermin

Hat der Gerichtsvollzieher Pfandgegenstände im Gewahrsam des Schuldners belassen, holt er diese vor dem Versteigerungstermin ab und bringt sie nach Möglichkeit in einen sauberen und ansehnlichen Zustand.

Auch soll er Interessenten vor dem Versteigerungstermin ausreichend Gelegenheit zur Besichtigung der Pfandgegenstände geben.

f) Ablauf des Versteigerungstermins

Die Versteigerungsbedingungen werden vom Gerichtsvollzieher bei der Eröffnung des Termins bekannt gemacht. Hierzu gehört gem. § 817 ZPO, dass

- das Mindestgebot erreicht werden muss,
- der Ersteher der Sache vor Ablieferung bar bezahlt,
- die Ablieferung bis zur bestimmten Zeit oder vor dem Schluss des Versteigerungstermins verlangt werden muss.

Anschließend fordert er die Interessenten zur Abgabe von Geboten auf. Hierzu gibt er das Mindestgebot, den gewöhnlichen Verkaufswert und bei Gold- und Silbersachen auch deren Edelmetallwert an.

Aha: Gläubiger und Schuldner dürfen mitbieten.

g) Erteilung des Zuschlags

Nach dreimaligem Aufruf erhält der Meistbietende (höchstes zulässiges Gebot) den Zuschlag. Der dreimalige Aufruf soll dem Zuschlag vorausgehen, § 817 ZPO. Die Versteigerung wird eingestellt, sobald ein Erlös erzielt wurde, der zur Befriedigung des Gläubigers und zur Deckung der Kosten des Versteigerungsverfahrens ausreicht, § 818 ZPO.

> **Wichtig:** Weitere Pfandgegenstände sind dem Schuldner herauszugeben, sobald der Gläubiger befriedigt ist und die Verfahrenskosten gedeckt sind.

Bei einer Versteigerung im Internet wird der Zuschlag der Person erteilt, die am Ende der Versteigerung das höchste, mindestens jedoch das zu erreichende Mindestgebot abgegeben hat, § 817 Abs. 1 Satz 2 ZPO.

9. Durchsuchungsanordnung/Vollstreckung zur Nachtzeit, an Sonn- und Feiertagen (»Unzeit«)

9.1 Voraussetzung

Grundsätzlich darf die Wohnung des Schuldners gegen dessen Willen nur mit einer richterlichen Anordnung (Durchsuchungsanordnung; Durchsuchungsbeschluss) durchsucht werden (§ 758a ZPO). Widerspricht also ein Schuldner gegenüber dem Gerichtsvollzieher der Durchsuchung, kann der Gläubiger eine Durchsuchungsanordnung beim Vollstreckungsgericht beantragen, und nach deren Vorlage gegen den Willen des Schuldners die Wohnung vom Gerichtsvollzieher durchsuchen lassen.

> **Achtung:** Die Durchsuchungsanordnung ist erforderlich, wenn die Wohnung des Schuldners (also alle Räume, die dem häuslichen oder beruflichen Zweck des Schuldners dienen) entweder gegen dessen Willen oder in dessen Abwesenheit (Schuldner wurde wiederholt nicht angetroffen) durchsucht werden soll.

Die Erklärung des Schuldners über den Widerspruch kann formlos erfolgen. Der Gerichtsvollzieher kann auch die Handlung des Schuldners beim Durchsuchungsversuch als Widerspruch auslegen. Der Gerichtsvollzieher muss den Schuldner nicht über die Möglichkeit des Widerspruchs belehren.

> **Achtung:** Für die Durchsuchungsanordnung sind verbindliche Formulare vom BMJ eingeführt worden (abrufbar unter www.bmj.de).

9.2 Entbehrlichkeit der Durchsuchungsanordnung

Die Durchsuchungsanordnung ist dann entbehrlich, wenn Gefahr in Verzug ist, d.h. der Erfolg der Durchsuchung durch die Einholung der Anordnung gefährdet würde oder natürlich, wenn der Schuldner angetroffen wird und der Durchsuchung nicht widerspricht. Außerdem regelt § 758a Abs. 2 ZPO, dass es keiner Durchsuchungsanordnung bedarf, wenn Titel auf Räumung oder Herausgabe von Räumen oder ein Haftbefehl vollstreckt werden sollen.

Der Gerichtsvollzieher wird dem Gläubiger eine Protokollabschrift unter Hinweis über die Notwendigkeit einer Durchsuchungsanordnung erteilen. Der Gläubiger kann danach entscheiden, ob er den Antrag auf Erlass einer Durchsuchungsanordnung stellen will oder nicht.

Prüfungstipp: *Achten Sie bei der Aufgabenstellung darauf, ob die Wohnung des Schuldners* ***gegen dessen Willen*** *durchsucht werden soll. In diesem Fall ist § 758a ZPO* *anzuwenden, also die richterliche Durchsuchungsanordnung einzuholen. Dies gilt nicht, wenn sich aus der Aufgabe ergibt, dass »Gefahr in Verzug« ist.*

Beispiel:

Der Gerichtsvollzieher erfährt bei seinem Vollstreckungsversuch, bei dem er den Schuldner selbst nicht angetroffen hat, von dem Hausmeister, dass der Schuldner noch am selben Abend umziehen will. In diesem Fall würde der Vollstreckungsversuch gefährdet, wenn der Gläubiger erst die Durchsuchungsanordnung einholen müsste.

Sofern er die Durchsuchungsanordnung beantragt und erwirkt hat, ist der Gerichtsvollzieher unter Rücksendung der Vollstreckungsunterlagen und der Durchsuchungsanordnung mit der Fortsetzung des erteilten Zwangsvollstreckungsauftrages zu beauftragen.

Vorsicht: Die Wirkung der Durchsuchungsanordnung »verfällt«, wenn der Schuldner nach deren Erteilung umzieht. Für die neue Wohnung muss der Gläubiger erneut eine Durchsuchungsanordnung beantragen.

Wir halten fest:

Gegen den Willen des Schuldners darf der Gerichtsvollzieher nur mit einer richterlichen Durchsuchungsanordnung in dessen Wohnung. Die Anordnung verfällt, wenn der Schuldner nach deren Erlass umzieht.

9.3 Vollstreckung zur Nachtzeit, an Sonn- und Feiertagen (»Unzeit«)

§ 758a Abs. 4 ZPO schützt den Schuldner vor der Vollstreckung zur Unzeit (nachts zwischen 21:00 und 6:00 Uhr) sowie an Sonn- und Feiertagen, allerdings nur, wenn dies für den Schuldner (und dessen Mitbewohner) eine »unbillige Härte« darstellt oder der zu erwartende Erfolg in einem Missverhältnis zu dem Eingriff steht.

Achtung: In der Wohnung des Schuldners darf der Gerichtsvollzieher zur Nachtzeit und an Sonn- und Feiertagen gem. § 758a Abs. 4 Satz 1 nur aufgrund einer richterlichen Anordnung vollstrecken.

Sofern der Gerichtsvollzieher den Schuldner zu verschiedenen Tageszeiten wiederholt nicht angetroffen hat und der Gläubiger die Fortsetzung der Zwangsvollstreckung durch den Gerichtsvollzieher wünscht, ist ein entsprechender Antrag auf Vollstreckung zur Unzeit (sog. »Nachtbeschluss«) beim Vollstreckungsgericht zu stellen.

Tipp: Es hat sich in der Praxis als zweckmäßig herausgestellt, bei einem Antrag auf Durchsuchungsanordnung gem. § 758a ZPO gleichzeitig den Antrag auf Vollstreckung zur Unzeit zu stellen. Der Gerichtsvollzieher erhält damit nicht nur die Erlaubnis, die

Wohnung des Schuldners gegen dessen Willen zu durchsuchen, sondern auch nachts oder an Sonn- und Feiertagen zu vollstrecken.

Wird die Erteilung der der Durchsuchungsanordnung bzw. des Nachtbeschlusses abgelehnt, so kann der Gläubiger hiergegen Vollstreckungserinnerung gem. § 766 ZPO einlegen. Sofern das Gericht den Beteiligten zuvor rechtliches Gehör gewährt hat, ist das Rechtsmittel der sofortigen Beschwerde gem. § 793 ZPO statthaft.

Wir halten fest:

In der Zeit zwischen 21:00 Uhr und 6:00 Uhr sowie an Sonn- und Feiertagen vollstreckt der Gerichtsvollzieher in der Wohnung des Schuldners nur, wenn eine entsprechende richterliche Anordnung (»Nachtbeschluss«) vom Gläubiger vorgelegt wird.

Übungsfall:

Der Gerichtsvollzieher wird wegen der Herausgabe eines antiken Schranks beauftragt. Der Gerichtsvollzieher hat den Schuldner wiederholt – trotz vorheriger schriftlicher Ankündigung seines Vollstreckungsversuches – nicht angetroffen.

a) Wie wird der Gerichtsvollzieher handeln?

b) Welchen Antrag wird der Gläubiger wo stellen und was geschieht nach Antragstellung?

Lösungsvorschlag:

a) Der Gerichtsvollzieher wird den Gläubiger darüber benachrichtigen, dass er den Schuldner wiederholt nicht angetroffen hat und zur Fortsetzung der Vollstreckung ein Durchsuchungsbeschluss erforderlich ist, § 758a ZPO. Nur wenn er der Überzeugung wäre, dass die Einholung der Durchsuchungsanordnung den Erfolg der Vollstreckungsmaßnahme gefährden würde, dürfte der Gerichtsvollzieher auch ohne Durchsuchungsanordnung die Wohnung des Schuldners durchsuchen (»Gefahr in Verzug«).

b) Der Gläubiger wird eine richterliche Durchsuchungsanordnung beim zuständigen Vollstreckungsgericht beantragen, damit der Gerichtsvollzieher die zwangsweise Öffnung der Wohnung vornehmen kann, § 758a ZPO. Das Vollstreckungsgericht wird die Durchsuchungsanordnung erlassen, und dem Gläubiger die Vollstreckungsunterlagen nebst Durchsuchungsanordnung übersenden, bzw. – sofern dies vom Gläubiger bereits im Vollstreckungsauftrag angegeben war – unmittelbar dem Gerichtsvollzieher zur Fortsetzung der Zwangsvollstreckung zuleiten.

---

10. Vermögensauskunft

Zuständig für die Vermögensauskunft ist der Gerichtsvollzieher bei dem Amtsgericht, in dessen Bezirk der Schuldner im Zeitpunkt der Auftragserteilung seinen Wohnsitz (bzw. Aufenthaltsort) hat, § 802e ZPO.

Sollte der angegangene Gerichtsvollzieher unzuständig sein, leitet er die Sache auf Antrag des Gläubigers an den zuständigen Gerichtsvollzieher weiter, § 802e Abs. 2 ZPO.

Der Verfahrensablauf zur Abnahme der Vermögensauskunft ist in § 802f ZPO geregelt. Erteilt der Gläubiger einen Auftrag zur Abnahme der Vermögensauskunft, überprüft der Gerichtsvollzieher zunächst, ob der Schuldner die Vermögensauskunft bzw. die eidesstattliche Versicherung bereits abgegeben hat. Die Sperrfrist des § 903 ZPO a.F. ist insofern für gültige Vermögensverzeichnisse weiterhin gültig. Das heißt, der Gläubiger erhält in den Fällen der abgegebenen eidesstattlichen Versicherung lediglich einen Abdruck des bereits erstellten Verzeichnisses.

Hat der Schuldner die Vermögensauskunft nach Maßgabe des § 802c ZPO abgegeben, erhält der Gläubiger einen Abdruck des Vermögensverzeichnisses. Die Abfrage der Vermögensverzeichnisse erfolgt über eine länderübergreifende Zentrale Internet-Abfrage, bzw. während der Übergangzeit beim Vollstreckungsgericht. Der Gläubiger darf das Vermögensverzeichnis nur zu Vollstreckungszwecken nutzen und hat die Daten nach Zweckerreichung zu löschen, worauf er vom Gerichtsvollzieher hingewiesen wird. Dem Schuldner teilt der Gerichtsvollzieher mit, dass er einem Gläubiger einen Abdruck des Vermögensverzeichnisses erteilt hat und weist ihn darauf hin, dass dieser Umstand zu einem Neueintrag im Schuldnerverzeichnis gem. § 882c ZPO führt.

Hat der Schuldner die eidesstattliche Versicherung bzw. die Vermögensauskunft noch nicht abgegeben, muss der Gerichtsvollzieher dem Schuldner zunächst eine Zahlungsfrist von zwei Wochen zur Begleichung der Forderung setzen. Allerdings kann der Gerichtsvollzieher bereits mit der Aufforderung zur Zahlung für den Fall, dass der Schuldner die Forderung nicht innerhalb der Frist begleicht, alsbald einen Termin zur Abgabe der Vermögensauskunft bestimmen.

Der Termin kann sowohl in den Diensträumen des Gerichtsvollziehers als auch in der Wohnung des Schuldners stattfinden, § 802f Abs. 1 und 2 ZPO Diese Regelung ist praktisch, zumal die relevanten Unterlagen sich für gewöhnlich in der Wohnung des Schuldners befinden. Die Abnahme in der Wohnung ist natürlich nur bei den Schuldnern zu verwirklichen, die angetroffen werden und der Abnahme in der Wohnung nicht widersprechen. § 802f Abs. 2 Satz 2 ZPO regelt die Widerspruchsmöglichkeit des Schuldners innerhalb einer Woche gegen die Abnahme der Vermögensauskunft in seiner Wohnung. Widerspricht der Schuldner nicht innerhalb der Wochenfrist, und verweigert er im Termin grundlos die Abgabe der Vermögensauskunft, gilt der Termin als pflichtwidrig versäumt. Die Folge ist die Eintragungsanordnung gem. § 882c ZPO.

> ### Wir halten fest:
>
> *Der Termin zur Abgabe der Vermögensauskunft kann sowohl in den Diensträumen des Gerichtsvollziehers als auch in der Wohnung des Schuldners stattfinden.*

Der Gerichtsvollzieher belehrt den Schuldner bereits mit der Terminsladung zur Abgabe der Vermögensauskunft darüber,

– welche Angaben (Umfang und Inhalt) zu machen sind,
– dass er persönlich erscheinen muss und alle erforderlichen Unterlagen vorzulegen sind,
– welche Folgen das unentschuldigte Fehlen beim Termin zur Abnahme der Vermögensauskunft oder die Verletzung der Auskunftspflichten hat,
– dass ihm die Möglichkeit des Widerspruchs gegen die Abnahme der Vermögensauskunft in seiner Wohnung zusteht,
– dass die Möglichkeit der der Einholung von Auskünften Dritter nach § 802l ZPO durch den Gerichtsvollzieher besteht,
– dass die Eintragung in das Schuldnerverzeichnis bei Abgabe der Vermögensauskunft nach § 882c ZPO angeordnet wird.

Die nach § 802c Abs. 1 u. 2 ZPO erforderlichen (mündlichen) Angaben des Schuldners werden vom Gerichtsvollzieher elektronisch in einer Aufstellung erfasst (Vermögensverzeichnis) und dem Schuldner anschließend vorgelesen oder zur Durchsicht auf einem Bildschirm wiedergegeben, § 802f Abs. 5 Satz 2 ZPO. Etwa vom Schuldner vorgelegte Dokumente sind einzuscannen.

Der Schuldner hat bei der Vermögensauskunft seinen Geburtsnamen, sein Geburtsdatum und seinen Geburtsort anzugeben. Außerdem hat er alle ihm gehörenden Vermögensgegenstände anzugeben, ferner die entgeltlichen Veräußerungen an nahestehende Personen, die er in den letzten zwei Jahren getätigt bzw. unentgeltliche Leistungen, die er in den letzten vier Jahren erbracht hat (außer Gelegenheitsgeschenke geringen Wertes), § 802c ZPO.

Der Schuldner hat die Richtigkeit seiner Angaben an Eides statt zu versichern. Der Gerichtsvollzieher hat den Schuldner vor der Abnahme der eidesstattlichen Versicherung über die Bedeutung der eidesstattlichen Versicherung und über die Strafbarkeit einer falschen eidesstattlichen Versicherung zu belehren.

Der Gläubiger erhält einen Ausdruck des Vermögensverzeichnisses, auf dem der Gerichtsvollzieher vermerkt, dass dieser inhaltlich mit dem Inhalt des Vermögensverzeichnisses übereinstimmt, § 802f Abs. 6 ZPO. Die Übersendung des Vermögensverzeichnisses kann auf Antrag des Gläubigers auch in elektronischer Form erfolgen. Der Schuldner erhält nur auf Verlangen einen Ausdruck des Vermögensverzeichnisses. Der Gerichtsvollzieher übermittelt das Vermögensverzeichnis in elektronischer Form an das zentrale Vollstreckungsgericht.

Die Abgabe der Vermögensauskunft durch den Schuldner führt allerdings nicht automatisch zu einer Eintragung im Schuldnerverzeichnis. Die Eintragung des Schuldners im Schuldnerverzeichnis ist von der Vermögensauskunft losgelöst und wird von Amts wegen durch den Gerichtsvollzieher angeordnet, § 882c ZPO (ebenfalls möglich: Eintragungsanordnungen nach § 284 AO oder § 26 Abs. 2 InsO).

10.1 Eintragungsanordnung/Vollziehung

Die Eintragungsanordnung durch den Gerichtsvollzieher erfolgt, wenn

- der Schuldner seiner Pflicht zur Abgabe der Vermögensauskunft nicht nachgekommen ist (unentschuldigtes Nichterscheinen; grundlose Weigerung des Schuldners, die Vermögensauskunft abzugeben; Nichtvorlage erforderlicher Unterlagen),
- sich aus dem Vermögensverzeichnis des Schuldners ergibt, dass eine vollständige Befriedigung des Gläubigers durch eine Vollstreckung nicht erreicht werden kann (weder Vermögen noch Einkommen),
- der Schuldner dem nicht innerhalb eines Monats nach Abgabe der Vermögensauskunft oder der Bekanntgabe der Zuleitung (Abdruck des Vermögensverzeichnisses an einen Neugläubiger) gem. § 802d Abs. 1 Satz 2 ZPO die vollständige Befriedigung des Antragsgläubigers (oder Abdruckgläubigers) nachweist.

Der Gläubiger muss hierzu keinen Antrag stellen, die Eintragungsanordnung erfolgt von Amts wegen durch den Gerichtsvollzieher gem. § 882c ZPO.

Kann der Schuldner dem Gerichtsvollzieher gegenüber nachweisen, dass die im Vermögensverzeichnis angegebenen Vermögensgegenstände zur Befriedigung eines Gläubigers (Antragsgläubiger oder Gläubiger, dem eine erteilte Auskunft zugeleitet wurde) ausreichend sind, hat er die Möglichkeit, die Forderung des Gläubigers innerhalb einer Frist von einem Monat zu begleichen. Gelingt ihm dies, unterbleibt die Eintragungsanordnung. Sofern der Nachweis vom Schuldner über die Befriedigung des Gläubigers nicht geführt werden oder ein Zahlungsplan erstellt werden kann, erfolgt die Eintragungsanordnung durch den Gerichtsvollzieher.

Der Gerichtsvollzieher kann die Eintragungsanordnung nach Abgabe der Vermögensauskunft während des Abgabetermins treffen, in diesem Fall genügt die (mündliche) Bekanntgabe der Eintragungsanordnung. Ergeht die Eintragungsanordnung erst nach dem Termin zur Abgabe der Vermögensauskunft, wird sie dem Schuldner förmlich zugestellt.

Ins Schuldnerverzeichnis werden die persönlichen Daten des Schuldners (Name, Vorname, Geburtsname, ggf. Firma und Handelsregisternummer, Geburtsdatum, Geburtsort, Wohnsitz/e oder Sitz des Schuldners), Aktenzeichen und Gericht der Vollstreckungsbehörde, der Vollstreckungssache oder des Insolvenzverfahrens sowie das Datum der Eintragungsanordnung führende Grund (ggf. die Feststellung dass ein Antrag auf Eröffnung des Insolvenzverfahrens über das Vermögen des Schuldners mangels Masse abgewiesen wurde).

Der Gerichtsvollzieher hat den Schuldner über die Möglichkeit des Widerspruchs gegen die Eintragungsanordnung zu belehren.

10.2 Widerspruch des Schuldners/Aussetzung

Gegen die Eintragungsanordnung gem. § 882c ZPO kann der Schuldner innerhalb von zwei Wochen ab Bekanntgabe Widerspruch beim zuständigen Vollstreckungsgericht einlegen, wobei die Vollziehung der Eintragung hierdurch nicht gehemmt wird, § 882d Abs. 1 ZPO. Das Vollstreckungsgericht entscheidet über den Widerspruch durch Beschluss.

Der Gerichtsvollzieher kann die Eintragungsanordnung frühestens nach Ablauf von zwei Wochen in elektronischer Form an das zentrale Vollstreckungsgericht übermitteln.

Des Weiteren hat der Schuldner die Möglichkeit, die Aussetzung der Eintragung beim Vollstreckungsgericht zu beantragen. Legt der Schuldner die Ausfertigung einer vollstreckbaren Entscheidung (einstweilige Einstellung oder Beschluss über Widerspruch) vor, aus der sich ergibt, dass die Eintragungsanordnung einstweilen ausgesetzt wird, unterbleibt die Eintragung im Schuldnerverzeichnis durch das zentrale Vollstreckungsgericht, § 882d Abs. 2 ZPO.

Übungsfall:

Der Gläubiger beauftragt den Gerichtsvollzieher zunächst mit der Sachpfändung und für den Fall, dass diese erfolglos ausfällt, mit der Abnahme der Vermögensauskunft. Die Pfändung des Gerichtsvollziehers war erfolglos, so dass der Schuldner zur Abgabe der Vermögensauskunft geladen wurde. Der Schuldner erscheint unentschuldigt nicht zum Termin.

Was wird die nächste Handlung des Gerichtsvollziehers sein? Worauf wird der Gerichtsvollzieher den Schuldner hinweisen?

Lösungsvorschlag:

Der Gerichtsvollzieher wird dem Schuldner die eine Eintragungsanordnung gem. § 882c ZPO zustellen. Er wird den Schuldner darauf hinweisen, dass er gegen die Eintragungsanordnung innerhalb von zwei Wochen Widerspruch erheben kann und er die Möglichkeit hat, beim Vollstreckungsgericht eine Aussetzung der Vollziehung beantragen kann, § 882d ZPO:

10.3 Kombinierte Beauftragung

Der Gläubiger kann die Abgabe der Vermögensauskunft beim zuständigen Gerichtsvollzieher beantragen. Dies kann mit dem Sachpfändungsauftrag kombiniert werden (sog. »kombinierter Zwangsvollstreckungsauftrag«). In welcher Reihenfolge der Gerichtsvollzieher hierbei vorgeht, legt der Gläubiger bei der Beauftragung fest. Es ist möglich, den Gerichtsvollzieher zunächst mit der Vermögensauskunft und anschließend mit dem Zugriff auf sich aus der Auskunft ergebenden Vermögensgegenständen (Pfändung oder Zustellung vorläufiger Zahlungsverbote an sich aus der Vermögensauskunft ergebenden Drittschuldnern) zu beauftragen. Dies hat den Vorteil, dass sich aus der Vermögensauskunft bereits Anhaltspunkte für eine Pfändung ergeben und gezielt auf die dort angegebenen Vermögensgegenstände zugegriffen werden kann. Der Gläubiger kann jedoch auch zuerst den Pfändungsversuch und bei dessen Erfolglosigkeit anschließend die Vermögensauskunft in Auftrag geben. Bei der Ausgestaltung des Vollstreckungsauftrages in der letztgenannten Reihenfolge (erst Pfändungsversuch dann Vermögensauskunft) besteht die Besonderheit, dass der Gerichtsvollzieher auf Antrag des Gläubigers dem Schuldner die Vermögensauskunft sofort abnehmen kann.

Voraussetzung hierfür ist, dass der Schuldner die Durchsuchung verweigert hat oder die Pfändung voraussichtlich nicht zu einer vollständigen Befriedigung des Gläubigers führen wird, § 807 ZPO. Der Schuldner kann der Sofortabnahme widersprechen, was dazu führt, dass der Gerichtsvollzieher in diesem Fall einen Termin zur Abnahme der Vermögensauskunft in seinen Geschäftsräumen bestimmen wird.

Für den Gläubiger besteht keine Widerspruchsmöglichkeit gegen die Sofortabnahme. Wenn er an dem Termin zur Abgabe der Vermögensauskunft teilnehmen will, sollte er ggf. von der kombinierten Beauftragung absehen.

Wir halten fest:

Der Gläubiger bestimmt die Reihenfolge der Vollstreckungsmaßnahmen, die er mit seinem Vollstreckungsauftrag dem Gerichtsvollzieher bekannt gibt. Er kann den Gerichtsvollzieher einzelne Aufträge erteilen (z.B. gütliche Erledigung, Sachpfändung, Vermögensauskunft) oder die kombinierte Beauftragung wählen.

10.4 Einsicht in das Schuldnerverzeichnis

Das Schuldnerverzeichnis kann vom Gläubiger eingesehen werden. Ein Titel ist für die Einsichtnahme nicht erforderlich. § 882f regelt insofern, dass jeder Einsicht in das Schuldnerverzeichnis nehmen darf,

– zum Zwecke der Zwangsvollstreckung,
– um gesetzliche Pflichten zur Prüfung der wirtschaftlichen Zuverlässigkeit zu erfüllen,
– um Voraussetzungen für die Gewährung von öffentlichen Leistungen zu prüfen,
– um wirtschaftliche Nachteile abzuwenden, die daraus entstehen können, dass Schuldner ihren Zahlungsverpflichtungen nicht nachkommen,
– für Zwecke der Strafverfolgung und der Strafvollstreckung und
– zur Auskunft über ihn selbst betreffende Eintragungen.

Dass bedeutet, dass jeder, der ein berechtigtes Interesse glaubhaft machen kann, Einsicht in das Schuldnerverzeichnis beantragen kann.

Die Schuldnerverzeichnisse werden bei den zentralen Vollstreckungsgerichten der Länder geführt und können über ein länderübergreifendes Portal online kostenpflichtig abgefragt werden. Die Adresse lautet:

www.vollstreckungsportal.de.

Eine Registrierung ist erforderlich.

Der Gläubiger kann dem Schuldnerverzeichnis folgende Daten entnehmen:
– Name, Vorname und Geburtsname des Schuldners
– Firma und Handelsregisternummer
– Geburtsdatum und Geburtsort des Schuldners
– Wohnsitze des Schuldners oder Sitz des Schuldners
– Aktenzeichen und Gericht
– Datum der Eintragungsanordnung
– Grund der Eintragung gem. § 882c ZPO (oder § 284 Abs. 9 AO)

– ggf. Feststellung, dass ein Antrag auf Eröffnung des Insolvenzverfahrens über das Vermögen des Schuldners mangels Masse abgewiesen wurde.

Vermögensverzeichnisse können vom Gläubiger oder seinem Rechtsanwalt nicht eingesehen werden. Der Abruf der Vermögensverzeichnisse zu Vollstreckungszwecken erfolgt insoweit über den Gerichtsvollzieher oder anderen in § 802k Abs. 2 ZPO genannten Vollstreckungsbehörden. Der Gläubiger, der eine Abschrift des Vermögensverzeichnisses erhalten möchte, muss diesbezüglich die Hilfe des Gerichtsvollziehers in Anspruch nehmen.

10.5 Fragerecht des Gläubigers

Es ist zulässig, dass der Gläubiger am Termin zur Abgabe der Vemögensauskunft des Schuldners teilnimmt, um diesem persönlich Fragen zu seiner wirtschaftlichen Situation zu stellen. Der Gerichtsvollzieher hat den Wunsch des Gläubigers, am Termin zur Abgabe der eidesstattlichen Versicherung teilzunehmen, gem. § 31 Abs. 7 GVGA zu berücksichtigen.

Aha: Von der Teilnahme am Termin durch den Gläubiger bzw. dessen anwaltlichen Vertreter in der Praxis nur selten Gebrauch gemacht, was an der Entfernung zum Wohnsitz des Schuldners oder daran liegen mag, dass die gesetzlichen Gebühren für die Teilnahme an einem solchen Termin den Kostenaufwand des Rechtsanwalts nicht decken.

Tipp: Möchte Ihr Mandant, dass der Rechtsanwalt am Termin zur Vermögensauskunft teilnimmt, um gezielt Fragen zur Schuldnersituation zu stellen, kann hierüber eine Vergütungsvereinbarung geschlossen werden.

10.6 Inhalt des Vermögensverzeichnisses

Das Vermögensverzeichnis muss alle geldwerten Sachen und Rechte des Schuldners ohne Rücksicht auf deren Wert umfassen. Lediglich die in § 811 ZPO aufgezählten unpfändbaren Sachen brauchen nicht aufgezählt zu werden, es sei denn, sie kommen für eine Austauschpfändung in Betracht.

Außerdem muss der Schuldner die in den letzten zwei Jahren vorgenommenen entgeltlichen Veräußerungen an nahe stehende Personen sowie die in den letzten vier Jahren vorgenommenen unentgeltlichen Leistungen (Schenkungen) angeben. Diese Verpflichtungen ergeben sich aus § 802c ZPO.

10.7 Zusatzfragen

Grundsätzlich hat der Schuldner die im amtlichen Fragenkatalog enthaltenen Fragen zu beantworten. Die Auskunftspflicht des Schuldners geht jedoch noch über den Fragenkatalog hinaus. Der Gläubiger kann die Beantwortung zusätzlicher Fragen durch den Schuldner verlangen.

Beispiel:

Dem Schuldner, von dem der Gläubiger weiß, dass er Arbeitnehmer ist, könnten Fragen zu

– seiner Steuerklasse,

– Änderungen der Steuerklasse,

– zu zusätzlichen Arbeitgeberleistungen (Dienstwagen, Direktversicherungen, Kost und Logis, etc.),

– Art und Umfang (Anzahl der Stunden monatlich) der geleisteten Tätigkeit (bei Einkommen, welches unter der Pfändungsfreigrenze liegt)

– Namen und Anschriften der Personen, die den Schuldner unterstützen (konkrete Beträge und konkrete Zeiträume), falls der Schuldner angibt, keinerlei Einkünfte zu erzielen und von den Unterstützungsleistungen seiner Familie zu leben

gestellt werden.

Aufpassen: Zusatzfragen können nur gestellt werden, wenn sie Bezug auf die konkrete Situation des Schuldners haben. Ein pauschal verwendeter Fragenkatalog ist nicht zulässig.

Wir halten fest:

Der Gläubiger hat das Recht, dem Schuldner bezüglich seiner konkreten Situation Fragen zu stellen, die er dem Gerichtsvollzieher zusammen mit dem Vollstreckungsauftrag übermitteln kann. Außerdem hat er die Möglichkeit, am Termin zur Abgabe der Vermögensauskunft teilzunehmen, um dem Schuldner gezielt Fragen zu stellen.

10.8 Folgen der Eintragung im Schuldnerverzeichnis

Der Gläubiger übt mit den Antrag auf Abgabe der Vermögensauskunft einen immensen Druck auf den Schuldner aus:

– der Schuldner, der nach abgegebener Vermögensauskunft dem Gerichtsvollzieher nicht innerhalb eines Monats darlegen, dass er die Forderung des betreibenden Gläubigers (oder des Abdruck-Gläubigers) beglichen hat, wird auf Anordnung des Gerichtsvollziehers im Schuldnerverzeichnis eingetragen,

– die Schufa wird benachrichtigt,

– der Schuldner verliert seine Kreditwürdigkeit,

– unter Umständen bekommt der Schuldner berufliche Probleme,

– die Eintragung im Schuldnerverzeichnis kann zu Schwierigkeiten bei der Wohnungssuche führen.

Die Eintragung im Schuldnerverzeichnis führt nicht dazu, dass der Schuldner von seinen Zahlungsverpflichtungen frei wird. Er wird lediglich (grundsätzlich) davon befreit, innerhalb der Sperrfrist von zwei Jahren (§ 802d Abs. 1 Satz 1 ZPO) die Vermögensauskunft erneut abzugeben. Auch Vollstreckungsmaßnahmen sind während dieser Zeit grundsätzlich möglich.

Aufpassen: Ein Schuldner, der die Vermögensaukunft abgegeben hat, wird nicht (mehr) automatisch in das Schuldnerverzeichnis eingetragen.

Zu unterscheiden ist die Sperrfrist des § 802d Abs. 1 Satz 1 ZPO von der Frist zur Löschung der Eintragungen im Schuldnerverzeichnis, § 882e Abs. 1 ZPO. Die Löschung der Eintragung im Schuldnerverzeichnis erfolgt erst nach Ablauf von drei Jahren (bei Eintragungsanordnung gem. § 26 Abs. 2 InsO nach fünf Jahren) ab dem Datum der Eintragungsanordnung.

Wir halten fest:

Die Eintragung im Schuldnerverzeichnis führt zum Verlust der Kreditwürdigkeit und weiteren wirtschaftlichen Nachteilen des Schuldners und übt deshalb einen großen Druck auf ihn aus.

10.9 Erneute (wiederholte) Abgabe der eidesstattlichen Versicherung

Grundsätzlich ist ein Schuldner, der die eidesstattliche Versicherung über seine Vermögensverhältnisse bereits abgegeben hat, zwei Jahre lang von der Verpflichtung zur Abgabe der Vermögensauskunft befreit (Sperrfrist des § 802d ZPO).

Gläubiger erhalten im Rahmen der Zwangsvollstreckung nach Maßgabe des § 802d Abs. 1 Satz 2 ZPO Abschriften eines vom Schuldner erstellten Vermögensverzeichnisses. Die Erteilung von Abschriften des vom Schuldner bereits erstellten Vermögensverzeichnisses führt zu einer Eintragung im Schuldnerverzeichnis, wenn der Schuldner nicht innerhalb eines Monats die Befriedigung des Abdruck-Gläubigers nachweist.

Wichtig: Kann der Gläubiger Tatsachen glaubhaft machen, die auf eine wesentliche Veränderung der Vermögensverhältnisse des Schuldners schließen lassen, so muss der Schuldner schon vor Ablauf der Sperrfrist von zwei Jahren auf Antrag erneut die Vermögensauskunft abgeben (§ 802d Abs. 1 Satz 1 ZPO).

Zur Glaubhaftmachung von Tatsachen, die zu einer wesentlichen Veränderung der Vermögensverhältnisses des Schuldners geführt haben, ist es ausreichend, dass der Gläubiger Umstände vorträgt und glaubhaft macht, die nach der allgemeinen Lebenserfahrung den Schluss zulassen, dass sich die Vermögensverhältnisse des Schuldners verbessert haben.

Beispiel:

Dem Gläubiger wird bekannt, dass der Schuldner, gegen den er in der Vergangenheit erfolglos vollstreckt hat, einen nagelneuen Sportwagen fährt. In diesem Fall kann der Gläubiger glaubhaft machen, dass der Schuldner neues Vermögen erworben haben muss.

Gleiches gilt für den Fall, der Schuldner ein neues Arbeitsverhältnis eingegangen ist oder eine gewerbliche oder freiberufliche Tätigkeit aufgenommen hat.

Wir halten fest:

Bei der erneuten Abgabe der Vermögensauskunft hat der Schuldner auf Antrag des Gläubigers ein neues Vermögensverzeichnis zu erstellen. Das Verfahren zur Abgabe der Vermögensauskunft beginnt von neuem.

Aufpassen: Die Frist zur erneuten Abgabe der Vemögensauskunft beträgt zwei Jahre, während die Eintragungen im Schuldnerverzeichnis erst nach drei Jahren gelöscht werden.

10.10 Ergänzung der eidesstattlichen Versicherung

Sofern der Schuldner in der Vermögensauskunft erkennbar unvollständige, ungenaue oder widersprüchliche Angaben gemacht hat, kann der Gläubiger die Nachbesserung der Vermögensauskunft verlangen. In diesem Fall beginnt also das Verfahren nicht von neuem, sondern das »alte« Verfahren wird fortgesetzt. Der Gerichtsvollzieher wird einen neuen Termin bestimmen, in dem der Schuldner das Vermögensverzeichnis in den fraglichen Punkten ergänzt, §§ 802c, 802d ZPO.

Gründe für die Ergänzung können beispielsweise sein:
– der Schuldner hat seinen Arbeitgeber nicht bekannt gegeben
– der (gewerbetreibende) Schuldner hat angegeben »diverse Büromöbel« zu besitzen
– der Schuldner hat Forderungen nicht konkretisiert
– der Schuldner hat keine Ausführungen zu Art und Umfang einer auffallend gering entlohnten Tätigkeit gemacht (z.B. »Tätigkeit im Familienbetrieb«)

Die Ergänzung der Vermögensauskunft kann sowohl durch den Gläubiger beantragt werden, auf dessen Antrag hin der Schuldner die Vermögensauskunft abgegeben hat, als auch für einen Neugläubiger. Für die Ergänzung der eidesstattlichen Versicherung fallen keine Gerichtsvollzieherkosten an.

Übungsfall:

Der Gläubiger erhält ein vom Schuldner erstelltes Vermögensverzeichnis, aus dem hervorgeht, dass der Schuldner Arbeitseinkommen in Höhe von netto 1.450,00 € erzielt. Den Arbeitgeber hat er jedoch nicht angegeben. Was kann der Gläubiger beantragen?

Lösungsvorschlag:

Der Gläubiger kann die Ergänzung der Vermögensauskunft verlangen, da der Schuldner das Vermögensverzeichnis unvollständig ausgefüllt hat.

> **Wir halten fest:**
>
> *Bei der Ergänzung der Vermögensauskunft wird das Vermögensverzeichnis des Schuldners ergänzt. Es handelt sich nicht um ein neues Verfahren, sondern um die Nachbesserung des bereits erstellten Vermögensverzeichnisses.*

10.11 Verhaftung des Schuldners

Sofern der Schuldner trotz ordnungsgemäßer Ladung des Gerichtsvollziehers zum Termin zur Abgabe der Vermögensauskunft unentschuldigt nicht erscheint oder die Abgabe der Vermögensauskunft grundlos verweigert, ergeht auf Antrag des Gläubigers Haftbefehl gem. § 802g ZPO durch das zuständige Vollstreckungsgericht.

Wichtig: Der Haftbefehl wird beim Vollstreckungsgericht beantragt. Über die Anordnung der Haft entscheidet – da ein Grundrecht betroffen ist – der Richter.

Hat der Gläubiger den Antrag gestellt und erscheint der Schuldner unentschuldigt nicht zum Termin, leitet der Gerichtsvollzieher die Vollstreckungsunterlagen an das Vollstreckungsgericht weiter. Über den Antrag auf Erlass des Haftbefehls entscheidet das Vollstreckungsgericht. Der Haftbefehl enthält die Bezeichnung des Gläubigers, des Schuldners und den Grund der Verhaftung. Nach Erlass des Haftbefehls leitet das Vollstreckungsgericht diesen (nebst Titel und Vollstreckungsunterlagen) an den Gläubiger zurück. Der Gläubiger beauftragt dann wiederum den Gerichtsvollzieher mit der Verhaftung des Schuldners.Der Schuldner hat die Möglichkeit, z.B. bei Erkrankung, sein Fernbleiben vom Termin zu entschuldigen. Hier reicht allerdings eine formlose Krankmeldung nicht aus, der Schuldner muss ein ärztliches Attest vorlegen.

Der Gerichtsvollzieher braucht zum Vollzug des Haftbefehls keine Durchsuchungsanordnung gem. § 758a ZPO, auch wenn er die Wohnung des Schuldners betreten muss. Dies ergibt sich aus § 758a Abs. 2 ZPO. Soll die Verhaftung in der Wohnung des Schuldners allerdings zur »Unzeit«, also nachts (21:00 Uhr bis 6:00 Uhr) oder sonn- und feiertags erfolgen, ist wiederum ein »Nachtbeschluss« gem. § 758a Abs. 4 ZPO erforderlich.

Wichtig: Ein erlassener Haftbefehl hat 2 Jahre Gültigkeit (§ 802h Abs. 1 ZPO).

Der Schuldner kann bis zur Dauer von 6 Monaten in Haft genommen werden, die mit der Abgabe der Vermögensauskunft bzw. nach 6 Monaten endet. Man spricht auch von der »Beugehaft«, § 802j Abs. 1 ZPO. Wurde der Schuldner verhaftet und in die JVA verbracht, kann er dort jederzeit verlangen, die eidesstattliche Versicherung abzugeben. Zuständig ist dann der Gerichtsvollzieher des Amtsgerichts am Haftort. Wenn der Schuldner 6 Monate inhaftiert war, lässt sich die eidesstattliche Versicherung bis zum Ablauf der Sperrfrist (§ 802j Abs. 2 ZPO) nicht mehr zwangsweise durchsetzen.

Wir halten fest:

Erscheint der Schuldner unentschuldigt nicht zum Termin zur Abgabe der eidesstattlichen Versicherung, ergeht auf Antrag des Gläubigers Haftbefehl.

Übungsfall:

Der Gerichtsvollzieher hat den Schuldner zur Abgabe der Vermögensauskunft geladen. Der Schuldner erscheint unentschuldigt nicht zum Termin. Was kann der Gläubiger für diesen Fall beantragen?

Lösungsvorschlag:

Der Gläubiger kann beantragen, dass der Gerichtsvollzieher bei unentschuldigtem Nichterscheinen des Schuldners zum Termin zur Abgabe der Vermögensauskunft gem. § 802c ZPO die Unterlagen an das Vollstreckungsgericht weiterleitet. Dort wird der Antrag auf Erlass eines Haftbefehls gem. § 802g ZPO gegen den Schuldner gestellt.

10.12 Löschung der Einträge

Die Eintragung im Schuldnerverzeichnis wird gelöscht, wenn
– seit der Abgabe der eidesstattlichen Versicherung
– seit der Anordnung der Haft oder
– seit der Beendigung der sechsmonatigen Haftvollstreckung

drei Jahre vergangen sind, § 882e Abs. 1 ZPO, oder
– wenn der Schuldner nachweisen kann, dass die Forderung des Gläubigers, der das Verfahren oder eine Abschrift der Vermögensauskunft betrieben hat, getilgt ist (z.B. durch Vorlage des entwerteten Vollstreckungstitels), § 882e Abs. 3 ZPO.

Die Löschung im Schuldnerverzeichnis erfolgt auch, wenn der Eintragungsgrund weggefallen ist oder das Fehlen des Eintragungsgrundes bekannt geworden ist oder wenn die Ausfertigung einer vollstreckbaren Entscheidung vorgelegt wird, aus der sich ergibt, dass die Eintragungsanordnung aufgehoben oder einstweilen ausgesetzt ist.

Wenn der Schuldner die Forderung bezahlt hat, hat er einen (einklagbaren) Anspruch auf Herausgabe des quittierten Originaltitels.

Tipp: Sollten Sie als Gläubigervertreter – berechtigt – zur Herausgabe eines Vollstreckungstitels aufgefordert werden, zögern Sie nicht, dieser Aufforderung zu folgen, da Sie ansonsten Gefahr laufen, die Kosten einer Titelherausgabeklage zu tragen.

Übungsfall:

Der Schuldner erscheint beim Vollstreckungsgericht und legt den quittierten Titel des Gläubigers vor, der gegen ihn die Abgabe der Vermögensauskunft beantragt hat. Welchen Antrag wird er dort stellen wollen?

Lösungsvorschlag:

Er wird die Löschung der Eintragung beantragen wollen, § 882e Abs. 3 Nr. 1 ZPO.

10.13 Einholung von Auskünften Dritter gem. § 802l ZPO

Wenn der Schuldner seiner Pflicht zur Abgabe der Vermögensauskunft nicht nachkommt oder bei einer Vollstreckung in die dort aufgeführten Vermögensgegenstände eine vollständige Befriedigung des Gläubigers nicht zu erwarten ist, darf der Gerichtsvollzieher Auskünfte Dritter über den Schuldner einholen. Voraussetzung für die Einholung von Auskünften Dritter gem. § 802l ZPO ist allerdings, dass die zu vollstreckende Hauptforderung mindestens 500,00 € beträgt.

§ 802l ZPO erlaubt dem Gerichtsvollzieher unter den vorgenannten Voraussetzungen die Einholung folgender Auskünfte:

6. Rentenversicherungsträger
   Hier werden Namen, Vornamen, Firma sowie die Anschriften der derzeitigen Arbeitgeber eines versicherungspflichtigen Beschäftigungsverhältnisses des Schuldners erfragt.

7. Bundeszentralamt für Steuern
   Über eine Anfrage beim Bundeszentralamt für Steuern kann der Gerichtsvollzieher bestehende Bankverbindungen (Kontonummern) und Depots des Schuldners in Erfahrung bringen.

8. Kraftfahrt-Bundesamt
   Über eine Anfrage beim Kraftfahrt-Bundesamt erhält der Gerichtsvollzieher die dort über den Schuldner gespeicherten Daten. Dies gilt natürlich nur für Schuldner, die Halter eines Fahrzeuges sind. Über eine Auskunft vom Kraftfahrt-Bundesamt lassen sich Familienname (bei juristischen Personen Bezeichnung), Geburtsname, Vornamen, ggf. Ordens- oder Künstlername, Geburtsdatum und -ort, Geschlecht, Anschrift ermitteln.

Wir halten fest:

Die Einholung von Auskünften Dritter durch den Gerichtsvollzieher gem. § 802l ZPO ist nur zulässig, wenn die zu vollstreckende Hauptforderung mindestens 500,00 € beträgt.

10.14 Eidesstattliche Versicherung gem. § 836 Abs. 3 Satz 2 ZPO (»Auskunftsversicherung«)

Im Rahmen der Pfändung ist der Schuldner verpflichtet, dem Gläubiger alle Auskünfte zu erteilen, die er zur bestmöglichen Geltendmachung (Pfändung) der Forderung benötigt. Diese Art der eidesstattlichen Versicherung ist in der Praxis beispielsweise immer dann von Bedeutung, wenn nach erfolgtem Pfändungs- und Überweisungsbeschluss der Drittschuldner seiner Auskunftspflicht nicht nachkommt. Der Gläubiger hat in diesem Fall die Möglichkeit, eine Drittschuldnerklage zu erheben (vgl. Kap. 11.7). Der Gläubiger kann darüber hinaus die zu erteilende Auskunft im Rahmen der durchgeführten Pfändung vom Schuldner verlangen.

Tipp: Kommt der Drittschuldner seiner Auskunftspflicht nicht nach, sollte der Gläubiger den Schuldner unter Fristsetzung schriftlich (per Einwurf-Einschreiben) auffordern, die notwendigen Informationen zu erteilen. Erfolgt hierauf seitens des Schuldners keine Reaktion, kann der Gläubiger unter Glaubhaftmachung der Weigerung des Schuldners, die Auskunft zu erteilen (durch Vorlage des Aufforderungsschreibens und des Einlieferungsbelegs) den zuständigen Gerichtsvollzieher mit der Entgegennahme der Information und der Abnahme der eidesstattlichen Versicherung gem. § 836 Abs. 3 Satz 2 ZPO beauftragen.

Der Gläubiger sollte – neben den allgemeinen Vollstreckungsunterlagen – auch den Pfändungs- und Überweisungsbeschluss und die vom Schuldner zu beantwortenden Fragen an den Gerichtsvollzieher übersenden. Der Verfahrensablauf gestaltet sich in diesem Fall wie bei der Vermögensauskunft (§§ 802f Abs. 4, 802g bis 802i, 802j Abs. 1 und 2).

Aha: Die Nachbesserung (Ergänzung), der Erlass und Vollzug eines Haftbefehls sind auch bei dieser Art der eidesstattlichen Versicherung möglich.

> **Wir halten fest:**
>
> *Der Schuldner muss dem Gläubiger alle zur Pfändung einer Forderung notwendigen Auskünfte erteilen und diese Auskunft an Eides statt versichern.*

10.15 Eidesstattliche Versicherung gem. § 883 Abs. 2 ZPO (»Herausgabeversicherung«)

Eine weitere Form der eidesstattlichen Versicherung ist bei der Herausgabevollstreckung von Relevanz. Wenn der Schuldner verurteilt wurde, einen bestimmten Vermögensgegenstand an den Gläubiger herauszugeben, so ist der Gerichtsvollzieher mit der Wegnahme des Gegenstandes zu beauftragen.

Prüfungstipp: *Auf die Frage, was der Gläubiger eines Herausgabeanspruchs beantragen kann, wenn der herauszugebende Gegenstand beim Schuldner nicht vorgefunden wird, wird zur Beantwortung § 883 Abs. 2 ZPO herangezogen, wonach der Gläubiger vom Schuldner verlangen kann, dem Gerichtsvollzieher gegenüber an Eides statt zu* versichern, dass er nicht im Besitz des Gegenstandes ist oder Kenntnis über dessen Verbleib hat.

Der Gang des Verfahrens ist derselbe wie der der Vermögensauskunft, ebenso die Konsequenzen bei unentschuldigtem Nichterscheinen, insbesondere der Erlass eines Haftbefehls und die Haftvollstreckung.

Aufpassen: Hat der Schuldner die eidesstattliche Versicherung gem. § 883 Abs. 2 ZPO geleistet, wird dem Gläubiger der Herausgabeforderung nichts anderes übrig bleiben, als Schadenersatzansprüche gegen den Schuldner geltend zu machen.

Der Gang des Verfahrens ist derselbe wie der der eidesstattlichen Versicherung gem. § 807 ZPO, ebenso die Konsequenzen bei unentschuldigtem Nichterscheinen.

Achtung: Hat der Schuldner die eidesstattliche Versicherung gem. § 883 Abs. 2 ZPO geleistet, wird dem Gläubiger der Herausgabeforderung nichts anderes übrig bleiben, als Schadenersatzansprüche gegen den Schuldner geltend zu machen.

11. Pfändung von Forderungen

Werden dem Gläubiger Ansprüche des Schuldners gegenüber Dritten bekannt (z.B. Gehaltsansprüche, Ansprüche auf Auszahlung von Sparguthaben, Steuererstattungsansprüche) können diese gepfändet werden. Dies geschieht mittels Pfändungs- und Überweisungsbeschluss.

Merke: Der »Schuldner des Schuldners« heißt Drittschuldner.

Die Forderungspfändung stellt eine effiziente Möglichkeit des Zugriffs des Gläubigers auf das Vermögen des Schuldners dar.

Durch den Pfändungs- und Überweisungsbeschluss erwirbt der Gläubiger die Rechtsstellung des Schuldners, das heißt, nicht dem Schuldner sondern dem Gläubiger wird die Forderung des Schuldners überwiesen.

Wichtig: Für den Antrag auf Erlass eines Pfändungs- und Überweisungsbeschlusses ist das Amtsgericht, Vollstreckungsgericht (dort: der Rechtspfleger), am Wohnsitz des Schuldners zuständig.

11.1 Inhalt und Form des Antrags

Der Antrag muss folgende Angaben enthalten:
- die Bezeichnung des Schuldtitels,
- die Parteien (Gläubiger, Schuldner und Drittschuldner),
- die Höhe der Forderung (inkl. Kosten und Zinsen) sowie
- die gepfändete Forderung.

Es muss auch für einen Dritten erkennbar sein, worauf sich der Beschluss bezieht. Die Forderung sollte durch eine Forderungsaufstellung aufgeschlüsselt werden (Hauptsache, Hauptsachezinsen, Prozesskosten, Zinsen auf Kosten und Vollstreckungskosten).

Achtung: Bei gewöhnlichen Zahlungsansprüchen und bei Pfändung von Unterhaltsansprüchen wurden vom Bundesjustizministerium verbindliche einheitliche Formulare eingeführt, die zwingend verwendet werden müssen. Das BMJ hat auf seiner Homepage die am PC ausfüllbaren Formulare bereit gestellt.

Sollen mehrere Geldforderungen gegen verschiedene Drittschuldner gepfändet werden, so soll dies – wenn möglich und sinnvoll – gem. § 829 Abs. 1 Satz 3 ZPO durch einen einheitlichen Beschluss erfolgen.

> **Wir halten fest:**
>
> *Geldforderungen des Schuldners gegen Dritte (Drittschuldner) werden mit dem Pfändungs- und Überweisungsbeschluss gepfändet. Bei gewöhnlichen Geldforderungen oder bei Unterhaltsansprüchen ist der Antrag zwingend auf dem hierfür vorgeschriebenen Formular einzureichen.*

11.2 Bisherige Kosten der Zwangsvollstreckung

Gemäß § 788 ZPO fallen die notwendigen Kosten der Zwangsvollstreckung dem Schuldner zur Last. Sie werden zusammen mit dem Hauptanspruch beigetrieben. Die Kosten früherer Vollstreckungsmaßnahmen (Gerichtsvollzieherkosten, Kosten der Meldebehörden, etc) müssen also nicht gesondert tituliert werden, aber sie sind einzeln nach Grund und Höhe zu bezeichnen und glaubhaft zu machen. Die Angabe eines Gesamtbetrages der Vollstreckungskosten ist nicht ausreichend. Sofern ein Vollstreckungsverfahren erfolglos geblieben ist und die Vollstreckung in naher Zukunft aussichtslos erscheint, kann der Gläubiger seine bisherigen Kosten der Zwangsvollstreckung gem. § 788 Abs. 3 ZPO gegen den Schuldner festsetzen lassen. Dies hat den Vorteil, dass die zum Teil sehr umfangreichen Vollstreckungsunterlagen nicht aufbewahrt werden müssen und die Kosten im Kostenfestsetzungsbeschluss verzinst werden.

11.3 Ablauf des Verfahrens

Das Vollstreckungsgericht hat von Amts wegen die Zuständigkeit, die allgemeinen und besonderen Zwangsvollstreckungsvoraussetzungen sowie das Entgegenstehen von Vollstreckungshindernissen zu prüfen.

Achtung: Das Gericht prüft nicht, ob der Anspruch tatsächlich besteht, da die »angebliche Forderung« des Schuldners gegen den Drittschuldner gepfändet wird.

Sofern Vollstreckungshindernisse (z.B. Einstellung der Zwangsvollstreckung, Eröffnung des Insolvenzverfahrens über das Vermögen des Schuldners) oder Pfändungsverbote oder Pfändungsbeschränkungen nicht entgegenstehen, erlässt das Gericht den Pfändungs- und Überweisungsbeschluss auf Grundlage des Gläubigerantrages ohne Anhörung des Schuldners oder Drittschuldners. Der Pfändungs- und Überweisungsbeschluss wird von Amts wegen dem Drittschuldner und dem Schuldner zugestellt.

> **Wir halten fest:**
>
> *Das Gericht prüft nicht, ob der gepfändete Anspruch tatsächlich besteht. Gepfändet wird der angebliche Anspruch des Schuldners gegen den Drittschuldner.*

Wichtig: Der Pfändungs- und Überweisungsbeschluss wird mit seiner Zustellung an den Drittschuldner wirksam, § 829 Abs. 3 ZPO.

Die Zustellung an den Drittschuldner erfolgt durch den Gerichtsvollzieher, der auf der Zustellungsurkunde das Datum, die Uhrzeit und die abgegebene Drittschuldnererklärung, sofern diese ihm gegenüber (nach entsprechender Aufforderung) abgegeben wird, vermerkt.

Prüfungstipp: *Achten Sie darauf, wann der Pfändungs- und Überweisungsbeschluss an den Drittschuldner zugestellt wurde, da hiermit die Wirkung der Pfändung eintritt. Die Zustellung an den Schuldner spielt für die Wirkung der Pfändung hingegen keine Rolle.*

Übungsfall:

Der Gerichtsvollzieher stellt der Sparda-Bank am 19.08.2013, 12:20 Uhr einen Pfändungs- und Überweisungsbeschluss zu. Die Zustellung an den Schuldner erfolgte am 22.08.2013, 8:15 Uhr. Wann wurde die Pfändung bewirkt?

Lösungsvorschlag:

Mit Zustellung an die Sparda-Bank am 19.08.2013, 12:20 Uhr gilt die Pfändung gem. § 829 Abs. 3 ZPO als bewirkt.

Wir halten fest:

*Für das Wirksamwerden der Pfändung ist wichtig, wann dem **Drittschuldner** der Pfändungs- und Überweisungsbeschluss zugestellt wird.*

11.4   Inhalt des Pfändungs- und Überweisungsbeschlusses

Der Pfändungs- und Überweisungsbeschluss enthält das Verbot für den Drittschuldner an den Schuldner zu leisten (Arrestatorium). Gleichzeitig enthält er das Gebot an den Schuldner, sich jedweder Verfügung über die Forderung zu enthalten (Inhibitorium).

Der Pfändungs- und Überweisungsbeschluss enthält zwei Beschlüsse, nämlich den Pfändungsbeschluss und den Überweisungsbeschluss.

Wichtig: Mit dem Pfändungsbeschluss wird die Forderung »beschlagnahmt«, mit dem Überweisungsbeschluss wird die Verwertung vorgenommen, wobei der Gläubiger hier verschiedene Anträge zur Verwertung stellen kann, vgl. 11.6.

11.5 Wirkungen der Pfändung

Der Drittschuldner kann ab dem Zeitpunkt der Zustellung nicht mehr mit schuldbefreiender Wirkung an den Schuldner zahlen. Zahlt er trotzdem noch an den Schuldner aus, ist er in Höhe des Auszahlungsbetrages dem Gläubiger zum Schadenersatz verpflichtet, d.h. er zahlt zweimal.

Werden wiederkehrende Leistungen gepfändet (z.B. Arbeitseinkommen), so erstreckt sich die Pfändung auch auf die zukünftig fällig werdenden Beträge.

Mit Zustellung des Pfändungs- und Überweisungsbeschlusses kann der Gläubiger, der die Rechtsstellung des Schuldners erworben hat, Handlungen vornehmen, die der Befriedigung des Anspruchs dienen.

Er kann die Kündigung einer noch nicht fälligen Forderung erklären, einen gegen den Drittschuldner bestehenden Vollstreckungstitel auf sich umschreiben lassen oder die Nebenrechte der bestehenden Forderung geltend machen.

Beispiel:

Der Gläubiger hat Sparguthaben des Schuldners mit einem Pfändungs- und Überweisungsbeschluss gepfändet. Er kann – gegen Vorlage des Sparbuchs – die Kündigung des Sparguthabens erklären und Auszahlung an sich verlangen.

11.6 Verwertungsarten bei Pfändung und Überweisung

Die wohl häufigste Art der Verwertung ist die »Überweisung zur Einziehung« gem. § 835 Abs. 1 ZPO. Bei dieser Art der Verwertung bleibt der Schuldner Inhaber der Forderung gegen den Drittschuldner. Die Forderung des Gläubigers gegenüber dem Schuldner erlischt erst, wenn vollständige Zahlung erfolgt ist. Der Gläubiger nimmt lediglich das Recht wahr, die Forderung gegenüber dem Drittschuldner geltend zu machen.

Eine andere Art der Verwertung ist die »Überweisung an Zahlungs statt«, die aufgrund des für den Gläubiger bestehenden hohen Risikos jedoch in der Praxis kaum relevant ist. Bei dieser Verwertungsart geht die Forderung des Schuldners gegen den Drittschuldner in Höhe der bestehenden Forderung des Gläubigers auf den Gläubiger über. Mit dem Übergang der Forderung auf den Gläubiger gilt dieser als befriedigt, das heißt, die Vollstreckungsforderung gegen den Schuldner ist erloschen. Das Risiko geht auf den Gläubiger über. Kann die Forderung wegen Insolvenz des Drittschuldners nicht realisiert werden, besteht für den Gläubiger keine Möglichkeit an den Schuldner heranzutreten.

Merke:

In der Praxis erfolgt die Verwertung überwiegend durch Überweisung zur Einziehung.

11.7 Drittschuldnererklärung/Drittschuldnerklage

Der Drittschuldner muss entweder unmittelbar bei der Zustellung dem Gerichtsvollzieher gegenüber, spätestens jedoch innerhalb einer Frist von zwei Wochen ab Zustellung des Pfändungs- und Überweisungsbeschlusses die sog. Drittschuldnererklärung abgeben, § 840 Abs. 1 ZPO.

Hierbei muss er angeben:

- ob und inwieweit er die Forderung als begründet anerkennt und zur Zahlung bereit ist,
- ob und welche Ansprüche andere Personen an die Forderung machen und
- ob und wegen welcher Ansprüche die Forderung bereits für andere Gläubiger gepfändet ist,
- ob innerhalb der letzten zwölf Monate im Hinblick auf das Konto, dessen Guthaben gepfändet worden ist, eine Pfändung nach § 850l ZPO aufgehoben oder die Unpfändbarkeit des Guthabens angeordnet worden ist, und
- ob es sich bei dem Konto, dessen Guthaben gepfändet worden ist, um ein Pfändungskonto im Sinne von § 850k Abs. 7 ZPO handelt.

Sofern der Drittschuldner diese Auskunftspflicht nicht erfüllt, hat er dem Gläubiger entstandenen Schaden zu ersetzen (§ 840 Abs. 2 ZPO). Der Gläubiger kann gegen den Drittschuldner auf Leistung (nicht auf Auskunft) gegen den Drittschuldner klagen (sog. »Drittschuldnerklage«). Dem Schuldner muss in diesem Rechtsstreit der Streit verkündet werden.

> **Achtung:** Für die Drittschuldnerklage ist in der Regel das für den Wohnsitz des Drittschuldners zuständige Gericht, bei Arbeitseinkommen das Arbeitsgericht zuständig.

Stellt sich im Klageverfahren heraus, dass die geltend gemachte Forderung nicht besteht oder nicht durchsetzbar ist, kann der Gläubiger im gleichen Verfahren auf die Schadenersatzklage gem. § 840 Abs. 2 Satz 2 ZPO übergehen oder Feststellungsantrag dahingehend stellen, dass der beklagte Drittschuldner zum Schadenersatz des Schadens verpflichtet ist, der dadurch entstanden ist, dass er die Drittschuldnererklärung nicht rechtzeitig oder fehlerhaft erteilt hat.

Tipp: Eine weitere Möglichkeit für den Gläubiger, die gewünschten Informationen zu erhalten, bietet sich über § 836 Abs. 3 ZPO, nach welchem der Schuldner im Rahmen des Pfändungs- und Überweisungsbeschlusses verpflichtet ist, dem Gläubiger die zur Geltendmachung der Forderung nötige Auskunft zu erteilen und ihm die über die Forderung vorhandenen Urkunden herauszugeben. Erteilt der Schuldner die Auskunft nicht freiwillig, so ist er auf Antrag des Gläubigers verpflichtet, sie zu Protokoll zu geben und seine Angaben an Eides statt zu versichern.

> **Wir halten fest:**
>
> *Der Drittschuldner ist verpflichtet, dem Gläubiger spätestens innerhalb von zwei Wochen die sog. Drittschuldnererklärung abzugeben. Gibt er die Erklärung nicht ab, kann er auf Schadenersatz, nicht jedoch auf Auskunft verklagt werden.*

11.8 Erklärungspflicht bei Pfändung von Arbeitseinkommen

Im Hinblick auf die Pfändung von Arbeitseinkommen ist der Arbeitgeber (Drittschuldner) verpflichtet anzugeben:

- ob der Schuldner bei ihm beschäftigt ist,
- wie hoch das Arbeitsentgelt des Schuldners ist,
- welche Unterhaltspflichten des Schuldners bestehen,
- wann und in welcher Höhe jeweils mit Zahlungen zu rechnen ist,
- in welche Steuerklasse der Schuldner eingestuft ist.

Etwaige Änderungen (z.B. Änderung der Steuerklasse, Kündigung, Lohnerhöhung) sind dem Gläubiger vom Drittschuldner ebenfalls mitzuteilen.

Der Gläubiger muss in die Lage versetzt werden, selbständig den pfändbaren Teil des Arbeitseinkommens zu berechnen.

Den Schuldner trifft eine Auskunfts- und Herausgabepflicht insoweit, als er dem Gläubiger die bestmögliche Geltendmachung des Anspruchs gegen den Drittschuldner ermöglichen soll (§ 836 Abs. 3 Satz 1 ZPO). Hierzu gehören alle Auskünfte und die Vorlage der Urkunden, die zur erfolgreichen Einziehung der Forderung notwendig sind.

Beispiel:

Bei Pfändung von Arbeitseinkommen des Schuldners können vom Drittschuldner folgende Angaben verlangt werden:

- ob und in welcher Höhe er zur Zahlung von Unterhalt verpflichtet ist
- ob der Unterhaltsberechtigte berufstätig ist und eigene Einkünfte bezieht (Höhe der Einkünfte)
- ob vom Schuldner regelmäßig Überstunden geleistet werden
- ob und in welcher Höhe der Schuldner Urlaubsgeld erhält
- ob Gefahren-, Schmutz- oder Erschwerniszulagen gezahlt werden
- ob und in welcher Höhe der Schuldner Nebeneinkünfte bezieht

---

Treffen bei einer Lohnpfändung mehrere Forderungen aufeinander, gilt grundsätzlich das Prioritätsprinzip, d.h. der zuerst zugestellte Pfändungs- und Überweisungsbeschluss geht dem später zugestellten Beschluss im Rang vor.

11.9 Pfändbares Arbeitseinkommen

Bei der Pfändung von Arbeitseinkommen sind einige Vollstreckungsschutzbestimmungen zu berücksichtigen:

- Verschiedene Teile des Arbeitseinkommens sind gar nicht oder nur zum Teil pfändbar (§§ 850a, 850b ZPO)
- Unterhaltsverpflichtungen des Schuldners werden berücksichtigt (§ 850c ZPO)
- Bestimmte Forderungen (z.B. Unterhaltsforderungen, Forderungen die aus einer unerlaubten Handlung resultieren) sind privilegiert (§ 850d ZPO)

Das Arbeitseinkommen des Schuldners kann nur nach den Bestimmungen der §§ 850a bis i ZPO gepfändet werden.

Achtung: Der Schuldner kann auf Pfändungsschutzvorschriften nicht verzichten. Er kann den unpfändbaren Teil seines Einkommens nicht verpfänden.

Unter Arbeitseinkommen versteht man alle Vergütungen, die der Schuldner aus einem Arbeits- oder Dienstverhältnis bezieht. Hierunter fallen nicht nur die in Geld zahlbaren Bezüge, sondern auch Sach- oder Dienstleistungen, die der Schuldner aus einem Arbeitsverhältnis erhält.

Bespiele für pfändbares Arbeitseinkommen:

- Lohn- und Gehaltsbezüge für Arbeiter, Angestellte und Auszubildende
- Provisionen
- Überstunden- und Mehrarbeitsvergütungen
- Urlaubsabgeltungszahlungen (nicht: Urlaubsgeld)
- Zulagen und Zuschläge (z.B. Sonn- und Feiertagszuschläge)
- Sonderzuwendungen des Arbeitgebers (Weihnachtsgeld, Ergebnis- und Erfolgsbeteiligungen, Gratifikationen, Anwesenheitsprämien, etc.)
- Gagen
- Tantiemen
- Honorare
- Lohnfortzahlung
- Kündigungsabfindungen
- Sozialplanabfindungen
- Sonstige Vergütungen für Dienstleistungen aller Art (Fixum und Provisionen von Handelsvertretern, Architekten-, Wirtschaftsprüfer-, Rechtsanwalts- und Steuerberaterhonorare)

a) Unpfändbare Bezüge (Arbeitseinkommen)

Vom Arbeitseinkommen unpfändbar sind:

- 50 % des Überstundenanteils
- Urlaubsgeld
- Jubiläumszuwendungen
- Treugelder im üblichen Rahmen
- Aufwandsentschädigungen/soziale Zulagen
- Weihnachtsgelder bis 50 % des monatlichen Bruttoarbeitseinkommens, höchstens bis 500,00 € (Die Unpfändbarkeit gilt nicht für 13. oder 14. Gehalt. Es kommt daher auf die Formulierung im Arbeitsvertrag an – über § 836 Abs. 3 ZPO erhältlich)
- Heirats- und Geburtsbeihilfen (Ausnahme: ZV aus Ansprüchen aufgrund dieser Anlässe)
- Erziehungsgelder/Sterbe- und Gnadenbezüge

b) Bedingt pfändbare Bezüge

Zu den bedingt (also nur eingeschränkt) pfändbaren Bezügen gehören Einkünfte des Schuldners aus den in § 850b ZPO bezeichneten Rechtsverhältnissen, die kein Arbeitseinkommen sind. Grundsätzlich sind diese Bezüge unpfändbar. Da sie der Sicherung des Lebensunterhaltes des Schuldners dienen, sind sie jedoch unter bestimmten Voraussetzungen wie Arbeitseinkommen pfändbar.

Zu den bedingt pfändbaren Bezügen gehören:

- Renten (wegen Körperverletzung oder Gesundheitsschäden)
- gesetzliche Unterhaltsrenten (alle auf gesetzlicher Verpflichtung beruhenden laufenden Unterhaltsrenten, gleichgültig ob sie aufgrund eines Vertrages oder gerichtlicher Entscheidung bezahlt werden müssen)
- fortlaufende Einkünfte aus Stiftungen
- Unterstützungsleistungen (Bezüge aus Witwen-, Waisen-, Hilfs- und Krankenkassen, die ausschließlich oder zu einem wesentliche Teil zu Unterstützungszwecken gewährt werden. Bei Bezügen aus einer Witwen- oder Waisenkasse handelt es sich um Ansprüche, die der Schuldner erhält, weil er Witwer oder Waise ist.
- Ansprüche aus Lebensversicherungen, die nur auf den Todesfall des Schuldners abgeschlossen sind und die Versicherungssumme 3.579,00 € nicht übersteigt

Diese Ansprüche können gem. § 850b Abs. 2 ZPO ausnahmsweise und nur durch Beschluss des Vollstreckungsgerichts dann pfändbar werden, wenn

- die Vollstreckung in das sonstige bewegliche Vermögen des Schuldners keine vollständige Befriedigung gebracht hat
- wenn die Pfändung nach den Umständen des Falles (Höhe der Bezüge) der Billigkeit entspricht

Die Voraussetzungen für die Zulässigkeit des Antrags hat der Gläubiger darzulegen und glaubhaft zu machen.

11.10 Pfändung von Lebensversicherungen

Grundsätzlich sind die Ansprüche aus einer auf den Erlebens- oder Todesfall abgeschlossenen Kapitallebensversicherung pfändbar. Auch hier ist ein entsprechender Pfändungs- und Überweisungsbeschluss beim Vollstreckungsgericht zu beantragen.

Mit dem Antrag auf Erlass des Pfändungs- und Überweisungsbeschlusses sollten zweckmäßigerweise folgende Ansprüche gepfändet werden:

- die Ansprüche auf Zahlung der Versicherungssumme
- die Ansprüche auf Zahlung des bei Aufhebung des Vertrages bestehenden Rückkaufswertes
- die Ansprüche auf Zahlung einer Dividende, eines Gewinnanteils oder sonstiger zusätzlicher Nebenleistungen
- das Recht auf Kündigung
- das Recht zum Widerruf der Bezugsberechtigung
- das Recht zur Bestimmung eines Bezugsberechtigten
- das Recht auf Aushändigung des Versicherungsscheins.

Nach erfolgter Pfändung beauftragt der Gläubiger den Gerichtsvollzieher mit der Wegnahme des Versicherungsscheins.

Prüfungsfrage für 1er-Kandidaten:

Kann ein Pfändungs- und Überweisungsbeschluss einen Titel darstellen?

Lösungsvorschlag:

Ja, wenn der Pfändungs- und Überweisungsbeschluss eine Herausgabeanordnung enthält. In diesem Fall dient der Pfändungs- und Überweisungsbeschluss als Herausgabetitel, den der Gerichtsvollzieher selbständig vollstrecken kann.

Oft gibt der Schuldner dem Gerichtsvollzieher gegenüber an, den Versicherungsschein nicht mehr zu haben und auch nicht zu wissen, wo dieser sich befindet. Um hier bei der Kündigung des Versicherungsvertrages und der Auszahlung desselben nicht unnötig zeitliche Verzögerungen hinnehmen zu müssen, sollte der Gerichtsvollzieher, der mit der Wegnahme des Versicherungsscheins beauftragt ist, auch damit beauftragt werden, dass dieser – für den Fall, dass der Schuldner den Versicherungsschein nicht in seinem Besitz hat und auch nicht weiß, wo sich dieser befindet – ihm die eidesstattliche Versicherung über den Verbleib des Versicherungsscheins abnimmt, § 883 Abs. 2 ZPO.

Tipp: Bei der Kündigung der Versicherung kann dann anstelle des sonst erforderlichen Versicherungsscheins die eidesstattliche Versicherung des Schuldners beigefügt werden.

Übungsfall:

Der Gläubiger hat die Lebensversicherung des Schuldners gepfändet und anschließend den Gerichtsvollzieher – unter Vorlage des Vollstreckungstitels und des Pfändungs- und Überweisungsbeschlusses – zum Schuldner geschickt und mit der Wegnahme des Versicherungsscheins beauftragt. Der Gerichtsvollzieher hat den Schuldner angetroffen und zur Herausgabe des Versicherungsscheins aufgefordert. Der Schuldner erklärte, dass er den Versicherungsschein nicht habe und auch nicht wisse, wo der Schein hingekommen sei. Was kann der Gläubiger für diesen Fall verlangen?

Lösungsvorschlag:

Der Gläubiger kann verlangen, dass der Schuldner die eidesstattliche Versicherung gem. § 883 Abs. 2 ZPO darüber abgibt, dass er nicht im Besitz des Versicherungsschein ist und auch nicht weiss, wo sich dieser befindet.

> **Wir halten fest:**
>
> *Die Auszahlung des gepfändeten Rückkaufswertes an den Gläubiger erfolgt in der Regel erst nach Vorlage des Versicherungsscheins oder einer eidesstattlichen Versicherung des Schuldners, dass er nicht im Besitz des Versicherungsscheins ist und auch nicht weiß, wo sich dieser befindet.*

11.11   Pfändung von Bankguthaben

Grundsätzlich unterliegt das Bankguthaben des Schuldners der Pfändung. Die Bankverbindung des Schuldners wird ebenfalls mit Pfändungs- und Überweisungsbeschluss gepfändet. Drittschuldner ist in diesem Fall die Bank.

Eine Kontonummer muss (und sollte) nicht angegeben werden.

Tipp: Die Pfändung von Bankguthaben umfasst die Geschäftsverbindung des Schuldners zur Bank, inkl. aller dort bestehenden Konten.

11.12   Das P-Konto

Bei dieser Kontenart wird dem Kontoinhaber (ledig, ohne Unterhaltspflicht) monatlich ein nicht pfändbarer Freibetrag nach Maßgabe des § 850c Abs. 1 Satz 1 i.V.m. § 850c Abs. 2a ZPO in Höhe von derzeit (Stand Juli 2013) 1.045,04 € (Basispfändungsschutz) gewährt. Der sogenannte Basisbetrag kann auf den nächsten Monat übertragen werden, sofern er nicht voll ausgeschöpft wird. Der Schuldner hat die Möglichkeit, im Einzelfall weitergehenden Pfändungsschutz für sein Konto beim Vollstreckungsgericht zu beantragen.

Wenn der Schuldner nachweisen kann, dass auf seinem Konto in den letzten sechs Monaten ganz überwiegend nur unpfändbare Beträge eingegangen sind und wenn er glaubhaft macht, dass auch in den nächsten 12 Monaten überwiegend nur unpfändbare Beträge gutgeschrieben werden, kann er beim Vollstreckungsgericht beantragen, dass das Guthaben auf dem P-Konto für die Dauer von bis zu zwölf Monaten nicht der Pfändung unterworfen ist, § 805l Satz 1 ZPO.

Beim P-Konto berücksichtigt die Bank den Basisbetrag von sich aus. Der Pfändungsschutz greift auch für Selbständige. Er erhöht sich, wenn der Schuldner zum Unterhalt verpflichtet ist.

Jeder Inhaber eines Girokontos hat einen Anspruch darauf, dass dieses als P-Konto weitergeführt wird. Dies gilt selbst dann, wenn das Girokonto überzogen oder bereits gepfändet ist. Pro Person darf nur ein P-Konto geführt werden. Der Bankkunde ist verpflichtet, der Bank gegenüber zu erklären, ob er bereits P-Konten führt. Hat sich der Schuldner für die Umwandlung eines Girokontos in ein P-Konto entschieden, unterfällt er den für das P-Konto geltenden Schutzvorschriften. Die Kreditinstitute werden ermächtigt, der Schufa die Einrichtung eines P-Kontos mitzuteilen und darf ihrerseits Kreditinstituten auf Anfrage die Auskunft erteilen, ob für eine Person bereits ein P-Konto geführt wird.

11.13 Das vorläufige Zahlungsverbot (»Vorpfändung«)

In den meisten Vollstreckungsaufträgen ist der Auftrag an den Gerichtsvollzieher enthalten, bei Bekanntwerden von Forderungen des Schuldners gegen Dritte unverzüglich ein entsprechendes vorläufiges Zahlungsverbot zuzustellen.

a) Voraussetzungen

Im Gegensatz zum Pfändungs- und Überweisungsbeschluss muss beim vorläufigen Zahlungsverbot zwar grundsätzlich ein Titel, aber noch keine vollstreckbare Ausfertigung desselben vorliegen oder gar mitgeschickt werden § 845 ZPO.

> **Merke:**
>
> *Die Vorpfändung ist die Ankündigung einer bevorstehenden Pfändung, allerdings hat die Zustellung des vorläufigen Zahlungsverbotes »beschlagnahmende Wirkung«.*

Das heißt, es wird vorläufig zwar nicht an den Schuldner ausbezahlt, aber auch nicht an den Gläubiger überwiesen. Hierzu ist wiederum die Zustellung des Pfändungs- und Überweisungsbeschlusses notwendig.

Tipp: Sobald dem Gläubiger eine Forderung des Schuldners bekannt wird, sollte er unverzüglich ein vorläufiges Zahlungsverbot (Vorpfändung) zustellen zu lassen, damit er möglichst schnell auf die Forderung zugreifen und einen günstigen Rang erhalten kann.

b) Verfahrensablauf

Bei der Vorpfändung wirkt das Vollstreckungsgericht nicht mit. Das vorläufige Zahlungsverbot wird vom Gerichtsvollzieher an den Schuldner und den Drittschuldner zugestellt.

Der Gläubiger muss innerhalb eines Monats ab Zustellung des vorläufigen Zahlungsverbotes an den Drittschuldner einen Pfändungs- und Überweisungsbeschluss beim Vollstreckungsgericht erwirken und an den Drittschuldner zustellen.

Wird der Pfändungs- und Überweisungsbeschluss innerhalb der Frist an den Drittschuldner zugestellt, tritt die Pfändung in den Rang der Vorpfändung und es erfolgt die Auszahlung des Pfändungsguthabens an den Gläubiger.

Prüfungstipp: *Gerne wird danach gefragt, was der Gläubiger tun kann, wenn er den Pfändungs- und Überweisungsbeschluss nicht innerhalb der Monatsfrist dem Drittschuldner zustellen lassen kann und welche Folgen hierbei eintreten können. Eine sinnvolle Antwort könnte lauten: Kann die Monatsfrist vom Gläubiger nicht eingehalten werden, kann dieser zwar ein weiteres vorläufiges Zahlungsverbot (auch mehrere) zustellen lassen, allerdings geht hier der Rang des »abgelaufenen« Zahlungsverbotes verloren. Pfändet also ein weiterer Gläubiger nach Ablauf des ersten Zahlungsverbotes geht dessen Pfändung im Rang vor dem weiteren vorläufigen Zahlungsverbot vor.*

Vorsicht: Erfolgt die Zustellung des Pfändungs- und Überweisungsbeschlusses nicht innerhalb der Monatsfrist, verliert das vorläufige Zahlungsverbot seine Wirkung. Das heißt, der Schuldner kann über den Anspruch wieder frei verfügen. Die Frist ist unbedingt einzuhalten.

Wir halten fest:

Der Gläubiger muss den Pfändungs- und Überweisungsbeschluss innerhalb einer Frist von einem Monat nach Zustellung des vorläufigen Zahlungsverbotes erwirken und an den Drittschuldner zustellen, sonst verliert das vorläufige Zahlungsverbot seine Wirkung.

II

12. Sicherungsvollstreckung gem. § 720a ZPO

Aus einem vorläufig nur gegen Sicherheitsleistung vollstreckbaren Urteil kann gem. § 720a ZPO ohne Sicherheitsleistung vollstreckt werden. Voraussetzung hierfür ist – neben den allgemeinen und ggf. besonderen Voraussetzungen der Zwangsvollstreckung – die Zustellung des Urteils und ggf. der Vollstreckungsklausel mindestens zwei Wochen vor Beginn der Zwangsvollstreckung (§ 750 Abs. 3 ZPO). Dies gilt nicht für die einfache Vollstreckungsklausel.

In Frage kommen Vollstreckungshandlungen in das bewegliche Vermögen des Schuldners (Sachpfändung), aber auch die Vermögensauskunft, die Pfändung von Forderungen oder die Eintragung einer Zwangshypothek sind denkbare Maßnahmen, die gem. § 720a ZPO eingeleitet werden können. Allerdings erfolgt lediglich die Pfändung, nicht aber die Verwertung der gepfändeten Gegenstände.

Übungsfall:

In der Kanzlei von Rechtsanwalt Beck geht am 07.02.2013 ein Urteil mit folgendem Tenor ein:

  I. Der Beklagte wird verurteilt, an den Kläger 4.250,00 € nebst Zinsen in Höhe von 9,5 % seit 15.04.2012 zu bezahlen.

  II. Der Beklagte trägt die Kosten des Rechtsstreits.

  III. Das Urteil ist gegen Sicherheitsleistung in Höhe von 110 % des jeweils zu vollstreckenden Betrags vorläufig vollstreckbar.

Rechtsanwalt Beck, der den Kläger vertritt, teilt diesem den erfreulichen Ausgang des Verfahrens mit. Das Urteil soll vollstreckt werden, allerdings hat der Kläger kein Geld, um die Sicherheit zu hinterlegen. Kann Rechtsanwalt Beck die Zwangsvollstreckung aus dem Urteil einleiten, ohne dass sein Mandant die Sicherheit leistet?

Lösungsvorschlag:

Rechtsanwalt Beck kann die Sicherungsvollstreckung gem. § 720a ZPO einleiten. Hierbei ist zu beachten, dass das Urteil (und bei qualifizierter Klausel auch diese) der Gegenseite zwei Wochen vor Beginn der Zwangsvollstreckung zugestellt werden muss (§ 750 Abs. 3 ZPO) und der Schuldner die Sicherungsvollstreckung gem. § 720a Abs. 3 ZPO abwenden darf. Wendet er nicht ab, kann der Gläubiger beispielsweise den Gerichtsvollzieher gem. § 803 ZPO mit der Pfändung, gem. §§ 802c, 802f ZPO mit der Vermögensauskunft beauftragen oder – sofern ihm Forderungen gegen Dritte bekannt werden – einen Pfändungsbeschluss (nicht Pfändungs- und Überweisungsbeschluss) gem. § 829 ZPO beantragen. Bei dieser Vollstreckungsart wird gepfändet, es erfolgt jedoch keine Verwertung. Rechtsanwalt Beck sollte seinen Mandanten jedoch darauf hinweisen, dass dieser sich ggf. schadenersatzpflichtig macht (§ 717 Abs. 2 ZPO)

> **Achtung:** Im Rahmen der Sicherungsvollstreckung gem. § 720a ZPO kann lediglich ein Antrag auf Erlass eines »Pfändungsbeschlusses« gestellt werden, da ein «Überweisungsbeschluss« erst nach Eintritt der Rechtskraft (bzw. Leistung der Sicherheit) ergehen kann.

Vom Gerichtsvollzieher im Rahmen der Sachpfändung gem. § 720a ZPO in Besitz genommenes Geld muss von ihm hinterlegt werden, § 720 ZPO.

Gewinnt der Schuldner in II. Instanz und wird das Urteil, aus dem der Gläubiger bereits vollstreckt hat, aufgehoben, kann er vom Gläubiger den von ihm verursachten Schaden ersetzt verlangen (§ 717 Abs. 2 ZPO).

> **Vorsicht:** Die Sicherungsvollstreckung birgt ein erhebliches Schadenersatzrisiko, da aus einem noch nicht rechtskräftigen Urteil ohne Sicherheitsleistung in das Vermögen des Schuldners vollstreckt wird und dieses Urteil in der nächsten Instanz aufgehoben werden kann.

Tipp: Das Risiko des Schadenersatzes durch den Gläubiger gem. § 717 Abs. 2 ZPO sollte auf jeden Fall mit dem Mandanten vor Beginn der Sicherungsvollstreckung besprochen und schriftlich festgehalten werden.

Will der Schuldner verhindern, dass der Gläubiger die Zwangsvollstreckung gem. § 720a ZPO durchführt, kann er die Sicherungsvollstreckung durch Hinterlegung einer Sicherheit in Höhe der Hauptforderung abwenden (§ 720a Abs. 3 ZPO).

13. Zwangsvollstreckung aus Duldungs- oder Unterlassungstiteln

Soll aus Duldungs- oder Unterlassungstiteln vollstreckt werden, geschieht dies durch die Festsetzung von Ordnungsmitteln (Ordnungsgeld, Ordnungshaft) durch das Prozessgericht (als Vollstreckungsorgan). Hierzu müssen neben den allgemeinen Voraussetzungen der Zwangsvollstreckung noch folgende Voraussetzungen vorliegen:

- Titel enthält die Verpflichtung zum Dulden oder Unterlassen
- Titel muss vollstreckbar sein
- Inhalt des Titels muss vollstreckungsfähig sein (der Duldungs- oder Unterlassungsanspruch muss so genau bezeichnet sein, dass die Verletzung des Anspruchs im Vollstreckungsverfahren geprüft werden kann
- das Ordnungsmittel wurde zeitlich vor der Zuwiderhandlung angedroht
- der Schuldner wurde auf die möglichen Folgen einer Zuwiderhandlung nach Art und unter Angabe des Höchstmaßes des Ordnungsmittels hingewiesen
- es liegt eine schuldhafte Zuwiderhandlung des Schuldners vor
- die Zuwiderhandlung erfolgte nach Vollstreckbarkeit des Urteils und nach der Androhung von Ordnungsmitteln.

In der Regel erfolgt die Androhung von Ordnungsmitteln bereits im Urteil. Allerdings kann diese auch durch Beschluss gem. § 891 ZPO nachträglich erfolgen.

Beispiel:

»Der Beklagten wird unter Androhung eines Ordnungsgeldes von 250.000,00 €, ersatzweise Ordnungshaft oder Ordnungshaft bis zu 2 ahren untersagt, im geschäftlichen Verkehr zum Zwecke des Wettbewerbs den Verkauf von Waren per Telefax gegenüber Gewerbetreibenden zu bewerben, wenn nicht diese damit einverstanden sind oder das Einverständnis vermutet werden kann«

Das festzusetzende Ordnungsgeld beträgt mindestens 5,00 €, die Mindesthaftdauer 1 Tag. Die Anordnung des Ordnungsgeldes oder der Ordnungshaft kann wiederholt ausgesprochen werden. § 890 Abs. 1 Satz 1 ZPO legt das Höchstmaß des Ordnungsgeldes auf je maximal 250.000,00 €, die Höchstdauer je Ordnungshaft auf maximal 6 Monate, insgesamt 2 Jahre fest.

Wichtig: Das Gericht kann auf Antrag des Gläubigers nicht nur gem. § 890 Abs. 1 ZPO ein Ordnungsmittel festsetzen, sondern gem. § 890 Abs. 3 ZPO unter den gleichen Voraussetzungen auch bestimmen, dass für den sich aus zukünftigen Zuwiderhandlungen ergebenden Schaden vom Schuldner eine Sicherheit geleistet wird. Das Ordnungsgeld wird von Amts wegen vollstreckt.

Gegen den Festsetzungsbeschluss gem. § 890 Abs. 1 ZPO oder die Anordnung zur Leistung der Sicherheit gem. § 890 Abs. 3 ZPO kann von den Parteien sofortige Beschwerde gem. § 793 ZPO eingelegt werden.

Wir halten fest:

Die Zwangsvollstreckung wegen Duldungs- und Unterlassungsansprüchen erfolgt mittels Festsetzung von Ordnungsmitteln (Ordnungsgeld, Ordnungshaft) durch das Prozessgericht.

II ───────────────────────────────────────

14. Zwangsvollstreckung zur Erwirkung vertretbarer und unvertretbarer Handlungen

Ist ein Titel gegen einen Schuldner erlassen worden, welcher eine Handlung vornehmen soll, ist vor Beginn der Zwangsvollstreckung zu unterscheiden, ob es sich um eine vertretbare oder unvertretbare Handlung handelt.

14.1 Vertretbare Handlung

Unter einer vertretbaren Handlung versteht man Handlungen, die anstelle des Schuldners auch von einem Dritten vorgenommen werden könnten (z.B. Leistungen eines Handwerkers: Reparatur an Haus, Garten oder Wohnung, Renovierungsarbeiten, usw.).

Der Gläubiger eines Titels, der den Schuldner zur Vornahme einer vertretbaren Handlung verpflichtet, kann zur Vollstreckung desselben einen Antrag beim Prozessgericht I. Instanz stellen, die Handlung, zu der der Schuldner verpflichtet ist, auf Kosten des Schuldners durch einen Dritten vornehmen zu lassen (§ 887 Abs. 1 ZPO). Man spricht in diesem Fall auch von der Anordnung der Ersatzvornahme. Auch kann auf Antrag das Gericht entscheiden, dass der Schuldner einen Kostenvorschuss in Höhe der Aufwendungen, die dem Gläubiger durch die Ersatzvornahme entstehen, zu zahlen hat. Muss das Grundstück des Schuldners zur Durchführung der Ersatzvornahme betreten werden, wird gleichzeitig festgestellt, dass der Schuldner das Betreten seines Grundstücks zum Zwecke der Ersatzvornahme zu dulden hat.

Der Schuldner ist nach Vorlage des Titels unter Fristsetzung aufzufordern, die Handlung vorzunehmen. Gleichzeitig wird ihm mitgeteilt, dass nach Ablauf der Frist der Gläubiger die Handlung auf Kosten des Schuldners selbst vornehmen bzw. durch Dritte vornehmen lassen wird. Reagiert der Schuldner nicht, sollten Angebote von Dritten eingeholt und ein Antrag gem. § 887 ZPO auf Ersatzvornahme und Zahlung eines Kostenvorschusses (§ 887 Abs. 2 ZPO) durch den Schuldner beim Prozessgericht gestellt werden.

Beispiel:

Im Urteil wurde der Schuldner verpflichtet, die Heizungsanlage in dem ihm gehörenden Mehrfamilienhaus zu reparieren. Da er dieser Verpflichtung bisher freiwillig nicht nachgekommen ist und es sich um eine vertretbare Handlung handelt (denn auch ein Handwerker könnte die Heizungsanlage reparieren) kann der Gläubiger einen Antrag gem. § 887 Abs. 1 ZPO auf Ersatzvornahme durch einen von ihm zu beauftragenden Handwerker stellen und hierbei gleichzeitig beantragen, dass der Schuldner einen Kostenvorschuss zu zahlen und das Betreten seines Grundstücks zu dulden hat.

Tipp: Wenn Sie Zweifel daran haben, ob es sich bei dem zu vollstreckenden Anspruch um eine vertretbare Handlung handelt, ist es ratsam, hilfsweise auch eine Vollstreckung gem. § 888 ZPO zu beantragen, für den Fall, dass das Gericht die vorzunehmende Handlung des Schuldners für eine unvertretbare Handlung hält. Nur in diesem Fall wird das Gericht den Antrag des Gläubigers »umdeuten«.

Über den Antrag entscheidet das Prozessgericht der I. Instanz nach Anhörung des Schuldners (§ 891 ZPO) durch Beschluss.

Der Beschluss wird vom Gläubiger – ggf. unter Beauftragung des Gerichtsvollziehers – gem. § 892 ZPO vollstreckt.

Gegen den Ersatzvornahmebeschluss findet ebenso die sofortige Beschwerde gem. § 793 ZPO statt, wie gegen den Kostenvorschussbeschluss.

Wir halten fest:

Die Vollstreckung einer vertretbaren Handlung erfolgt durch den Ersatzvornahmebeschluss ggf. unter Festsetzung eines Kostenvorschusses gegen den Schuldner.

14.2   Unvertretbare Handlung

Unvertretbare Handlungen sind solche, die nur und ausschließlich durch den Schuldner persönlich erbracht werden können, d.h. bei denen er sich nicht »vertreten lassen« kann.

Sofern der Schuldner eine unvertretbare Handlung erbringen muss und die Handlung ausschließlich von seinem Willen abhängig ist, muss der Gläubiger dem Schuldner Gelegenheit geben, die Handlung innerhalb angemessener Frist vorzunehmen. Kommt der Schuldner dieser Aufforderung des Gläubigers nicht nach, kann der Gläubiger einen Antrag auf Festsetzung von Zwangsgeld (ersatzweise Zwangshaft) gem. § 888 ZPO stellen, um den Anspruch zwangsweise durchzusetzen. Das Zwangsgeld ist vom Schuldner (leider) nicht an den Gläubiger, sondern an die Staatskasse zu bezahlen. Der Antrag gem. § 888 ZPO stellt den ersten Schritt in der Zwangsvollstreckung unvertretbarer Handlungen dar.

Beispiel:

Der Schuldner (Arbeitgeber) wurde im Urteil des Arbeitsgerichts verpflichtet, dem Gläubiger (Arbeitnehmer) ein wohlwollendes qualifiziertes Arbeitszeugnis, welches sich auf Führung, Leistung und Sozialverhalten erstreckt, zu erteilen. Auf entsprechende außergerichtliche Aufforderungsschreiben reagierte der Schuldner bisher nicht.

Der Gläubiger kann in diesem Fall einen Antrag auf Festsetzung von Zwangsgeld, ersatzweise – wenn dieses nicht beigetrieben werden kann – Zwangshaft oder Zwangshaft stellen.

Schritt 2 ist – sofern der Schuldner das gegen ihn verhängte Zwangsgeld nicht bezahlt – der Auftrag an den Gerichtsvollzieher zur Beitreibung des Zwangsgeldes. Das Zwangsgeld fließt dem Staat und nicht dem Gläubiger zu.

Sollte die Zwangsvollstreckung des festgesetzten Zwangsgeldes ergebnislos verlaufen, folgt Schritt 3, der Antrag auf Erlass eines Haftbefehls zum Vollzug der Ersatzhaft.

Das festgesetzte Zwangsgeld darf den Betrag von 25.000,00 € nicht übersteigen, die Haft ist auf die Dauer von sechs Monaten begrenzt.

Gegen den Beschluss gem. § 888 ZPO kann sich der Schuldner mit der sofortigen Beschwerde gem. § 793 ZPO wehren. Gleiches gilt für den Gläubiger für den Fall der Zurückweisung des Antrages gem. § 888 ZPO.

Wir halten fest:

Die Vollstreckung einer nicht vertretbaren Handlung erfolgt durch Festsetzung von Zwangsmitteln (Zwangsgeld, ersatzweise Zwangshaft oder Zwangshaft).

III. Verfahrensrecht – StPO

Die StPO (Strafprozessordung) ist Bestandteil des Rahmenlehrplans für RA-Fachangestellte. Sie wird daher unterrichtet und auch in Schularbeiten abgefragt. Da jedoch nicht in allen Kammerbezirken die Prüfungsordnung die StPO als Bestandteil der Verfahrensrechts-Prüfung für RA-Fachangestellte fordert, erfolgt hier lediglich eine Darstellung ausgewählter Schwerpunkte.

Sie sollten sich anhand der für Sie zuständigen Prüfungsordnung bzw. bei Ihren Lehrkräften darüber informieren, ob und in welchem Umfang die StPO Bestandteil der Abschlussprüfung im Fach Verfahrensrecht sein kann.

1. Sachliche und funktionelle Zuständigkeiten

Die Strafgerichtsbarkeit gehört zur ordentlichen Gerichtsbarkeit. Aus diesem Grund sind die ordentlichen Gerichte zuständig. Die sachliche Zuständigkeit der ordentlichen Gerichte wird durch das Gerichtsverfassungsgesetz (GVG) bestimmt, § 1 StPO.

1.1 Amtsgericht

Beim **Amtsgericht** entscheiden in **erster Instanz** der **Einzelrichter** und das **Schöffengericht.**

In Strafsachen sind die **Amtsgerichte** zuständig, **wenn nicht**
- die **Zuständigkeit des Landgerichts** nach § 74 Abs. 2 oder § 74a oder des OLG nach § 120 **begründet** ist, § 24 Abs. 1 Satz 1 Nr. 1 GVG,
- im Einzelfall eine höhere Strafe als **vier Jahre** Freiheitsstrafe oder die Unterbringung des Beschuldigten in einem psychiatrischen Krankenhaus, allein oder neben einer Strafe, oder in der Sicherungsverwahrung (§§ 66–66b StGB) zu erwarten ist, § 24 Abs. 1 Satz 1 Nr. 2 GVG oder
- die Staatsanwaltschaft wegen der **besonderen Schutzbedürftigkeit** von Verletzten der Straftat, die als Zeugen in Betracht kommen, des **besonderen Umfangs** oder der **besonderen Bedeutung** des Falles Anklage beim Landgericht erhebt, § 24 Abs. 1 Satz 1 Nr. 3 GVG.

Dabei darf das Amtsgericht **nicht auf eine höhere Strafe als vier Jahre Freiheitsstrafe** und **nicht auf die Unterbringung in einem psychiatrischen Krankenhaus,** allein oder neben einer Strafe, oder der Sicherungsverwahrung erkennen, § 24 Abs. 2 GVG.

Selbst bei geringerer Straferwartung als vier Jahre entscheidet über den Vorwurf bestimmter Delikte (Verbrechen) immer das Landgericht (Schwurgericht, § 74 Abs. 2 GVG; Staatschutzkammer, § 74a GVG).

Der Richter beim Amtsgericht entscheidet als **Strafrichter** bei Vergehen,
- wenn sie im Wege der Privatklage verfolgt werden, § 25 Nr. 1 GVG, oder
- wenn eine höhere Strafe als Freiheitsstrafe von zwei Jahren nicht zu erwarten ist, § 25 Nr. 2 GVG.

Zuständigkeit (auch) der **Jugendgerichte,** § 26 GVG:
- Verletzung oder unmittelbare Gefährdung eines Kindes oder Jugendlichen durch eine Straftat eines Erwachsenen sowie
- Verstöße Erwachsener gegen Vorschriften des Jugendschutzes oder der Jugenderziehung;
- jedoch Anklage in Jugendschutzsachen nur dann beim Jugendgericht, wenn Kinder oder Jugendliche als Zeugen benötigt werden oder wenn aus sonstigen Gründen eine Verhandlung vor dem Jugendgericht zweckmäßig erscheint, § 26 Abs. 2 GVG.

Schöffengerichte, vgl. dazu § 28 GVG

- zuständig für Angelegenheiten im Amtsgericht, wenn nicht der Strafrichter zuständig ist, § 25 GVG;
- Richter beim Amtsgericht als Vorsitzender und zwei Schöffen, § 29 Abs. 1 Satz 1 GVG;
- zwei Berufsrichter und zwei Schöffen bei umfangreichen Sachen als erweitertes Schöffengericht, § 29 Abs. 2 GVG.

Schöffen:

- sind Laienrichter;
- sind ehrenamtlich tätig, § 31 Satz 1 GVG;
- können nur Deutsche in Deutschland werden, § 31 Satz 2 GVG;
- haben das gleiche Stimmrecht wie der Richter, § 30 Abs. 1 GVG;
- üben das Richteramt im vollem Umfang aus, soweit nicht gesetzlich Ausnahmen geregelt sind, § 30 Abs. 1 GVG;
- entscheiden mit bei den im Laufe einer Hauptverhandlung zu erlassenden Entscheidungen, § 30 Abs. 1 GVG.

Weitere **Voraussetzungen** für das Schöffenamt (§ 33 GVG):

- das 25. Lebensjahr muss vollendet sein;
- das 70. Lebensjahr darf noch nicht vollendet sein;
- der Wohnsitz muss seit mindestens einem Jahr in der Gemeinde sein, die die Vorschlagsliste aufstellt;
- es muss eine gesundheitliche Befähigung vorliegen;
- es muss die deutsche Sprache ausreichend beherrscht werden;
- es darf kein Vermögensverfall eingetreten sein.

Schöffe kann nicht werden (§ 32 GVG), wer

- infolge eines Richterspruchs die Fähigkeit zur Bekleidung öffentlicher Ämter nicht besitzt
- oder gegen welchen ein Ermittlungsverfahren wegen einer Tat schwebt, die den Verlust der Fähigkeit zur Bekleidung öffentlicher Ämter zur Folge haben kann.

Achtung: Im Übrigen sollen zu Schöffen nicht berufen werden (§ 34 GVG):

- der Bundespräsident;
- die Mitglieder der Bundesregierung oder einer Landesregierung;
- Beamte, die jederzeit einstweilig in den Warte- und Ruhestand versetzt werden können;
- Richter und Beamte der Staatsanwaltschaft, Notare und Rechtsanwälte;
- gerichtliche Vollstreckungsbeamte, Polizeivollzugsbeamte, Bedienstete des Strafvollzugs sowie hauptamtliche Bewährungs- und Gerichtshelfer;
- Religionsdiener und Mitglieder solcher religiösen Vereinigungen, die satzungsgemäß zum gemeinsamen Leben verpflichtet sind;
- Personen, die acht Jahre lang als ehrenamtliche Richter in der Strafrechtspflege tätig gewesen sind und deren letzte Dienstleistung zu Beginn der Amtsperiode weniger als acht Jahre zurückliegt.

Bestimmte Personen können die Berufung zum Amt eines Schöffen nach § 35 GVG ablehnen, so z.B. Mitglieder des Bundestages, des Bundesrates, Ärzte, Hebammen, usw.

1.2 Zuständigkeit der Landgerichte in erster und zweiter Instanz

In der ersten Instanz entscheiden große Strafkammern, die mit drei Berufsrichtern und zwei Schöffen besetzt sind, § 76 Abs. 1 GVG.

Das **Landgericht** ist sachlich zuständig für

– die in § 74 Abs. 2 GVG genannten Verbrechen;

– für Verbrechen und Vergehen, wenn eine höhere Strafe als vier Jahre Freiheitsstrafe zu erwarten ist (§ 74 Abs. 1 Satz 2 1. Alt GVG) oder die Staatsanwaltschaft wegen der besonderen Bedeutung des Falles Anklage beim Landgericht erhoben hat (§ 74 Abs. 1 Satz 2 2. Alt GVG).

Neben der allgemeinen großen Strafkammer gibt es besondere Kammern:
– **Schwurgericht**
  = große Strafkammer; entscheidet über Kapitaldelikte, § 74 Abs. 2 GVG, z.B. Mord, Totschlag, bestimmte Delikte mit Todesfolge).
– **Wirtschaftsstrafkammer**
  zuständig in den Fällen des § 74c Abs. 1 Satz 1 Nr. 1–5a GVG, sowie bei Betrug, Untreue, Wucher und Korruption, »soweit zur Beurteilung des Falles besondere Kenntnisse des Wirtschaftslebens erforderlich sind«, § 74c Abs. 1 Satz 1 Nr. 6 GVG.
– **Staatsschutzkammer**
  Zuständigkeit vgl. § 74a Abs. 1 GVG;
  geht auf das OLG über, wenn der Generalbundesanwalt wegen der besonderen Bedeutung des Falles die Verfolgung übernimmt (sog. bewegliche Zuständigkeit). Die Staatsschutzkammer entscheidet im Übrigen auch über den »großen Lauschangriff«.
– **Jugendschutzkammer**
  In Jugendschutzsachen nach § 26 Abs. 1 Satz 1 GVG ist neben der für allgemeine Strafsachen zuständigen Strafkammer auch die Jugendkammer als erkennendes Gericht des ersten Rechtszugs zuständig, § 74b GVG.

Unter verschiedenen nach den Vorschriften der §§ 74–74d GVG zuständigen Strafkammern kommt

1. in erster Linie dem Schwurgericht (§ 74 Abs. 2, § 74d),
2. in zweiter Linie der Wirtschaftsstrafkammer (§ 74c),
3. in dritter Linie der Strafkammer nach § 74a

der Vorrang zu.

Das **Landgericht** ist mit kleinen Strafkammern außerdem zuständig für die Verhandlung und Entscheidung über das Rechtsmittel der Berufung gegen Urteile des Strafrichters und des Schöffengerichts, § 74 Abs. 3 GVG.

Übungsfall:

Am Muttertag erscheint der Schwiegersohn mit der Tochter von Anna S. zu spät zum Mittagessen. Anna S., die sich viel Mühe bei der Zubereitung des Essens gegeben hat, regt sich fürchterlich über die Unpünktlichkeit auf. Ihr Schwiegersohn rastet daraufhin total aus, greift nach einem Messer und ersticht seine Schwiegermutter. Diese verstirbt noch am Tatort. Der Schwiegervater wird Zeuge, wie der Täter laut schimpft: »Das hatte ich schon lange vor. Mir reichts! Mir machst Du keine Vorschriften mehr!«

Welches Gericht ist sachlich für die Verhandlung über diese Straftat zuständig?

Lösungsvorschlag:

Es handelt sich hier entweder um einen Totschlag, § 212 StGB, oder aber Mord, § 211 StGB (Der Täter äußerte, dass er vorgehabt hatte, seine Schwiegermutter zu töten.). Unabhängig davon, auf welchen Anklagepunkt der Staatsanwalt sich hier festlegt, wäre für beide Straftaten die Strafkammer in I. Instanz zuständig, § 24 Abs. 1 GVG, hier konkret nach § 74 Abs. 2 Nr. 4 und 5 GVG das Schwurgericht.

1.3 Die Zuständigkeit des Oberlandesgerichts in erster Instanz

Oberlandesgerichte (in Berlin Kammergericht genannt):
– entscheiden durch Senate, die mit drei bzw. fünf Berufsrichtern besetzt sind, vgl. dazu § 122 Abs. 2 GVG;

sind zuständig für Staatsschutzdelikte, die in § 120 Abs. 1 GVG genannt sind, ferner für alle in § 74a Abs. 1 GVG aufgezählten Delikte sowie bestimmte Mordtaten und gemeingefährliche Delikte, die sich gegen den Bestand, die Sicherheit oder die Verfassung der Bundesrepublik richten, § 120 Abs. 2 GVG, wenn der Generalbundesanwalt wegen der besonderen Bedeutung des Falles die Verfolgung übernimmt.

Übungsfall:

In einer deutschen Großstadt wird ein Afrikaner brutal zusammen geschlagen. Bei dem Übergriff stirbt das Opfer schließlich an den Verletzungsfolgen.

Die Ermittlungen ergeben den dringenden Verdacht, dass es sich um eine bandenmäßige organisierte Tat im Rahmen von rassistisch motivierten Serienangriffen auf Afrikaner in dieser Großstadt handelt. Bei den Tätern handelt es sich um Mitglieder einer für verfassungswidrig erklärten Partei.

Welches Gericht ist sachlich zuständig für die Bearbeitung dieses Falls?

Lösungsvorschlag:

Grundsätzlich ist bei einem Mord- oder Totschlagsdelikt nach § 74 Abs. 1, 2 GVG das Landgericht (Strafkammer) zuständig. Hier ist jedoch auf Grund des geschilderten Falls (u.a. Gefährdung des demokratischen Rechtstaates §§ 84 StGB ff.) davon auszugehen, dass nicht das Schwurgericht, sondern vielmehr die Staatsschutzkammer i.S.d. §§ 74a, 120 GVG sachlich zuständig ist. Die Zuständigkeit des Landgerichts entfällt jedoch, wenn der Generalbundesanwalt wegen der besonderen Bedeutung des Falles vor der Eröffnung des Hauptverfahrens die Verfolgung übernimmt, § 74a Abs. 2 GVG.

2. Zuständigkeit in Rechtsmittelverfahren

2.1 Landgericht

- **Berufungen gegen Urteile des Amtsgerichts** (Strafrichter und Schöffengericht)
- zuständig für die **Berufungen gegen Urteile** des Amtsgerichts ist die **kleine Strafkammer,** besetzt mit einem Berufsrichter und zwei Schöffen, §§ 74 Abs. 3, 76 Abs. 1 Satz 1 GVG
- **Beschwerden** (§§ 304 ff. StPO), gegen Verfügungen des Richters am Amtsgericht und Beschlüsse des Amtsgerichts
- zuständig in diesen Fällen ist die große Strafkammer ohne Mitwirkung der Laienrichter, § 309 Abs. 1 StPO, §§ 73, 76 Abs. 1 GVG

2.2 Oberlandesgericht

- Revision
    - **Sprungrevision** gegen Urteile des Amtsgerichts, **Revision gegen Berufungsurteile des LG** und sehr selten Revision gegen erstinstanzliche Urteile der Strafkammern des Landgerichts, wenn es ausschließlich um die Verletzung von Landesrecht geht
    - Senat (drei Berufsrichter, §§ 116, 122 Abs. 1 GVG)
- **Beschwerde**
- über Beschwerden gegen Beschlüsse des Landgerichts, § 121 Abs. 1 Nr. 2, 3 GVG

> **Aufgepasst:** Während in Zivilsachen für Revisionen immer der BGH zuständig ist, kann dies in Strafsachen auch das OLG sein!

2.3 Bundesgerichtshof

- **Revisionen**
- gegen erstinstanzliche Urteile des OLG (Staatsschutzsachen) und der großen Strafkammer des Landgerichts (§§ 130, 135 Abs. 1 GVG)
    - es gibt fünf Strafsenate, vier davon in Karlsruhe, einer in Leipzig
- **Strafsenate** sind besetzt mit fünf Richtern (Entscheidung über Revisionen) oder
- drei Richtern über bestimmte Beschwerden (§§ 135 Abs. 2, 139 Abs. 2 GVG)
- Entscheidungen durch den **großen Senat für Strafsachen** (bestehend aus dem Präsidenten des BGH und je zwei Mitgliedern der Strafsenate), wenn ein Strafsenat von einer Entscheidung eines anderen Strafsenats abweichen will oder die Rechtsfrage von grundsätzlicher Bedeutung ist, § 132 Abs. 2, 4 u. 5 GVG

3. Örtliche Zuständigkeit

Die **örtliche** Zuständigkeit:
- Tatort, § 7 StPO, § 9 StGB
- der Wohnsitz bzw. Aufenthaltsort, § 8 StPO
- der Ergreifungsort, § 9 StPO (wichtig für Auslandstaten)
- Gerichtsstand bei Straftaten auf Schiffen oder Luftfahrzeugen, § 10 StPO
- Gerichtsstand bei Straftaten im Bereich außerhalb des Geltungsbereichs der StPO im Bereich eines Meeres, § 10a StPO
- Gerichtsstand für deutsche Beamte im Ausland, § 11 StPO
- Ermessen der STA (Staatsanwaltschaft), bei welchem dieser örtlich zuständigen Gerichte Anklage erhoben wird
- beachte: Prioritätsgrundsatz nach § 12 Abs. 1 StPO

Zu beachten ist § 13 StPO, der Gerichtsstand des Zusammenhanges. Für zusammenhängende Strafsachen, die einzeln nach den Vorschriften der §§ 7–11 StPO zur Zuständigkeit verschiedener Gerichte gehören würden, ist ein Gerichtsstand bei jedem Gericht begründet, das für eine der Strafsachen zuständig ist. Bei mehrfacher Anhängigkeit müssen die beteiligten Gerichte eine Vereinbarung treffen, § 13 Abs. 2 Satz 1 StPO oder, wenn sie sich nicht einigen können, das gemeinschaftliche obere Gericht entscheiden lassen, § 13 Abs. 2 Satz 2 StPO. Den Gerichtsstand der gerichtlichen Bestimmung sieht die StPO für die Fälle vor, dass eine örtliche Zuständigkeit nach §§ 7–11 StPO nicht gegeben ist, § 13a StPO, ein Kompetenzkonflikt entstanden ist, § 14 StPO, oder das zuständige Gericht verhindert ist oder eine Gefahr für die öffentliche Sicherheit befürchtet, § 15 StPO.

Übungsfall:

Wann ist ein Zusammenhang im strafprozessrechtlichen Sinn gegeben?

Lösungsvorschlag:

Ein Zusammenhang ist vorhanden, wenn eine Person mehrerer Straftaten beschuldigt wird oder wenn bei einer Tat mehrere Personen als Täter, Teilnehmer oder der Begünstigung, Strafvereitelung oder Hehlerei beschuldigt werden, § 13 StPO.

---

4. Staatsanwaltschaft

Die **Staatsanwaltschaft** (STA)

– kann ein Ermittlungsverfahren einleiten (entweder auf Antrag oder von Amts wegen);
– vertritt in der Hauptverhandlung die Anklage;
– (Sitzungsvertreter der STA) verliest die Anklageschrift;
– hat das Recht, die Anklage zu verlesen, Fragen zu stellen und Beweisanträge anzubringen, §§ 243 Abs. 3 Satz 1, 240 Abs. 2, 244 ff. StPO;
– hält den Schlussvortrag (das Plädoyer), § 258 StPO;
– kann das Urteil mit Rechtsmitteln angreifen, § 296 StPO;
– kann Ermittlungen jeder Art entweder selbst vornehmen oder durch die Behörden und Beamten des Polizeidienstes vornehmen lassen, § 161 Abs. 1 StPO;
– ist zuständig für die Strafvollstreckung, § 451 StPO.

Aha: Staatsanwaltschaften werden regelmäßig dort eingerichtet, wo es ein Landgericht gibt. Auch bei den Oberlandesgerichten gibt es Staatsanwaltschaften. Der Staatsanwaltschaft am Landgericht steht der leitende Oberstaatsanwalt vor, § 144 GVG, der Staatsanwaltschaft beim Oberlandesgericht der Generalstaatsanwalt. Auch beim Bundesgerichtshof gibt es eine Staatsanwaltschaft, die Bundesanwaltschaft, geleitet vom Generalbundesanwalt. Die Staatsanwälte unterstehen letztlich dem Justizminister.

Übungsfall:

In einer Strafsache wegen des Verstoßes gegen das Betäubungsmittelgesetz spricht das Gericht den Angeklagten in der mündlichen Verhandlung aus Mangel an Beweisen frei. Die Staatsanwaltschaft ist mit dem Freispruch nicht einverstanden.

Was kann die Staatsanwaltschaft gegen das Urteil unternehmen?

Lösungsvorschlag:

Die Staatsanwaltschaft kann Rechtsmittel einlegen, § 296 StPO.

---

5. Die Polizei

Die Polizei:
- Aufgaben der Polizei sind durch Landesgesetze geregelt, vgl. Art. 30 GG (z.B. in Bayern durch das BayPOG und BayPAG;
- ist dem Innenministerium unterstellt;
- wird auch präventiv tätig.

Hoppla: Der Bund hat eigene Polizeiorgane mit sehr eng abgegrenzten Kompetenzen (Bundeskriminalamt, Bundesamt für Verfassungsschutz, Bundesgrenzschutz).

Und: Üblicherweise richtet sich die Staatsanwaltschaft mit einem Ersuchen an die Polizeibehörde, wenn sie Ermittlungen durch Polizeibeamte vornehmen lassen will.

Aber: Die Polizei hat das »Recht des ersten Zugriffs«, kann also somit von sich aus die Initiative ergreifen und Ermittlungen aufnehmen, § 163 StPO. Besteht der Verdacht einer Straftat, ist sie hierzu verpflichtet und zwar von Amts wegen (Offizialprinzip).

Beispiel:

Bei der zuständigen Polizeibehörde geht eine Strafanzeige wegen Beleidigung im Straßenverkehr ein. Erna Block, die wutentbrannt einem anderen Autofahrer den sog. »Scheibenwischer« gezeigt hat, wurde von diesem angezeigt. Wie wird der weitere Verlauf nach Anzeigenerstattung üblicherweise sein?

Die Polizei wird zunächst eine Akte anlegen und ein entsprechendes Aktenzeichen (Tagebuchnummer) vergeben. Erna Block wird sodann zur Beschuldigtenvernehmung geladen. Etwaige Zeugen werden zur Vernehmung geladen. Erna Block hat dann die Möglichkeit, einen Rechtsanwalt mit der Wahrnehmung ihrer Interessen zu beauftragen. Sie ist nicht verpflichtet, eine Aussage vor der Polizei zu machen, hiervon wird ihr Verteidiger in der Regel vor Akteneinsicht dringend abraten. Der Verteidiger wird sich unter Vollmachtsvorlage (Strafprozessvollmacht) bei der Polizei bestellen und um Akteneinsicht bitten.

Erna Block muss als Beschuldigte lediglich Angaben zu ihrer Person (Name, Geburtsdatum, Geburtsname, Familienstand, Adresse) machen, nicht aber zur Sache selbst. Insbesondere ist sie nicht verpflichtet, sich durch eine Aussage selbst zu belasten.

Sofern Erna Block eine Aussage zur Sache verweigert, wird die Polizei den Vorgang an die zuständige Staatsanwaltschaft abgeben, die ein Ermittlungsverfahren einleitet. Erst nach Abschluss der Ermittlungen entscheidet die Staatsanwaltschaft, ob eine Einstellung des Verfahrens erfolgt, ein Antrag auf Eröffnung zur Hauptverhandlung an das Gericht übermittelt oder Antrag auf Erlass eines Strafbefehls gestellt wird.

---

6. Rechte und Pflichten eines Verteidigers

Zu den **Rechten des Verteidigers** gehören:

- **Anwesenheitsrecht, § 168c StPO**
  Der Verteidiger darf bei Vernehmungen im Vorverfahren anwesend sein, wenn zum Beispiel der Richter Beschuldigte oder Zeugen vernimmt und wenn die Staatsanwaltschaft eine Beschuldigtenvernehmung durchführt; einen Anspruch auf Anwesenheit bei einer polizeilichen Vernehmung gibt es aber nicht. Will der Verteidiger daher bei einer polizeilichen Vernehmung anwesend sein, wird er seinem beschuldigten Mandanten anraten, die Aussage bei der Polizei zu verweigern und so eine staatsanwaltschaftliche Vernehmung zu provozieren; in der Hauptverhandlung darf der Verteidiger stets anwesend sein, § 145 Abs. 1 Satz 1 StPO.
- **Recht auf eigene Ermittlungen/Nachforschungen, § 364b Abs. 1 Nr. 1 StPO**
- **Beweisantragsrecht**
- **Abgabe von Erklärungen/Fragerecht, §§ 137 StPO; 240 Abs. 2 StPO, 258 Abs. 1 StPO, 258 Abs. 3 StPO**
- **Recht auf Akteneinsicht, § 147 StPO**
  Das Recht auf Akteneinsicht steht dem Verteidiger zu, nicht dem Beschuldigten. Ein Beschuldigter, der sich selbst verteidigt, kann lediglich seinen Informationsanspruch aus Art. 6 Abs. 1, 3 Europäische Menschenrechtskonvention geltend machen.
- **Recht auf Kontakt (ungehinderten Verkehr) mit dem Beschuldigten, § 148 StPO**

Übungsfall:

Hugo Rasant wird beschuldigt, im Straßenverkehr eine Beleidigung begangen zu haben. Er wird zur polizeilichen Vernehmung geladen. Dort sagt er aus. Die Staatsanwaltschaft stellt das Verfahren schließlich wegen Geringfügigkeit ein. Hugo Rasant möchte nun unbedingt wissen, wer ihn angezeigt hat. Er schreibt an die Staatsanwaltschaft und bittet um Akteneinsicht. Wie wird die Staatsanwaltschaft reagieren?

Lösungsvorschlag:

Die Staatsanwaltschaft lehnt das Gesuch ab. Die Akteneinsicht steht nur dem Verteidiger zu, § 147 StPO. Hugo Rasant kann daher nur einen Anwalt beauftragen, für ihn Akteneinsicht zu beantragen.

Die **Pflichten** des Verteidigers sind:

- **Fürsprachepflicht**
  Aufgrund des dem Anwalt erteilten Auftrags ist dieser verpflichtet, die Interessen des Beschuldigten wahrzunehmen. Er ist somit zur Einseitigkeit verpflichtet, nicht zur Objektivität.

- **Verschwiegenheitspflicht**
  Die Verschwiegenheitspflicht des Verteidigers ergibt sich aus § 203 Abs. 1 Nr. 3 StGB. Belastende Umstände darf er ohne Zustimmung seines Mandanten nicht offenbaren.

- **Wahrheitspflicht**
  Ein Verteidiger darf nur vortragen, was der Wahrheit entspricht. Der Mandant darf lügen, der Verteidiger nicht. Der Verteidiger hat eine Wahrheitspflicht. Sie erlaubt es ihm einerseits nicht, die Fürsorgepflicht oder die Verschwiegenheitspflicht zu verletzen. Sie verbietet es ihm andererseits, die Interessen seines Mandanten auf Kosten der Wahrheit durchzusetzen. Der Verteidiger muss also die Wahrheit manchmal verschweigen, er hat jedoch immer darauf zu achten, dass alles wahr ist, was er sagt.

Übungsfall:

Ein weltberühmter Rennfahrer wird der Steuerhinterziehung verdächtigt. Er möchte auf jeden Fall optimal vertreten sein und daher 4 Anwälte an seiner Seite als Verteidiger wissen. Er beauftragt daher den Staranwalt Rechtsanwalt Hufer, Rechtsanwalt Schwähn, Rechtsanwalt Orsy und Rechtsanwalt Sachfelder. Alle Anwälte sind aus verschiedenen Kanzleien.

Worauf werden ihn die beauftragten Rechtsanwälte hinweisen?

Lösungsvorschlag:

Der Beschuldigte kann sich zwar des Beistandes eines Verteidigerteams bedienen, die Zahl der gewählten Verteidiger darf jedoch 3 nicht übersteigen, vgl. § 137 Abs. 1 Satz 2 StPO.

---

7. Das Ermittlungsverfahren

Die Staatsanwaltschaft hat die Verfahrensherrschaft über das **Ermittlungs**verfahren.

Aber: Die Verfahrensherrschaft über das **Straf**verfahren hat das Gericht!

Zwar hat die Polizei grundsätzlich das »Recht des ersten Zugriffs«, die Staatsanwaltschaft bleibt aber auch in diesem Fall Herr des Verfahrens, § 163 Abs. 2 Satz 1 StPO. Der Richter darf nur tätig werden, wenn die Staatsanwaltschaft dies beantragt, § 162 StPO.

Ein Ermittlungsverfahren kann durch Anzeige einer Privatperson, eines Amtsträgers oder auch einer Behörde bei der Polizei oder Staatsanwaltschaft eingeleitet werden, § 158 StPO (Antragsverfahren). Darüber hinaus gibt es auch Offizialdelikte, die von Amts wegen zur Einleitung eines Ermittlungsverfahrens führen, § 160 StPO.

Im Ermittlungsverfahren müssen auch entlastende Tatsachen erforscht werden, § 160 StPO. Das Ermittlungsverfahren und die Befugnisse der Staatsanwaltschaft sind in der StPO in den §§ 158 bis 160a geregelt.

Wenn die Staatsanwaltschaft Untersuchungshandlungen vornehmen lassen will, die nur der Richter anordnen darf, z.B. Erlass eines Haftbefehls, § 114 StPO, oder die eidliche Vernehmung eines Zeugen, dann schaltet die Staatsanwaltschaft den **Ermittlungsrichter** ein, § 162 Abs. 1 Satz 1 StPO.

Die Zuständigkeit des Ermittlungsrichters endet mit der Anklageerhebung. Dann entscheidet das mit der Sache befasste Gericht. Die Staatsanwaltschaft erhebt, wenn die Ermittlungen genügenden Anlass geben, die Anklage bei dem zuständigen Gericht, §§ 170 Abs. 1, 200 Abs. 1 Satz 2 StPO.

Wird die Schuld des Täters als gering angesehen besteht kein öffentliches Interesse an der Strafverfolgung. Mit Zustimmung des Gerichts kann die Staatsanwaltschaft das Verfahren dann wegen Geringfügigkeit einstellen, § 153a StPO. Manchmal wird ein Verfahren nur unter Auflage eingestellt, § 153a StPO, so z.B. unter der Auflage, einen bestimmten Betrag an einen gemeinnützigen Verein zu zahlen.

Die Staatsanwaltschaft ist auch Vollstreckungsbehörde bei Verurteilungen nach Erwachsenenstrafrecht, § 451 StPO.

8. Anklageschrift

In der Anklageschrift ist folgendes zu bezeichnen (§ 200 Abs. 1 u. Abs. 2 StPO):
- der Angeschuldigte,
- die Tat, in die ihm zur Last gelegt wird,
- Zeit und Ort ihrer Begehung,
- die gesetzlichen Merkmale der Straftat,
- die anzuwendenden Strafvorschriften (Anklagesatz),
- die Beweismittel,
- das Gericht, vor dem die Hauptverhandlung stattfinden soll,
- der Verteidiger,
- das wesentliche Ergebnis der Ermittlungen (Ausnahme:, es wird Anklage beim Strafrichter erhoben).

Aha: Der Vorsitzende des Gerichts teilt die Anklageschrift dem Angeschuldigten mit und fordert ihn zugleich auf, innerhalb einer zu bestimmenden Frist zu erklären, ob er die Vornahme einzelner Beweiserhebungen vor der Entscheidung über die Eröffnung des Hauptverfahrens beantragen oder Einwendungen gegen die Eröffnung des Hauptverfahrens vorbringen wolle, § 201 Abs. 1 StPO.

Das Gericht hat nach Mitteilung der Anklageschrift den **weiteren Verfahrensablauf** zu entscheiden. Ihm stehen hier folgende Möglichkeiten zur Verfügung:

- **Erlass eines Eröffnungsbeschlusses (§ 203 StPO)**
  Nach § 203 StPO beschließt das Gericht die Eröffnung des Hauptverfahrens, wenn nach den Ergebnissen des vorbereitenden Verfahrens der Angeschuldigte einer Straftat hinreichend verdächtig erscheint.

- **Ablehnung der Eröffnung der Hauptverhandlung (§ 204 StPO)**
  Das Gericht lehnt die Eröffnung des Hauptverfahrens durch Beschluss ab, wenn ein Verfahrenshindernis vorliegt; aus Rechtsgründen eine Verurteilung ausscheidet, weil der Sachverhalt keinen Straftatbestand erfüllt oder ein Rechtfertigungs-, Schuldausschließungs- oder Strafaufhebungsgrund eingreift oder aus tatsächlichen Gründen eine Verurteilung nicht zu erwarten ist, weil nach der Beweislage hinreichender Tatverdacht nicht zu begründen ist.

- **vorläufige Einstellung des Verfahrens (§ 205 StPO)**
- **Einstellung wegen eines Verfahrenshindernisses (§ 206a StPO)**
- **Einstellung wegen einer Gesetzesänderung (§ 206b StPO)**
- **endgültige Einstellung des Verfahrens (§§ 153 ff. StPO)**
  Mit der Zustimmung der Staatsanwaltschaft und des Angeschuldigten ist auch im Zwischenverfahren die Einstellung des Verfahrens in zahlreichen Fällen möglich.

Oh: Der Beschluss, durch den das Hauptverfahren eröffnet worden ist, kann von dem Angeklagten nicht angefochten werden, § 210 Abs. 2 StPO.

Übungsfall:

Nennen Sie fünf gesetzliche Inhalte einer Anklageschrift.

Lösungsvorschlag:

z.B. Bezeichnung

- des Angeschuldigten, § 200 Abs. 1 Satz 1 StPO,
- der Tat, in die ihm zur Last gelegt wird, § 200 Abs. 1 Satz 1 StPO,
- Zeit und Ort ihrer Begehung, § 200 Abs. 1 Satz 1 StPO,
- der gesetzlichen Merkmale der Straftat, § 200 Abs. 1 Satz 1 StPO,
- der anzuwendenden Strafvorschriften (Anklagesatz), § 200 Abs. 1 Satz 1 StPO,

usw. (vgl. dazu § 200 StPO).

9. Das Hauptverfahren

Das Hauptverfahren:

- Termin zur Hauptverhandlung bestimmt das Gericht, § 213 StPO
- Gericht ordnet die Ladungen zum Termin an, § 214 StPO (Angeklagter, § 216 StPO; Verteidiger, § 218 StPO; andere Verfahrensbeteiligte (z.B. Nebenkläger); Zeugen und Sachverständige)

Die **Ladungsfrist,** § 217 StPO

- beträgt eine Woche
- und ist die Frist, die zwischen Zustellung der Ladung und dem Tag der Hauptverhandlung liegen muss.

Hinweis: Ein Verzicht auf die Einhaltung der Ladungsfrist durch den Angeklagten ist nach § 217 Abs. 3 StPO möglich.

Was ist, wenn die Frist nicht eingehalten wurde?

Dann kann der Angeklagte bis zum Beginn seiner Vernehmung zur Sache die Aussetzung der Verhandlung verlangen, § 217 Abs. 2 StPO.

Natürlich: Die Staatsanwaltschaft erhält ebenfalls eine Mitteilung vom Termin. Spätestens mit der Ladung dem Angeklagten oder seinem Verteidiger der Eröffnungsbeschlusses zugestellt.

10. Nebenklage

In manchen Fällen hat eine Person vielleicht ein Interesse daran, im Strafprozess aktiv mitzuwirken, um eine möglichst hohe Bestrafung des Angeklagten zu erreichen oder sie möchte vielleicht erfahren, was im Prozess genau passiert. Für bestimmte Fälle hat daher der Gesetzgeber die Möglichkeit der sogenannten Nebenklage zugelassen. Der Nebenkläger schließt sich der Klage des Staatsanwalts oder dem Antrag im Sicherungsverfahren an.

In § 395 StPO sind die Personen aufgeführt, die die Befugnis zum Anschluss als Nebenkläger haben. Dies sind z.B.:
- Verletzte nach § 395 Abs. 1 Nr. 1-6 StPO,
- den Eltern, Kindern, Geschwistern, Ehegatten oder Lebenspartners eines durch eine rechtswidrige Tat Getöteten, § 395 Abs. 2 Nr. 1 StPO,
- weitere Personen, die in § 395 Abs. 2 Nr. 2 StPO genannt sind.

Achtung: Der Anschluss erfolgt nicht automatisch! Die Anschlusserklärung als Nebenkläger ist bei dem Gericht schriftlich einzureichen, § 396 Abs. 1 Satz 1 StPO.

Interessant: Der Nebenkläger hat eine Reihe von Rechten, § 397 StPO, so u.a.

- Anwesenheit in der Hauptverhandlung, § 397 Abs. 1 Satz 1 StPO,
- Befugnis zur Ablehnung eines Sachverständigen, § 397 Abs. 1 Satz 3 StPO,
- Befugnis zur Ablehnung eines Richters, § 397 Abs. 1 Satz 3 StPO,
- Fragerecht, § 397 Abs. 1 Satz 3 StPO,
- Beweisantragsrecht, § 397 Abs. 1 Satz 3 StPO,
- Recht zur Abgabe von Erklärungen, § 397 Abs. 1 Satz 3 StPO.

u.a.

Übungsfall:

Eine Mandantin sucht RA Müller auf und teilt ihm mit, dass ihr Bruder bei einem Verkehrsunfall getötet worden ist. Die Mandantin möchte, dass der Unfallverursacher, der unter Alkoholeinfluss stand, hart bestraft wird.

a) Worauf wird RA Müller die Mandantin hinweisen?
b) Was wird er in der Folge veranlassen?

Lösungsvorschlag:

a) Die Mandantin hat die Möglichkeit, einem Strafverfahren, das von Amts wegen gegen den Unfallverursacher aufgenommen wird, als Nebenklägerin nach § 395 Abs. 2 Nr. 1 StPO beizutreten.
b) Akteneinsicht und Anschlusserklärung nach § 396 StPO schriftlich bei Gericht unter Vollmachtsvorlage einreichen.

Prüfungstipp: Wird nach einer harten Bestrafung gefragt, sind wir im Strafrecht. Eine Antwort dahingehend, dass Klage auf Schmerzensgeld eingereicht wird, wäre hier fehl am Platz, da das Schmerzensgeld ein zivilrechtlicher Anspruch ist.

11. Strafbefehlsverfahren

Im Verfahren vor dem Strafrichter und im Verfahren, das zur Zuständigkeit des Schöffengerichts gehört, können bei Vergehen auf schriftlichen Antrag der Staatsanwaltschaft die Rechtsfolgen der Tat durch schriftlichen Strafbefehl ohne Hauptverhandlung festgesetzt werden, § 407 Abs. 1 Satz 1 StPO.

Wann passiert das? Die Staatsanwaltschaft stellt den Antrag auf Erlass eines Strafbefehls, wenn sie nach dem Ergebnis der Ermittlungen eine Hauptverhandlung nicht für erforderlich erachtet. Der Antrag ist auf bestimmte Rechtsfolgen zu richten. Durch den Antrag wird die öffentliche Klage erhoben.

Durch **Strafbefehl** dürfen gem. § 407 Abs. 2 StPO nur die folgenden Rechtsfolgen der Tat, allein oder nebeneinander, festgesetzt werden:

– Geldstrafe, Verwarnung mit Strafvorbehalt, Fahrverbot, Verfall, Einziehung, Vernichtung, unbrauchbar machen, Bekanntgabe der Verurteilung und Geldbuße gegen eine juristische Person oder Personenvereinigung,

– Entziehung der Fahrerlaubnis, bei der die Sperre nicht mehr als zwei Jahre beträgt sowie

– Absehen von Strafe.

Hat der Angeschuldigte einen Verteidiger, so kann auch Freiheitsstrafe bis zu einem Jahr festgesetzt werden, wenn deren Vollstreckung zur Bewährung ausgesetzt wird, § 407 Abs. 2 Satz 2 StPO.

Interessant:
Der Strafbefehl (§ 409 StPO) enthält:

– Angaben zur Person des Angeklagten und etwaiger Nebenbeteiligter,

– die Namen des Verteidigers,

– die Bezeichnung der Tat, die dem Angeklagten zur Last gelegt wird, Zeit und auch ihrer Begehung und die Bezeichnung der gesetzlichen Merkmale der Tat,

– die angewendeten Vorschriften nach Paragraph, Absatz, Nummer, Buchstabe und mit der Bezeichnung des Gesetzes,

– die Beweismittel,

– die Festsetzung der Rechtsfolgen,

– die Belehrung über die Möglichkeit des Einspruchs und die dafür vorgeschriebene Frist und Form sowie den Hinweis, dass der Strafbefehl rechtskräftig und vollstreckbar wird, sofern gegen ihn kein Einspruch nach § 410 StPO eingelegt wird.

Merksatz:

Der Angeklagte kann gegen den Strafbefehl innerhalb von zwei Wochen nach Zustellung bei dem Gericht, das den Strafbefehl erlassen hat, schriftlich oder zu Protokoll der Geschäftsstelle Einspruch einlegen, § 410 Abs. 1 Satz 1 StPO.

Der Einspruch kann auf bestimmte Beschwerdepunkte (z.B. die Höhe der Tagessätze) beschränkt werden. Soweit gegen einen Strafbefehl nicht rechtzeitig Einspruch erhoben worden ist, steht er einem rechtskräftigen Urteil gleich, § 410 Abs. 3 StPO.

> **Vorsicht:** Ist der Einspruch verspätet eingelegt oder sonst unzulässig, so wird er ohne Hauptverhandlung durch Beschluss verworfen; gegen den Beschluss ist die sofortige Beschwerde zulässig, § 411 Abs. 1 Satz 1 StPO.

Bei einem zulässigen Einspruch wird Termin zur Hauptverhandlung anberaumt. Hat der Angeklagte seinen Anspruch auf die Höhe der Tagessätze einer festgesetzten Geldstrafe beschränkt, kann das Gericht mit Zustimmung des Angeklagten, des Verteidigers und der Staatsanwaltschaft ohne Hauptverhandlung durch Beschluss entscheiden; von der Festsetzung im Strafbefehl darf nicht zum Nachteil des Angeklagten abgewichen werden; gegen den Beschluss ist sofortige Beschwerde zulässig (§§ 311, 411 Abs. 1 Satz 2 StPO).

Übungsfall:

Der 17-jährige Kevin erhält eine Anklageschrift wegen gefährlicher Körperverletzung zugestellt. Er verweigert jede Aussage und Mitwirkung. Auch will er keinen Rechtsanwalt beauftragen. Der Vater von Kevin beauftragt schließlich einen Rechtsanwalt. Kevin will jedoch von diesem nicht vertreten werden.

Wie ist die Rechtslage?

Lösungsvorschlag:

Nach § 137 Abs. 2 StPO kann der gesetzliche Vertreter, hier der Vater, auch selbstständig einen Verteidiger für seinen minderjährigen Sohn wählen. Kevin kann sich somit gegen die Beauftragung nicht wehren.

Übungsfall:

Autofahrer Johannes Rand ist bei einer allgemeinen Verkehrskontrolle durch eine Trunkenheitsfahrt aufgefallen. Sein Promillewert beträgt 1,2. Johannes Rand muss noch in der Nacht zur Blutentnahme in die Klinik in der Nussbaumstraße. 6 Wochen nach der Blutentnahme wird Johannes Rand ein Strafbefehl zugestellt. Mit diesem Strafbefehl wird ein Fahrverbot von 9 Monaten sowie eine Geldstrafe in Höhe von insgesamt 2.700,00 € verhängt. Johannes Rand ist Ersttäter und hat noch keine Punkte im Verkehrszentralregister in Flensburg eingetragen. Er hofft daher auf eine mildere Bestrafung. Der Strafbefehl wurde Johannes Rand am 04.11.2013 zugestellt.

Wie kann Johannes Rand den Strafbefehl anfechten?

Lösungsvorschlag:

Gegen den Strafbefehl kann binnen einer zweiwöchigen Frist nach Zustellung bei dem Gericht, das den Strafbefehl erlassen hat, schriftlich oder zu Protokoll der Geschäftsstelle Einspruch eingelegt werden, § 410 Abs. 1 Satz 1 StPO.

Fristbeginn: Dienstag, 05.11.2013, 00:00 Uhr, § 42 StPO

Fristablauf: Montag, 18.11.2013, 24:00 Uhr, § 43 Abs. 1 StPO

Ergänzung:

Der Einspruch kann auf bestimmte Beschwerdepunkte (z.B. die Höhe der Tagessätze) beschränkt werden, § 410 Abs. 2 StPO.

12. Rechtsmittel im Strafprozess

Ein Rechtsmittel darf einlegen:

- der Beschuldigte, § 296 Abs. 1 StPO,
- für ihn sein Verteidiger aus eigenem Recht und in eigenem Namen, aber nicht gegen den Willen des Beschuldigten, § 297 StPO,
- ein gesetzlicher Vertreter des Beschuldigten, § 298 StPO,
- die Staatsanwaltschaft, auch zu Gunsten des Angeklagten, § 296 StPO,
- der Privatkläger, § 390 StPO,
- der Nebenkläger, § 400 StPO.

Im Berufungs-, Revisions- und Wiederaufnahmeverfahren gilt ein **Verschlechterungsverbot,** § 373 Abs. 2 StPO (Verbot der reformatio in peius). Der Angeklagte muss also bei Einlegung eines Rechtsmittels nicht fürchten, dass es noch schlimmer kommt. Das Verschlechterungsverbot schützt allerdings den Angeklagten lediglich davor, dass die Rechtsfolge in Art und Höhe verschlechtert wird. Der Schuldspruch darf verschärft werden.

Beispiel:

Ein Angeklagter ist wegen einer Straftat verurteilt und wegen einer anderen freigesprochen worden. Das Berufungsgericht hebt den Teilfreispruch auf und verurteilt wegen beider tateinheitlich zusammentreffender Delikte zur derselben Strafe – das Strafmaß wird nicht verändert.

12.1 Die Berufung

Die **Berufung** ist statthaft
- gegen Urteile des Strafrichters und des Schöffengerichts, § 312 StPO.

Aha: Mit ihr erreicht man, dass die Sache völlig neu verhandelt wird, d.h. über die gesamte Tat- und Rechtsfrage wird neu entschieden.

Aber: Ist der Angeklagte zu einer Geldstrafe von nicht mehr als 15 Tagessätzen verurteilt worden, beträgt im Falle einer Verwarnung die vorbehaltene Strafe nicht mehr als 15 Tagessätze oder ist eine Verurteilung zu einer Geldbuße erfolgt, so ist die **Berufung** nur zulässig, wenn sie **angenommen** wird. Das gleiche gilt, wenn der Angeklagte freigesprochen oder das Verfahren eingestellt worden ist und die Staatsanwaltschaft eine Geldstrafe von nicht mehr als 30 Tagessätzen beantragt hatte, § 313 Abs. 1 StPO.

Die Berufung wird angenommen, wenn sie nicht offensichtlich unbegründet ist, § 313 Abs. 2 StPO. Andernfalls wird die Berufung als unzulässig verworfen. Die Berufung gegen ein auf Geldbuße, Freispruch oder Einstellung wegen einer Ordnungswidrigkeit lautendes Urteil ist stets anzunehmen, wenn die Rechtsbeschwerde nach § 79 Abs. 1 OWiG zulässig oder nach § 80 Abs. 1 u. Abs. 2 OWiG zuzulassen wäre.

> **Merksatz:**
>
> *Die Berufung muss bei dem Gericht des ersten Rechtszuges binnen **einer Woche** nach Verkündung des Urteils zu Protokoll der Geschäftsstelle oder schriftlich eingelegt werden, § 314 Abs. 1 StPO.*

Vorsicht: Hat die Verkündung des Urteils nicht in Anwesenheit des Angeklagten stattgefunden, so beginnt für diesen die Frist mit der Zustellung, sofern nicht in den Fällen der §§ 234, 387 Abs. 1, 411 Abs. 2, 434 Abs. 1 Satz 1 StPO die Verkündung in Anwesenheit des mit schriftlicher Vollmacht versehenen Verteidigers stattgefunden hat.

Die Berufung kann binnen einer weiteren Woche nach Ablauf der Frist zur Einlegung des Rechtsmittels oder, wenn zu dieser Zeit das Urteil noch nicht zugestellt war, nach dessen Zustellung bei dem Gericht des ersten Rechtszuges zu Protokoll der Geschäftsstelle oder in der Beschwerdeschrift gerechtfertigt werden, § 317 StPO.

Die Berufung kann auf bestimmte Beschwerdepunkte beschränkt werden, § 318 Satz 1 StPO. Ist eine Beschränkung nicht erfolgt, gilt der ganze Inhalt des Urteils als angefochten.

Ist die Berufung verspätet eingelegt, so hat das Gericht des ersten Rechtszuges das Rechtsmittel als unzulässig zu verwerfen, § 319 StPO.

Übungsfall:

a) **Welches Rechtsmittel ist gegen Urteile des Strafrichters und des Schöffengerichts zulässig?**

b) **Innerhalb welcher Frist und in welcher Form ist das Rechtsmittel einzulegen, wenn der Angeklagte im Termin anwesend war?**

Lösungsvorschlag:

a) Das Rechtsmittel der Berufung, § 312 StPO.

b) Die Berufung muss beim Gericht des ersten Rechtszuges binnen einer Woche nach Verkündung des Urteils zur Protokoll der Geschäftsstelle oder schriftlich eingelegt werden, § 314 Abs. 1 StPO.

12.2 Die Revision

Die **Revision** ist statthaft

– gegen Urteile der Strafkammern und Schwurgerichte sowie
– gegen die im ersten Rechtszug ergangenen Urteile der Oberlandesgerichte in Strafsachen.

> **Merksatz:**
>
> *Ein Urteil, gegen das Berufung zulässig ist, kann statt mit Berufung mit Revision angefochten werden, § 335 StPO.*

Über die Revision entscheidet das Gericht, das zur Entscheidung berufen wäre, wenn die Revision nach durchgeführter Berufung eingelegt worden wäre, § 335 Abs. 2 StPO. Legt gegen das Urteil ein Beteiligter Revision und ein anderer Berufung ein, so wird, solange die Berufung nicht zurückgenommen oder als unzulässig verworfen ist, die rechtzeitig und in der vorgeschriebenen Form eingelegte Revision als Berufung behandelt, § 335 Abs. 3 StPO. Die Revision kann nur darauf gestützt werden, dass das Urteil auf einer Verletzung des Gesetzes beruhe, § 337 StPO. Eine Verletzung des Gesetzes liegt vor, wenn eine Rechtsnorm nicht oder nicht richtig angewendet worden ist, § 337 Abs. 2 StPO.

Absolute Revisionsgründe ergeben sich aus § 338 StPO.

> **Merksatz:**
>
> *Die Revision muss bei dem Gericht, dessen Urteil angefochten wird, binnen **einer Woche** nach Verkündung des Urteils zu Protokoll der Geschäftsstelle oder schriftlich eingelegt werden, § 341 Abs. 1 StPO.*

Hat die Verkündung des Urteils nicht in Anwesenheit des Angeklagten stattgefunden, so beginnt für diesen die Frist mit der Zustellung, sofern nicht in den Fällen der §§ 234, 387 Abs. 1, 411 Abs. 2, 434 Abs. 1 Satz 1 StPO die Verkündung in Anwesenheit des mit schriftlicher Vollmacht versehenen Verteidigers stattgefunden hat.

Der Beschwerdeführer hat die Erklärung abzugeben, inwieweit er das Urteil anfechten und dessen Aufhebung beantrage, und die Anträge zu begründen, § 344 StPO. Aus der Begründung muss hervorgehen, ob das Urteil wegen Verletzung einer Rechtsnorm über das Verfahren oder wegen Verletzung einer anderen Rechtsnorm angefochten wird, § 344 Abs. 2 Satz 1 StPO.

Die Revisionsanträge und ihre Begründung sind spätestens binnen eines Monats nach Ablauf der Frist zur Einlegung des Rechtsmittels bei dem Gericht, dessen Urteil angefochten wird, anzubringen, § 345 Abs. 1 Satz 1 StPO. War zu dieser Zeit das Urteil noch nicht zugestellt, beginnt die Frist mit der Zustellung.

13. Das Adhäsionsverfahren

Der Verletzte soll die Möglichkeit haben, seine zivilrechtlichen Ansprüche gegen den Täter im Strafverfahren geltend zu machen. Aus diesem Grund sieht die Strafprozessordnung in § 403 das Adhäsionsverfahren vor. Mit diesem Verfahren lässt sich ein zweiter Prozess vermeiden. Es ist kostengünstiger als das Einreichen einer Klage vor dem Zivilgericht. Da die Strafgerichte jedoch mit Entscheidungen in Zivilsachen wenig Erfahrung haben, wird diese Verfahrensart in der Praxis äußerst wenig angenommen. Mit dem Adhäsionsverfahren können vermögensrechtliche Ansprüche, in die aus der Straftat erwachsen, aber noch nicht anderweitig geltend gemacht worden sind und zur Zuständigkeit der ordentlichen Gerichte gehören geltend gemacht werden (z.B. Schadensersatz, Schmerzensgeld). Das Verfahren richtet sich nach den Regeln der Strafprozessordnung. Das Gericht gibt dem Antrag ganz oder teilweise im Urteil statt, § 406 StPO.

Von einer Entscheidung wird abgesehen:

- aus sachlichen Gründen, wenn der Angeklagte einer Straftat nicht schuldig gesprochen und auch eine Maßregel nicht verhängt wird oder wenn der Antrag unbegründet ist, § 405 Satz 1 StPO,
- aus Gründen der Prozessökonomie, wenn der Antrag zur Erledigung im Strafverfahren nicht geeignet erscheint oder seine Erledigung das Verfahren mehr als geringfügig verzögern würde, § 405 Satz 2 StPO,
- wenn der Antrag unzulässig ist,
- über den Teil eines Anspruchs, dem nicht durch Grund- oder Teilurteil stattgegeben wird, § 406 Abs. 1 Satz 2 StPO.

Das Absehen von einer Entscheidung hat keinerlei Rechtskraftwirkung, § 406 Abs. 3 Satz 2 StPO.

Aha: Ein Rechtsmittel ist in derartigen Verfahren **für den Antragsteller** nicht vorgesehen. Dies liegt daran, dass der Antragsteller entweder nicht beschwert ist, bei seinem Antrag stattgegeben wurde, oder aber nicht gehindert ist, den Anspruch, über die nicht entschieden wurde vor den Zivilgerichten geltend zu machen. Der Angeklagte kann das Urteil insgesamt oder nur den bürgerlich-rechtlichen Teil anfechten.

14. Kostenerstattung im Strafprozess

Jedes Urteil, jeder Strafbefehl und jede eine Untersuchung einstellende Entscheidung muss eine Bestimmung darüber treffen, von wem die Kosten des Verfahrens zu tragen sind, § 464 Abs. 1 StPO. Die Entscheidung darüber, wer die notwendigen Auslagen trägt, trifft das Gericht in dem Urteil oder in dem Beschluss, der das Verfahren abschließt, § 464 Abs. 2 StPO.

Gegen die Entscheidung über die Kosten und die notwendigen Auslagen ist die sofortige Beschwerde zulässig; sie ist unzulässig, wenn eine Anfechtung der Hauptsacheentscheidung durch den Beschwerdeführer nicht statthaft ist, § 464 Abs. 3 Satz 1 StPO.

Kosten des Strafverfahrens sind die Gebühren und Auslagen der Staatskasse. Zu den Kosten gehören auch die durch die Vorbereitung der öffentlichen Klage entstandenen sowie die Kosten der Vollstreckung einer Rechtsfolge der Tat, § 464a StPO.

Zu den **notwendigen Auslagen eines Beteiligten** gehören auch
- die Entschädigung für eine notwendige Zeitversäumnis nach dem JVEG, § 464a Abs. 2 Nr. 1 StPO,
- die Gebühren und Auslagen eines Rechtsanwalts, soweit sie nach § 91 Abs. 2 ZPO zu erstatten sind.

Die Höhe der Kosten und Auslagen, die ein Beteiligter einem anderen Beteiligten zu erstatten hat, wird auf Antrag eines Beteiligten durch das Gericht des ersten Rechtszuges festgesetzt. Auf Antrag ist auszusprechen, dass die festgesetzten Kosten und Auslagen von der Anbringung des Festsetzungsantrags an zu verzinsen sind. Auf die Höhe des Zinssatzes, das Verfahren und auf die Vollstreckung der Entscheidung sind die Vorschriften der ZPO entsprechend anzuwenden (§ 464b StPO).

Die Kostentragungspflicht des Verurteilten ergibt sich aus § 465 StPO. Der Angeklagte hat diese insoweit zu tragen, als sie durch das Verfahren wegen einer Tat entstanden sind, wegen derer er verurteilt oder eine Maßregel der Besserung und Sicherung gegen ihn angeordnet wird. Eine Verurteilung im Sinne der Vorschrift des § 465 StPO liegt auch dann vor, wenn der Angeklagte mit Strafvorbehalt verwarnt wird oder das Gericht von Strafe absieht.

Die Auslagen der Staatskasse und die notwendigen Auslagen des Angeschuldigten fallen der **Staatskasse zur Last,** § 467 StPO:
- soweit der Angeschuldigte freigesprochen,
- die Eröffnung des Hauptverfahrens gegen ihn abgelehnt oder
- das Verfahren gegen ihn eingestellt wird.

Ausnahmen:
- der Angeschuldigte hat durch schuldhafte Säumnis die Kosten verursacht,
- es besteht ein Verfahrenshindernis und der Angeschuldigte wird wegen einer Straftat aus diesem Grund nicht verurteilt (in diesem Fall trägt der Angeschuldigte seine Kosten selbst),

– bei einer endgültigen Einstellung des Verfahrens nach Erfüllung von Auflagen und Weisungen (§ 153a StPO).

Achtung: Die dem Nebenkläger erwachsenen notwendigen Auslagen sind dem Angeklagten aufzuerlegen, wenn er wegen einer Tat verurteilt wird, die den Nebenkläger betrifft, § 472 StPO.

Aber auch hier gibt es eine Ausnahme: Von einer Kostenauferlegung wird abgesehen, wenn es unbillig wäre, den Angeklagten damit zu belasten.

Weitere Vorschriften zur **Kostenauferlegung:**

– bei Klagerücknahme und Einstellung (§ 467a StPO)
– bei Straffreierklärung (wechselseitige Beleidigungen) (§ 468 StPO)
– vorsätzlich oder leichtfertig erstatteter unwahrer Anzeige (§ 469 StPO)
– Zurücknahme des Strafantrags (§ 470 StPO)
– Privatklagekosten (§ 471 StPO)
– bei Nebenfolgen (§ 472b StPO)
– Adhäsionsverfahren (§ 472a StPO)
– zurückgenommenem oder erfolglosem Rechtsmittel (§ 473 StPO)

IV. Übungsklausuren mit Lösungsvorschlägen

1. Übungsklausur
Verfahrensrecht

Zeit: 90 Min.

Erlaubte Hilfsmittel:

unkommentierte Textausgaben von ZPO u. GVG, Kalender

Hinweis:

Bitte geben Sie **immer** die gesetzlichen Bestimmungen an (sofern keine andere Vorgabe in der Aufgabe ist) und **begründen** Sie Ihre Antworten.

Teil A
Allgemeiner Teil

Aufgabe 1:

Für welche Angelegenheiten ist der Bundesgerichtshof in bürgerlichen Streitigkeiten zuständig?

Zählen Sie **drei** Beispiele auf **und** nennen Sie bitte die entsprechende Vorschrift!

Aufgabe 2:

Wer kann einen Gerichtsstand wählen, sofern für einen Gerichtsstand mehrere Möglichkeiten in Frage kommen? Bitte nennen Sie die einschlägige Vorschrift!

Aufgabe 3:

Wodurch bestimmt sich der allgemeine Gerichtsstand einer juristischen Person? Bitte geben Sie die einschlägige Vorschrift an!

Aufgabe 4:

Erklären Sie bitte den Unterschied zwischen Rechtsmittel und Rechtsbehelf!

Aufgabe 5:

Was kann eine »arme« Partei beantragen, wenn sie die außergerichtlichen Kosten für ein Verfahren nicht aufbringen kann? In welchem Gesetz ist das geregelt?

Aufgabe 6:

Unter welchen Voraussetzungen kann die Zustellung durch den Gerichtsvollzieher erfolgen? Nennen Sie bitte die entsprechenden Vorschriften und erläutern Sie den Vorgang ausführlich.

Aufgabe 7:

Können in einer Vollmacht bestimmte Prozesshandlungen durch den Auftraggeber von vornherein ausgeschlossen werden? Wenn ja, welche sind dies?

Teil B
Fristen und Rechtsmittel

Aufgabe 8:

Gegen welche Urteile kann das Rechtsmittel der Revision eingelegt werden und welche Voraussetzungen müssen hierfür erfüllt sein? Nennen Sie bitte die jeweiligen Vorschriften!

Aufgabe 9:

Nennen Sie in den folgenden Fällen bitte jeweils die Dauer der Frist und geben Sie die entsprechende Vorschrift an, aus der sich die Dauer der Frist ergibt!

a) Streitwertbeschwerde,
b) sofortige Beschwerde gegen einen Kostenfestsetzungsbeschluss,
c) Berufung,
d) Revisionsbegründung

Aufgabe 10:

Im Gesetz ist eine Vielzahl von Notfristen geregelt. Nennen Sie bitte beispielhaft drei dieser Notfristen nebst Vorschrift und der jeweiligen Dauer der Frist!

Aufgabe 11:

Sie bekommen am 10.04.2013 ein vollständig abgefasstes Urteil aus der ersten Instanz zugestellt. Demnach soll Ihr Mandant an die Gegenseite 3.467,00 € Schadensersatz bezahlen. Ihr Mandant ist damit nicht einverstanden.

a) Welches Rechtsmittel können Sie gegen dieses Urteil einlegen und binnen welcher Frist? (Vollständige Fristberechnung)
b) Binnen welcher Frist muss das Rechtsmittel begründet werden? (Vollständige Fristberechnung)
c) Welches Gericht ist für die nächste Instanz zuständig?

Teil C
Mahnverfahren und Zwangsvollstreckung

Aufgabe 12:

Wie lange kann der Gläubiger nach Zustellung des Mahnbescheides den Antrag auf Erlass eines Vollstreckungsbescheides stellen und was passiert, wenn diese Frist nicht gewahrt wird?

Aufgabe 13:

Wer hat die Kosten der Zwangsvollstreckung zu tragen und können diese festgesetzt werden? Wer ist oft hierfür zuständig?

Aufgabe 14:

Welche Voraussetzungen müssen vorliegen, damit der Gerichtsvollzieher dem Schuldner die Vermögensauskunft abnehmen kann?

Aufgabe 15:

Der Gerichtsvollzieher weigert sich, einen Antrag auf Ergänzung der Vermögensauskunft gegen den Schuldner durchzuführen. Welcher Rechtsbehelf steht dem Gläubiger zu?

Aufgabe 16:

Der Gerichtsvollzieher hat nach einem erfolglosen Vollstreckungsversuch in der Wohnung des Schuldners ein sehr wertvolles Haustier entdeckt. Darf er das Haustier pfänden?

Aufgabe 17:

Der Gerichtsvollzieher wurde vom Gläubiger unter Vorlage des Vollstreckungstitels mit dem Versuch einer gütlichen Einigung beauftragt. Unter welchen Voraussetzungen wird der Gerichtsvollzieher einen Zahlungsplan erstellen?

Aufgabe 18:

Wie kann der Gläubiger reagieren, wenn er mit dem festgesetzten Zahlungsplan nicht einverstanden ist?

1. Übungsklausur
Lösungsvorschlag

Teil A
Allgemeiner Teil

Lösungsvorschlag Aufgabe 1:

Ohne Der Bundesgerichtshof hat seinen Sitz in Karlsruhe. Er ist in bürgerlichen Streitigkeiten zuständig für:

- die Revision,
- die Sprungrevision,
- die Rechtsbeschwerde,
- die Sprungrechtsbeschwerde,
- die Nichtzulassungsbeschwerde.

Die Vorschrift aus der sich diese Zuständigkeit ergibt ist § 133 GVG.

Lösungsvorschlag Aufgabe 2:

Allein der Kläger hat gem. § 35 ZPO die Wahlmöglichkeit zwischen mehreren Gerichtsständen, wenn mehrere zuständige Gerichte zur Wahl stehen.

Lösungsvorschlag Aufgabe 3:

Der allgemeine Gerichtsstand einer juristischen Person wird gem. § 17 Abs. 1 ZPO durch ihren Sitz bestimmt. Als Sitz gilt, wenn nichts anderes geregelt ist, der Ort, wo die Verwaltung geführt wird.

Lösungsvorschlag Aufgabe 4:

Die Einlegung eines Rechtsmittels hebt das Verfahren in die nächst höhere Instanz. Bei Einlegung eines Rechtsbehelfs bleibt die Sache in der gleichen Instanz anhängig.

Lösungsvorschlag Aufgabe 5:

Eine Partei, die die außergerichtlichen Kosten eines Verfahrens nicht aufbringen kann, kann Beratungshilfe beantragen. Die Regelungen über die Beratungshilfe sind im Beratungshilfegesetz (BerHG) festgehalten.

Lösungsvorschlag Aufgabe 6:

Der Gerichtsvollzieher kann die Zustellung entweder selbst vornehmen oder durch die Post vornehmen lassen.

Wenn er die Zustellung selbst vornimmt, kommt § 192 Abs. 1 ZPO zur Anwendung. Er selbst beurkundet auf der Urschrift oder einer Kopie der Urschrift des zuzustellenden Schriftstücks, dass er es dem Zustellungsadressaten ausgehändigt hat. Er vermerkt auf dem zu übergebenden Schriftstück oder einer beglaubigten Kopie den Tag der Zustellung (§ 193 Abs. 2 ZPO). Die Zustellungsurkunde wird der Partei übermittelt, für die zugestellt wurde (§ 193 Abs. 3 ZPO).

Beauftragt der Gerichtsvollzieher die Post mit der Zustellung des Schriftstücks, so tritt § 194 Abs. 1 in Kraft. Hierbei vermerkt der Gerichtsvollzieher auf dem zuzustellenden Schriftstück, im Auftrag welcher Person er es der Post übergeben hat. Er bezeugt auf der Postzustellungsurkunde ebenfalls, dass er das zuzustellende Schriftstück mit der Angabe des Zustellungsadressaten, dem Namen und Aktenzeichen des Gerichtsvollziehers der Post übergeben hat. In diesem Fallbekommt die Zustellungsurkunde nach Zustellung der Gerichtsvollzieher zurück (§ 194 Abs. 2 ZPO).

Lösungsvorschlag Aufgabe 7:

Ja, will der Auftraggeber nicht, dass der Prozessbevollmächtigte bestimmte Handlungen durchführt, können diese von der Vollmachtserteilung ausgeschlossen werden. Dies betrifft den Abschluss von Vergleichen, das Anerkenntnis und den Verzicht.

Teil B
Fristen und Rechtsmittel

Lösungsvorschlag Aufgabe 8:

Das Rechtsmittel der Revision findet gem. § 542 Abs. 1 ZPO gegen die in der Berufungsinstanz erlassenen Endurteile statt. Die Revision findet nur statt, wenn das Berufungsgericht diese im Urteil zugelassen hat oder auf Beschwerde gegen die Nichtzulassung die Revision zugelassen worden ist.

Lösungsvorschlag Aufgabe 9:

a) Die Frist zur Einlegung der Streitwertbeschwerde beträgt sechs Monate und beginnt mit dem Tag, an dem die Hauptsache Rechtskraft erlangt oder sich das Verfahren anderweitig erledigt hat (§ 68 Abs. 1 Satz 3 GKG i.V.m. § 63 Abs. 3 Satz 2 GKG).
b) Die Frist zur Einlegung der sofortigen Beschwerde gegen den Kostenfestsetzungsbeschluss beträgt zwei Wochen und beginnt mit dem Tag der Zustellung des Beschlusses (§ 569 Abs. 1 ZPO).
c) Die Frist zur Einlegung der Berufung beträgt einen Monat und beginnt mit Zustellung des in vollständiger Form abgefassten Urteils; spätestens mit Ablauf von fünf Monaten ab Verkündung (§ 517 ZPO).
d) Die Frist zur Begründung der Revision beträgt zwei Monate ab Zustellung des in vollständiger Form abgefassten Urteils; spätestens aber mit Ablauf von fünf Monaten ab Verkündung (§ 551 Abs. 2 ZPO).

Lösungsvorschlag Aufgabe 10:

Notfristen sind u.a.:
– die Verteidigungsabsichtsanzeige gem. § 276 Abs. 1 Satz 1 ZPO innerhalb von zwei Wochen ab Zustellung der Klage,

– die Rüge wegen Verletzung des rechtlichen Gehörs gem. § 321a Abs. 2 ZPO innerhalb von zwei Wochen ab Kenntnis der Verletzung des rechtlichen Gehörs,

– die Einlegung der Berufung gem. § 517 ZPO innerhalb von einem Monat ab Zustellung des in vollständiger Form abgefassten Urteils,

– die Einlegung der Revision gem. § 548 ZPO innerhalb von einem Monat ab Zustellung des in vollständiger Form abgefassten Urteils,

– die Einlegung der sofortigen Beschwerde gem. § 569 Abs. 1 ZPO innerhalb von
zwei Wochen ab Zustellung der Entscheidung.

Lösungsvorschlag Aufgabe 11:

a) Gegen das Urteil der ersten Instanz ist gem. § 511 Abs. 1 Nr. 1 ZPO das Rechtsmittel der Berufung zulässig, da die Berufungsbeschwer mehr als 600,00 € beträgt. Die Frist beginnt gem. §§ 187 Abs. 1 BGB, 222 Abs. 1 ZPO am 11.04.2013
um 0:00 Uhr zu laufen und endet gem. §§ 188 Abs. 2 BGB, 222 Abs. 1 ZPO am
10.05.2013 um 24:00 Uhr.

b) Gemäß § 520 Abs. 2 ZPO muss die Berufung innerhalb einer Frist von zwei Monaten ab Zustellung des in vollständiger Form abgefassten Urteils begründet werden.
Die Frist zur Begründung der Berufung beginnt gem. §§ 187 Abs. 1 BGB, 222 Abs. 1
ZPO am 11.04.2013 um 0:00 Uhr zu laufen und endet gem. §§ 188 Abs. 2 BGB,
222 Abs. 1 ZPO am 10.06.2013 um 24:00 Uhr.

c) Zuständig für das Berufungsverfahren ist das Landgericht in zweiter Instanz, § 72
GVG.

Teil C
Mahnverfahren und Zwangsvollstreckung

Lösungsvorschlag Aufgabe 12:

Der Gläubiger kann den Antrag auf Erlass des Vollstreckungsbescheides bis spätestens
6 Monate nach Zustellung des Mahnbescheides stellen. Wird der Antrag innerhalb
der Frist nicht gestellt, verliert der Mahnbescheid seine Wirkung, § 701 Satz 1 ZPO.

Lösungsvorschlag Aufgabe 13:

Die notwendigen Kosten der Zwangsvollstreckung fallen dem Schuldner zur Last, sie
werden mit dem zur Zwangsvollstreckung stehenden Anspruch beigetrieben § 788
Abs. 1 ZPO. Auf Antrag können die Kosten der Zwangsvollstreckung durch das Gericht, bei dem zum Zeitpunkt der Antragstellung eine Vollstreckungshandlung anhängig ist, und nach Beendigung der Zwangsvollstreckung das Gericht, in dessen Bezirk
die letzte Vollstreckungshandlung erfolgt ist, festgesetzt werden, § 788 Abs. 2 ZPO.

Lösungsvorschlag Aufgabe 14:

Der Gläubiger muss im Besitz eines Titels sein und den Gerichtsvollzieher mit der
Zwangsvollstreckung beauftragt haben, §§ 802c, 802f ZPO.

Lösungsvorschlag Aufgabe 15:

Der Rechtsbehelf der Vollstreckungserinnerung gem. § 766 Abs. 2 ZPO steht dem Gläubiger zu, wenn der Gerichtsvollzieher sich weigert, einen Auftrag auszuführen.

Lösungsvorschlag Aufgabe 16:

Haustiere sind gem. § 811c ZPO unpfändbar, sofern sie zum häuslichen Bereich des Schuldners gehören und nicht Erwerbszwecken dienen. Das Vollstreckungsgericht kann jedoch ausnahmsweise die Pfändung zulassen, wenn das Haustier einen hohen Wert hat und die unterlassene Pfändung des Tieres für den Gläubiger eine Härte bedeuten würde, die auch unter Würdigung der Belange des Tierschutzes und der berechtigten Interessen des Schuldners nicht zu rechtfertigen ist, § 811c Abs. 2 ZPO.

Lösungsvorschlag Aufgabe 17:

Der Gerichtsvollzieher wird dem Schuldner eine Zahlungsfrist einräumen oder eine Tilgung durch Ratenzahlungen gestatten, wenn der Schuldner glaubhaft machen kann, dass er die nach Höhe und Zeitpunkt festzusetzenden Zahlungen auch erbringen kann, § 802b Abs. 2 ZPO.

Lösungsvorschlag Aufgabe 18:

Wenn der Gläubiger mit einem Zahlungsplan nicht einverstanden ist, hat er die Möglichkeit Widerspruch zu erheben. Der Widerspruch muss unverzüglich erfolgten, § 802b Abs. 3 ZPO.

2. Übungsklausur
Verfahrensrecht

Teil A
Allgemeiner Teil

Aufgabe 1:

Wie bestimmt sich der allgemeine Gerichtsstand einer natürlichen Person, wenn ich gegen diese Klage erheben will? Bitte nennen Sie hierzu die einschlägigen Bestimmungen!

Aufgabe 2:

Was ist das besondere an einem »ausschließlichen Gerichtsstand«?

Aufgabe 3:

Wann wird in einem Anwaltsprozess die Kündigung einer Vollmacht wirksam? Wie ist die Sachlage in einem Parteiprozess?

Aufgabe 4:

In der mündlichen Verhandlung hat jede Partei die Möglichkeit, sämtliche Angriffs- und Verteidigungsmittel, die ihr zur Verfügung stehen, auszuschöpfen. Welche können das sein? Nennen Sie bitte drei Beispiele!

Aufgabe 5:

Skizzieren Sie kurz den Unterschied zwischen einem Sachantrag und einem Prozessantrag im Zivilverfahren! Geben Sie bitte jeweils ein Beispiel für die jeweilige Antragsart an!

Teil B
Fristen und Rechtsmittel

Aufgabe 6:

Welche Fristen sind grundsätzlich keine Notfristen? Nennen Sie drei Beispiele mit den jeweiligen Vorschriften!

Aufgabe 7:

Was ist der Unterschied zwischen einer Ereignisfrist und einer Kalenderfrist? Nennen Sie bitte die einschlägigen Paragraphen!

Okon/Stähle

Aufgabe 8:

Wie nennt man die schriftliche Stellungnahme des Klägers auf die Klageerwiderung?

Aufgabe 9:

Ein neuer Mandant kommt zu Ihnen in die Kanzlei und legt Ihrem Chef ein erstinstanzliches Urteil des Amtsgerichts Hamburg vom 26.07.2013 vor, welches ihm am 14.08.2013 zugestellt worden ist. Hierin wird der Mandant verurteilt, an den Kläger 8.321,00 € zzgl. Zinsen aus einem Kaufvertrag über einen gebrauchten PKW zu bezahlen. Der Mandant beauftragt Ihren Chef, ihn in der zweiten Instanz zu vertreten und Berufung gegen das vorliegende Urteil einzureichen. Ihr Chef legt Ihnen das Urteil zum Notieren der Berufungs- und Berufungsbegründungsfrist vor.

Bitte berechnen Sie die entsprechenden Fristen unter Angabe der jeweiligen Vorschriften!

Aufgabe 10:

Das Versäumnisurteil des Arbeitsgerichts München vom 18.06.2013 geht der Kanzlei Sauber & Mann am 24.06.2013 zu. Gegen dieses Urteil möchte RA Mann vorgehen.

Wie und innerhalb welcher Frist kann er das tun? Bitte berechnen Sie die Frist entsprechend!

Teil C
Mahnverfahren und Zwangsvollstreckung

Aufgabe 11:

Rechtsanwalt Beck wird von seinem Mandanten beauftragt, eine Forderung gegenüber einem Schuldner unbekannten Aufenthalts geltend zu machen. Sein Mandant möchte wissen, ob hier die Einleitung eines Mahnverfahrens möglich ist. Was wird ihm RA Beck mitteilen?

Aufgabe 12:

Wie wäre der Sachverhalt, wenn der Schuldner zum Zeitpunkt der Zustellung des Mahnbescheides noch eine zustellungsfähige Anschrift in Deutschland gehabt hätte, aber anschließend unbekannt verzogen wäre. Wie könnte ein Vollstreckungsbescheid ggf. zugestellt werden?

Aufgabe 13:

Rechtsanwalt Beck hat für seinen Mandanten ein Urteil über 2.500,00 € gegen den nicht eingetragenen Verein der Hovawartfreunde München erstritten. Rechtsanwalt Beck erteilt dem Gerichtsvollzieher einen Zwangsvollstreckungsauftrag. Wird der Gerichtsvollzieher den Auftrag ausführen?

Aufgabe 14:

Rechtsanwalt Beck hat für seine Mandantin wegen einer Forderung gegen den Schuldner Habenichts vollstreckt. Vom Gerichtsvollzieher hat Rechtsanwalt Beck erfahren, dass der Schuldner bei der Firma Geon-Systems GmbH (Drittschuldnerin) in München arbeitet. Rechtsanwalt Beck hat der Drittschuldnerin am 12.03. ein vorläufiges Zahlungsverbot vom Gerichtsvollzieher zustellen lassen. Was muss Rechtsanwalt Beck veranlassen, damit sein vorläufiges Zahlungsverbot nicht ins Leere geht?

Aufgabe 15:

Der Gerichtsvollzieher findet anlässlich der Zwangsvollstreckung beim Schuldner eine wertvolle Farbradierung von Niki de Saint Phalle. Der Schuldner behauptet, das Kunstwerk gehöre nicht ihm, sondern seiner Lebensgefährtin. Wird der Gerichtsvollzieher die Farbradierung trotzdem pfänden?

Aufgabe 16:

Der Gläubiger hat dem Gerichtsvollzieher unter Vorlage der vollstreckbaren Ausfertigung eines Versäumnisurteils einen Zwangsvollstreckungsauftrag (inklusive Adressermittlung) gegen den Schuldner Habenichts (deutscher Staatsangehöriger) erteilt. Die zu vollstreckende Hauptforderung beträgt 5.000,00 € nebst Kosten und Zinsen. Der Gerichtsvollzieher stellt bei seinem Vollstreckungsversuch fest, dass der Schuldner nicht mehr unter der angegebenen Anschrift wohnhaft ist. Welche Auskünfte darf der Gerichtsvollzieher im Auftrag des Gläubigers einholen?

Aufgabe 17:

Der Gläubiger ist im Besitz einer vollstreckbaren Ausfertigung eines Urteils. Womit kann er den Gerichtsvollzieher beauftragen?

2. Übungsklausur
Lösungsvorschlag

Teil A
Allgemeiner Teil

Lösungsvorschlag Aufgabe 1:

Eine natürliche Person kann gem. § 12 ZPO bei dem Gericht verklagt werden, bei dem diese Person ihren allgemeinen Gerichtsstand hat. § 13 ZPO sagt hierzu aus, dass der allgemeine Gerichtsstand einer Person, durch ihren Wohnsitz bestimmt wird.

Lösungsvorschlag Aufgabe 2:

Ist für Klage ein ausschließlicher Gerichtsstand vorgeschrieben, kann der Rechtsstreit nicht vor einem anderen Gericht geführt werden. Auch der § 35 ZPO, der dem Kläger ein Wahlrecht vorbehält, falls mehrere Gerichtsstände in Frage kommen, greift hier nicht.

Lösungsvorschlag Aufgabe 3:

Gemäß § 87 Abs. 1 ZPO wird die Kündigung der Vollmacht erst dann wirksam, wenn ein anderer Prozessbevollmächtigter bestellt ist.

In einem Parteiprozess wird die Kündigung der Vollmacht wirksam, wenn die Kündigung sowohl dem Gericht als auch dem Gegner angezeigt wird.

Lösungsvorschlag Aufgabe 4:

Gemäß § 282 Abs. 1 ZPO können folgende Angriffs- und Verteidigungsmittel von jeder Partei ausgeschöpft werden:
- Behauptungen,
- Einreden,
- Beweismittel.

Weiterhin sind möglich: Bestreiten, Einwendungen, Beweiseinreden.

Lösungsvorschlag Aufgabe 5:

Sachantrag: Der Sachantrag zielt auf den Inhalt einer Entscheidung ab. Hierbei wird ein bestimmter Gegenstand geltend gemacht, über den zu entscheiden ist. Beispiel: Klageantrag.

Prozessantrag: Der Prozessantrag zielt auf die Form einer Entscheidung ab. Hierbei begeht der Kläger eine bestimmte Form einer Entscheidung. Beispiel: Antrag auf Klageabweisung, Antrag auf Versäumnisurteil, Antrag auf Verzichtsurteil.

Teil B
Fristen und Rechtsmittel

Lösungsvorschlag Aufgabe 6:

Keine Notfristen sind grundsätzlich alle Begründungsfristen, z.B. Begründung des Einspruchs gegen eine VU (§ 340 Abs. 3 ZPO), Begründung der Berufung (§ 520 Abs. 2 ZPO), Begründung der Revision (§ 551 Abs. 2 ZPO). Weiterhin keine Notfristen sind z.B. die Ladungsfrist gem. § 217 ZPO sowie die Einlassungsfrist gem. § 274 Abs. 2 ZPO.

Lösungsvorschlag Aufgabe 7:

§ 187 Abs. 1 BGB regelt die Ereignisfrist wie folgt: Ist für den Anfang einer Frist ein Ereignis oder ein in den Lauf eines Tages fallender Zeitpunkt maßgebend, so wird bei der Berechnung der Fristen der Tag nicht mitgerechnet, in welchen das Ereignis oder der Zeitpunkt fällt.

Die Kalenderfrist ist gem. § 187 Abs. 2 BGB dagegen wie folgt geregelt: Ist der Beginn eines Tages für den Anfang einer Frist maßgebend, so zählt dieser Tag bei der Fristberechnung mit.

Lösungsvorschlag Aufgabe 8:

Die schriftliche Stellungnahme des Klägers auf die Klageerwiderung nennt man **Replik**.

Lösungsvorschlag Aufgabe 9:

Fristbeginn für die Berufungsfrist: §§ 187 Abs. 1 BGB, 222 Abs. 1, 517 ZPO am 15.08.2013 um 00:00 Uhr.

Fristende für die Berufungsfrist: §§ 187 Abs. 2 BGB, 222 Abs. 1 ZPO am 16.09.2013 um 24:00 Uhr, da der 14.09.2013 ein Samstag ist und der Fristablauf daher auf den nächsten Werktag fällt.

Fristbeginn für die Berufungsbegründung: §§ 187 Abs. 1 BGB, 222 Abs. 1, 520 Abs. 2 ZPO am 15.08.2013 um 00:00 Uhr.

Fristende für die Berufungsbegründung: §§ 187 Abs. 2 BGB, 222 Abs. 1 ZPO am 14.10.2013 um 24:00 Uhr.

Lösungsvorschlag Aufgabe 10:

RA Mann kann gegen das Versäumnisurteil des Arbeitsgerichts München mit Hilfe des Einspruchs gem. § 59 ArbGG vorgehen. Die Frist zur Einlegung des Einspruchs beträgt eine Woche ab Zustellung des VU.

Fristbeginn: §§ 187 Abs. 1 BGB, 222 Abs. 1 ZPO, 59 ArbGG am 25.06.2013 um 00:00 Uhr.

Fristende: §§ 187 Abs. 2 BGB, 222 Abs. 1 ZPO am 01.07.2013 um 24:00 Uhr.

Teil C
Mahnverfahren und Zwangsvollstreckung

Lösungsvorschlag Aufgabe 11:

Das Mahnverfahren ist unzulässig, wenn der Mahnbescheid öffentlich zugestellt werden müsste, was bei einem Schuldner unbekannten Aufenthalts der Fall wäre, § 688 Abs. 2 Nr. 3 ZPO.

Lösungsvorschlag Aufgabe 12:

Da der Vollstreckungsbescheid dem Versäumnisurteil gleichgestellt ist, könnte der Vollstreckungsbescheid dem Gegner öffentlich zugestellt werden, §§ 699 Abs. 4, 700 Abs. 1 i.V.m. § 185 ZPO.

Lösungsvorschlag Aufgabe 13:

Der Gerichtsvollzieher wird aus dem Urteil vollstrecken, da § 50 Abs. 2 ZPO i.V.m. § 735 ZPO die Vollstreckung in das Vereinsvermögen zulassen.

Lösungsvorschlag Aufgabe 14:

Er muss innerhalb eines Monats ab Zustellung des vorläufigen Zahlungsverbotes dem Drittschuldner einen entsprechenden Pfändungs- und Überweisungsbeschluss des Vollstreckungsgerichts zustellen lassen, sonst verliert das vorläufige Zahlungsverbot seine Wirkung, § 845 Abs. 2 ZPO.

Lösungsvorschlag Aufgabe 15:

Der Gerichtsvollzieher wird die Farbradierung pfänden, weil er davon ausgeht, dass alles, was sich in Gewahrsam des Schuldners befindet, diesem auch gehört, § 808 Abs. 1 ZPO.

Lösungsvorschlag Aufgabe 16:

Der Gerichtsvollzieher darf beim Einwohnermeldeamt anfragen. Sofern diese Anfrage ergebnislos verläuft, darf der Gerichtsvollzieher – da die zu vollstreckende Hauptforderung den Mindestbetrag von 500,00 € überschreitet, beim Träger der gesetzlichen Rentenversicherung nach der dort bekannten derzeitigen Anschrift, den derzeitigen oder künftigen Aufenthaltsort des Schuldners und beim Kraftfahrt-Bundesamt nach den Halterdaten gem. § 33 Abs. 1 Satz 1 Nr. 2 StVG erfragen, § 755 ZPO.

Lösungsvorschlag Aufgabe 17:

Der Gläubiger kann den Gerichtsvollzieher mit
- der gütlichen Erledigung,
- der Einholung der Vermögensauskunft,
- der Einholung Auskünften Dritter,
- der Pfändung und Verwertung körperlicher Sachen,
- der Zustellung von vorläufigen Zahlungsverboten

beauftragen, § 802a ZPO.

Stichwortverzeichnis